쉽게 따라하는

아두이노
배우기

정보문화사
Information Publishing Group

Coding Book No.1

쉽게 따라하는

아두이노
배우기

고재관 지음

정보문화사
Information Publishing Group

Coding Book No. 1

쉽게 따라하는
아두이노 배우기

초판 1쇄 발행 | 2016년 7월 8일
초판 3쇄 발행 | 2018년 10월 30일

지 은 이 | 고재관
발 행 인 | 이상만
발 행 처 | 정보문화사

책 임 편 집 | 최동진
편 집 진 행 | 노미라

주   소 | 서울시 종로구 대학로 12길 38 (정보빌딩)
전   화 | (02)3673-0037(편집부) / (02)3673-0114(代)
팩   스 | (02)3673-0260
등   록 | 1990년 2월 14일 제1-1013호
홈 페 이 지 | www.infopub.co.kr

I S B N | 978-89-5674-698-2

프롤로그

과거 워드, 엑셀, 파워포인트는 그 일을 하는 사람이 따로 있었습니다. 그런 일을 하는 사람을 배출하는 학과도 있었습니다. 지금은 누구나 워드, 엑셀, 파워포인트를 사용합니다. 특정인이 사용하는 전문 분야가 아닌 누구나 사용해야 하는 도구가 되었습니다. 소프트웨어 개발과 같은 코딩은 흔히 프로그래머라는 직업의 사람들만 하는 것이었습니다. 하지만 지금은 엑셀, 파워포인트를 쓰듯 누구나 코딩을 해야 하는 시대가 되었습니다. 이것을 '코딩저변화'라고 말합니다.

처음 아두이노를 접하고 별 관심을 두지 않았습니다. 그냥 또 새로운 개발보드라고 생각했습니다. 그도 그럴 것이 지난 20여 년간 그런 개발보드를 다뤄보고 테스트하고 만들기도 했었기 때문입니다. 시간이 지나면서 많은 사람들이 아두이노를 사용하기 시작해서 이제는 표준이라 말하게 되었습니다. 수많은 제조사와 개발자가 아두이노에 맞춰 개발을 하고 샘플 제품을 만들어 보고 있습니다. 창업을 하는 사람들은 3D프린터로 형태를 만들고 아두이노로 기기를 구성해 시제품을 만들어 보고 있습니다. 기존에도 다양한 개발보드가 있었지만 아두이노 만큼의 대중화는 아니었습니다.

아두이노는 초보적이고 기본적인 기능으로 구성된 작은 컴퓨터입니다. 단순하지만 많은 기능을 수행할 수 있고 초등학생부터 어르신들까지 누구나 쉽게 접근할 수 있습니다. 배우는 과정이 크게 어렵지 않으면서 무궁무진한 기능을 발휘할 수 있습니다. 가격도 저렴합니다. 아두이노는 특정한 누구의 것이 아니고 모두의 것입니다. 모두에게 공개되어 누구나 만들어 팔아도 되고 마음대로 사용해도 됩니다.

전세계에 아두이노나 이와 유사한 것이 많이 등장하고 있습니다. 이러한 것은 코딩저변화로 불리는 코딩교육이 퍼지면서 다양하게 구현하는 방법으로 쓰이고 있습니다. Code.org, 스크래치 등으로 코딩교육을 하고 나면 그 다음 연결해서 할 수 있는 교육이 모호해집니다. 이 사이를 적절히 메워주는 것이 아두이노입니다. 스크래치 교육 후, 그 스크래치를 이용해 아두이노를 다뤄 다양한 기능을 만들어 볼 수 있습니다. 그렇게 경험한 아두이노를 간단한 프로그래밍 언어로 직접 구현할 수 있습니다. 이를 통해 우리 생활에 깊숙이 파고 들고 있는 IoT를 직접 구현하고 경험하고 느껴볼 수 있습니다.

이 책은 클라우드 Microsoft Azure, IoT 관련 개발과 교육을 하고 초등학교 코딩저변화 교육을 해온 저자가 고민한 결과물입니다. 아두이노가 코딩교육의 연결 역할을 한다는 것을 발견하고 이 교육에 집중해 왔습니다. 처음에는 코딩교육에 관심이 많은 사람도 막상 몇 시간 배우고 나면 지루해 합니다. 그 관심을 지속적으로 이어나가는데 역할을 하도록 만들었습니다.

이 책이 많은 초등학생, 중학생, 고등학생, 대학생 비전공자/전공자, 일반인, 직장인, 어르신들에게 새로운 배움의 기회와 재미를 주었으면 합니다. 출간을 결정해 주신 정보문화사의 대표님께 감사를 드립니다. 또한 기획부터 편집, 출간의 모든 과정을 책임지고 진행해 주신 정보문화사 편집부 식구들에게도 고맙다는 인사를 전합니다. 이 책의 초고를 보고 아낌없는 의견을 주신 모든 분들에게 감사를 드립니다. 이 책의 모티브를 얻게 해준 미래창조과학부 소프트웨어 마에스트로 6기 연수생 이재연, 오정규, 최제헌 멘티에게 감사를 드립니다. 더 많이 하지 못해 아쉽지만 많은 예제를 고민하게 만들고 원고도 제시해 주신 mds테크놀로지의 김재형 팀장에게도 감사를 드립니다. 또한 오류 교정에 큰 도움을 준 구리인창고등학교 고세준 학생에게도 감사를 드립니다. 마지막으로 이 책을 결정해 주신 독자 여러분에게 감사를 드립니다.

도농동 커피상회에서
고 재 관

- **복잡한 회로이론 과감히 제외**

  저항 읽는 법, 풀다운 버튼, 풀업 버튼, 세그먼트 등과 같이 일반적인 아두이노에서 다루는 부분들은 과감히 삭제하였습니다. 필요 없는 것은 아니지만 회로이론이 중요한 것이 아니기 때문에 접근이 쉽도록 모두 제외했습니다.

- **부품이 아닌 모듈로 구성**

  선만 바로 연결하면 되는 모듈로 구성했습니다. 아두이노는 회로를 구성해야 하는 어려움이 있고 초보자들도 이런 부분이 학습의 어려운 과정입니다. 이 부분이 없도록 모듈로 구성을 해서 회로나 부품을 모르는 일반인이 쉽게 사용이 가능하도록 구성했습니다. 책의 각 장이 끝나는 부분에서 모듈을 저렴하게 만드는 법을 설명했습니다.

- **일상생활에 사용**

  어디에 쓰일지 모르는 기술은 금방 잊어버리게 되고 공부도 잘 안됩니다. 가능하면 일상생활에 활용할 수 있는 예제로 구성했습니다. 그래도 기초적인 부분은 학습이 필요해 설명을 하고 넘어 가도록 했습니다.

- **누구나 학습 가능**

  초·중·고등학생부터 대학생 비전공자/전공자, 일반인, 할아버지/할머니 누구나 쉽게 배우면서 아두이노를 응용하도록 구성했습니다. 부품 쓰는 법이 아닌 결과물을 만들도록 구성했기 때문에 나름 의미있는 결론을 얻을 수 있습니다.

- **저렴한 부품을 이용**

  잘 쓰지 않거나 불필요하다 생각되는 부품은 다루지 않았습니다. 특정 회사의 부품을 사용하지 않았고 인터넷에 검색하면 대부분 나오는 부품으로 구성했습니다. 그래도 부담이 된다면 저자에게 문의하면 공동구매하도록 안내해 드리겠습니다.

- **초보자 수준에 맞게 구성**

  처음 시작하는 분들을 위해 아쉽지만 이 책에는 모두 담지 못한 것들이 있습니다. 보다 많은 센서를 설명하고 직접회로를 구성하는 부분은 서술하지 않았습니다. ESP8266과 같은 Wi-Fi를 연결해서 클라우드 시스템까지 연결되는 부분도 서술하지 않았습니다. 학습이 고도화되면 자연스럽게 가능한 부분이니 이 책의 내용에 충실하시기를 바랍니다.

이 책에서 다루는 아두이노의 연결단자는 다음의 표와 같습니다. 각 장의 예제를 합쳐서 새로운 것을 만들 때, 포트가 겹치면 다른 포트로 변경해서 연결하고 코드도 변경하면 가능합니다.

구분	단자	3장	4장	5장	6장	7장	8장	9장	10장	11장	12장	13장	14장	15장	16장
아날로그단자	A5										■		■		
	A4										■		■		
	A3						w	W		W					
	A2			Ω				W		△		❙	Ω		
	A1										●	❙	H		
	A0			⊜			⊜				T	❙	⊜		
디지털단자	13						◎						TH	◎	
	12					✝	◎		::					◎	
	11	●	❸	●	●		●		::	●					⊟
	10		❸				▢		::				::	▢	
	9		❸		Bz	Bz	Bz	Bz	●	Bz	Bz	Bz	Bz	⊟	⊟
	8					⊖			●						⊟
	7	::	L						●						⊟
	6		❷				S					▤		▤	
	5		❷							▲		▤		☰	☰
	4								◇			▤			◇
	3								◆						B
	2														B

범례

- ● : LED
- ❷ : 2색 LED
- ❸ : 3색 LED
- L : 레이저다이오드
- ⊜ : 빛감지센서
- :: : 버튼
- Bz : 부저 모듈
- Bz : 부저
- ● : 화염센서
- ▢ : 인체감지센서
- S : 사운드센서
- ■ : OLED 디스플레이
- ⊖ : 홀센서
- W : 물높이센서/ 액체높이센서
- w : 우적감지센서
- ◎ : 초음파거리센서
- Ω : 가변저항
- ✝ : 기울기센서(모듈)
- ❙ : 기울기센서
- T : 온도센서
- TH : 온습도센서
- H : 토양수분센서
- ▤ : 모터드라이브
- ⊟ : DC모터
- ☰ : 서보모터
- ▲ : RF 송신기
- △ : RF 수신기
- ◆ : 적외선송신센서
- ◇ : 적외선수신센서
- B : 블루투스

이 책은 복잡한 회로이론을 몰라도 쉽게 공부할 수 있도록 만들었습니다.
공부하는 대상에 따라 공부 방법이 다를 수 있으니 참고해서 학습하시기 바랍니다.

- **초등학생**

책에 있는 그림대로 아두이노와 부품을 서로 연결하여 브레드보드에 구성하세요. 저자의 홈페이지에서 다운로드한 예제를 실행해서 동작하는지 확인해 보고 원리를 이해합니다. 어디에 응용하면 좋을까도 생각해 보기를 바랍니다.

- **중학생 / 고등학생**

혼자서도 하는데 큰 무리가 없을 것입니다. 길지 않은 코드는 직접 코딩(=타이핑)하면서 동작하는 것을 확인해 보기를 바랍니다. 13장 이후는 혼자보다는 친구들이나 동아리에서 선생님과 함께 해보기를 권합니다. 그냥 만들기 보다는 만든 것에 새로운 기능을 추가로 넣어서 구현해 보기를 바랍니다.

- **대학생 (비전공자)**

혼자서도 책의 내용을 할 수 있겠지만 여럿이서 같이 해보기를 권합니다. 12장까지 공부한 내용으로 응용할 방법을 모인 사람들과 같이 찾아보기를 바랍니다. 13장~16장의 예제처럼 스스로 이런 형태를 고민해서 만들어 보세요. 창업으로 이어질 수 있습니다.

- **대학생 / 일반인 / 직장인**

책의 내용을 독학으로도 할 수 있습니다. 책에서는 다루지 않았지만 다양한 센서가 있습니다. 새로운 센서의 사용법이 궁금하면 저자의 홈페이지에 문의해주세요. 새로운 센서와 함께 통신의 기능을 고민하시기 바랍니다. 가능하다면 클라우드까지 연결되는 시스템을 만들어 보기를 권합니다. 그러면 IoT가 됩니다. 창업을 위한 시제품 테스트나 경진대회에 적절한 준비가 될 것입니다.

- **방과후강사 / 경력단절인 / 코딩저변화교육**

책의 예제를 이해하면 이를 스크래치 for 아두이노(http://s4a.cat/)나 스크래치(http://scratch.mit.edu/)를 통해 사용해 볼 수 있습니다. 블록코딩으로 아두이노를 사용하는데 문제가 없지만 부품의 특징과 작동 방법을 모르면 설명하기가 어렵습니다. 본 책의 코드를 설명하지는 않더라도 블록코딩으로 아두이노를 연결하려면 본 책의 예제와 부품의 원리를 반드시 파악하시기 바랍니다.

- **어르신들**

나이 많은 '노인'이라고 생각했던 어르신들에게 더 필요하다는 것을 교육하면서 느꼈습니다. 학습의 과정은 시간이 걸리지만 아이디어를 내고 생각하는 것은 젊은 친구들보다 더 나은 것을 느꼈습니다. 책 내용의 흐름을 이해하고 무엇에 응용하면 좋을지는 어르신들의 몫입니다.

이 책은 총 16장으로 구성되어 있습니다. 기본적으로는 1주일에 1장(챕터)씩 진행해서 한 학기를 구성하게 했습니다. 대상에 따라 주1회를 해도 되고 2~3회를 해야 하는 경우도 있을 것입니다. 1회차당 60분, 90분, 120분 내에서 진행하시기를 제안합니다. 필요하다면 1주일 안에 책의 모든 내용을 진행해도 됩니다. 대상에 따라 다음과 같이 16강, 32강으로 구성했으니 수준과 단계에 맞게 교수하시기 바랍니다.

회차	챕터	주요내용	점검사항
1	1	아두이노 개요 및 부품 종류를 설명합니다.	아두이노 개발환경이 설정 완료되도록 지도해주세요.
2	2	전원을 연결하여 작동을 설명합니다. 외부 전원을 사용하는 방법과 이유를 설명합니다.	5V로 인한 보드 파손 부분 설명을 강조해주세요.
3	3	데이터를 출력하는 방법을 LED를 통해 설명합니다.	선 연결하는 방법이 익숙해지도록 단자번호를 변경하는 식으로 반복 교육해주세요.
4	4	다양한 조합으로 색이 변하는 부분을 설명하고 여러 단자를 사용하는 것을 인식하게 합니다.	선 순서는 중요하지 않고 작동되는데 목표로 두세요.
5	5	빛감지센서와 가변저항 원리의 유사점을 설명합니다. 가변저항을 다루기 어려운 경우 유동적으로 적용해주세요.	소등램프 정도는 반드시 혼자 제작하는 수준이 되도록 해주세요.
6	6	부저 사용법을 설명합니다. 주로 멜로디로 사용하므로 다른 멜로디를 연주해 봅니다.	배열 설명을 이해 못할 수 있으니 유동적으로 적용해주세요.
7	7	기울기센서와 홀센서를 사용하는 방법을 설명하고 응용분야에 대해 설명합니다.	센서의 원리를 파악하고 실제 사용에 응용할 수 있음을 보여주세요.
8	8	새로운 센서도 유사함을 설명합니다. 응용 가능한 분야에 대한 아이디어를 도출해 봅니다.	코드 설명은 간단하니 프로젝트 형태로 진행하도록 해주세요.
9	9	액체센서의 사용법을 설명하고 응용하도록 합니다.	아두이노를 물에 빠트리는 경우가 많으니 유동적으로 진행해주세요.
10	10	적외선센서의 원리와 사용법을 설명하며 리모컨을 복제해봅니다.	가정의 리모컨을 가져와 하도록 합니다. (LG전자 TV 추천) 실습이 다소 어수선합니다.
11	11	단거리 무선통신 방법을 설명합니다.	2인 1조로 진행하도록 해주시고, 물센서말고 다른 센서를 적용하도록 지도해보세요. RF 무선조정기는 1대만 가지고 진행 가능합니다.
12	12	OLED 디스플레이 사용법을 설명합니다. 다양한 도형글자를 통해 코드를 경험하도록 설명합니다.	OLED 유리가 약해서 파손에 주의해야 합니다. 듀폰 케이블로 직접 연결하도록 지도해주세요.
13	13~16	Part 3 중에 1~2개 진행	학습수준을 판단하여 Part 3의 예제를 응용할 수 있도록 독려해 주세요.
14	13~16	Part 3 중에 1~2개 진행	
15		책의 예제 응용 창의 과제 진행	
16		책의 예제 응용 창의 과제 진행	

회차	챕터	주요내용	점검사항
1	1	아두이노 개요 및 부품 종류를 설명합니다.	아두이노 개발환경이 설정 완료되도록 지도해주세요.
2	2	전원을 연결하여 작동을 설명합니다. 외부 전원을 사용하는 방법과 이유를 설명합니다.	5V로 인한 보드 파손 부분 설명을 강조해주세요.
3	3	데이터를 출력하는 방법을 LED를 통해 설명합니다.	선 연결하는 방법이 익숙해지도록 단자번호를 변경하는 식으로 반복 교육해주세요.
4	1~3	기초 파트인 이전 진행내용에 대한 복습으로 진행합니다.	주로 2장, 3장의 내용을 위주로 잘 기억하는지 점검해주세요.
5	4	2색 LED 사용방법을 설명합니다. 여러 개의 2색 LED를 이용해 다양한 출력을 해 보도록 응용 교육합니다.	2색 LED 여러 개를 사용한 미션을 수행하게 해주세요.
6	4	3색 LED와 2색 LED의 유사점을 설명합니다.	3색 LED 사용법을 익힌 후 레이저포인트를 만들도록 해주세요(눈에 직접 쏘지 않도록 안전사고에 주의해주세요).
7	5	가변저항과 빛감지센서로 전원이 조절되는 것을 설명합니다. 가변저항의 값을 가지고 LED가 조절되는 것을 설명합니다.	LED의 밝기가 변하는 것을 이해하도록 해주세요.
8	5	빛감지센서의 값을 가지고 LED가 조절되는 것을 설명합니다. 소등램프를 직접 만들어 봅니다.	빛감지센서 값을 가져와 LED를 조절할 수 있다는 것을 이해하게 해주세요.
9	6	부저 사용법을 설명합니다. 주로 멜로디로 사용하므로 다른 멜로디를 연주해 봅니다.	배열 설명을 이해 못할 수 있으니 유동적으로 적용해주세요.
10	7	기울기센서로부터 가져오는 값을 설명합니다.	간단히 응용하도록 유도합니다.
11	7	자석을 이용한 홀센서를 설명합니다.	간단히 응용하도록 유도합니다.
12	8	빛감지센서와 인체감지센서를 응용하는 방법을 설명합니다.	인체감지센서 테스트가 다소 까다로울 수 있으니 주변사람과의 거리를 점검해주세요.
13	8	초음파거리센서와 사운드센서를 응용하는 방법을 설명합니다.	초음파거리센서는 음파의 파동을 이용하므로 반사각에 따라 오작동을 하니 주의해주세요.
14	6~8	센서 사용법을 다시 복습합니다.	복습 또는 응용예제를 하도록 지도해주세요.
15	9	우적센서 기능을 설명합니다.	물티슈로 우적센서를 테스트하도록 유도해주세요. 이 센서를 어떻게 응용하면 좋을지 아디이어를 내보도록 해보세요.
16	9	물높이센서/액체높이센서 원리를 설명합니다.	아두이노를 물에 빠트리는 경우가 많으니 유동적으로 진행해주세요.
17	10	적외선 라이브러리 설정 방법을 설명하고 적외선 리모컨 데이터 수신 방법을 설명합니다.	라이브러리 설치를 못하는 경우가 많으니 지도에 주의해주세요. 가정의 리모컨을 가져와 하도록 합니다.
18	10	적외선 송신 방법을 설명합니다. 가정에서 가져온 리모컨을 복제하는 코드를 설명합니다.	실제 TV를 작동하도록 합니다(LG전자 TV 추천).

회차	챕터	주요내용	점검사항
19	10	서로 다른 아두이노간에 데이터를 보내고 받도록 프로젝트를 구성합니다.	2인 1조로 진행합니다. 서로 데이터를 보내고 받는 과정의 오류를 직접 경험하도록 합니다.
20	11	단거리 무선통신 방법을 설명합니다.	2인 1조로 진행하도록 해주시고, 물센서말고 다른 센서를 적용하도록 지도해보세요.
21	11	단거리 무선통신 방법을 설명합니다.	무선조정 리모컨의 데이터를 가로채기해 보도록 유도합니다.
22	12	U8glib 라이브러리를 설치하고 OLED 디스플레이가 작동하도록 설명합니다.	OLED 유리가 약해서 파손에 주의해야 합니다. 듀폰 케이블로 직접 연결하도록 지도해주세요. 글자만 한 줄 나오는 수준으로 작동되는데 목표를 두세요.
23	12	글자와 도형을 다양하게 출력해 봅니다.	글자 출력 후 도형을 그리도록 해주세요. 다양하게 표현할 수 있도록 지도해주시고 예제를 성실히 하도록 해주세요.
24	11~12	단거리 무선통신과 OLED를 응용합니다.	2인 1조로 서로 통신하도록 하고 그 내용이 출력되도록 간단한 프로젝트를 진행해 주세요.
25			
26	13~16	Part 3 중에 1~2개 진행	학습수준을 판단하여 Part 3의 예제를 응용할 수 있도록 독려해주세요.
27			
28			
29			
30		책의 예제 응용 창의 과제 진행	앞선 예제를 응용하여 프로젝트를 하도록 유도해주세요. 가능하면 통신이 들어가서 응용의 범위가 넓어지도록 유도해주세요.
31			
32			

• 추가 교육자료

교육과정에 필요한 추가 예제, 추가 응용프로젝트, 실습부품공유, 센서쉴드공유 등에 대해 저자가 도와 드릴 것입니다. 저자의 이메일이나 홈페이지 등을 통해 연락주시면 관련 자료에 대해 공유해 드리겠습니다.

이 책에서 다루는 내용은 다음의 홈페이지를 통해 공개하고 있습니다. 모두 동일한 내용이 있습니다.

http://infopub.co.kr/pds/group_pds/bbs.asp
http://playcoding.kr
http://cafe.naver.com/codingbook
http://storefarm.naver.com/playcoding

• 예제 파일

이 책에서 다루는 예제를 모두 다운받아 볼 수 있습니다.

• 설치 파일

이 책에서 다루는 설치해야 하는 프로그램을 다운로드할 수 있습니다.
파일이 있거나 다운로드 가능한 링크가 있습니다.

• 아두이노 구입

저렴하게 아두이노 보드, 아두이노 센서를 구입하는 방법을 소개합니다. 공동구매나 중고로 개인간 거래를
할 수 있도록 해드리겠습니다. 또한 저렴하게 공급 가능하신 판매자분의 참여도 열려 있습니다.

• 무료교육

무료교육 정보가 소개됩니다.

Contents

Contents

Part 03 응용편

아두이노가 무엇이고 어떻게 해야 하는지 알아봅시다.
어떤 아두이노가 나에게 적합하고 사용하려면 무엇이 필요한지
알아가 보도록 합니다.

PART
01

기초편

시작! 아두이노

아두이노는 누구나 쉽게 사용할 수 있습니다. 만들고 싶은 것을 간단히 만들고 프로그램을 잘 몰라도 코드 몇 줄만으로도 훌륭한 기능을 만들 수 있습니다. 여러분 모두 아두이노의 세계와 함께 할 수 있습니다.

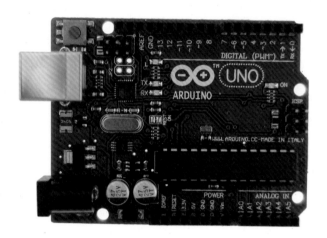

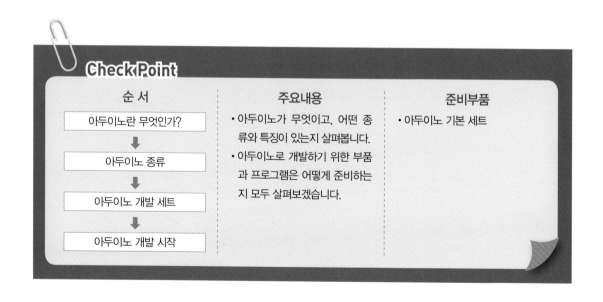

CheckPoint

순 서	주요내용	준비부품
아두이노란 무엇인가? ↓ 아두이노 종류 ↓ 아두이노 개발 세트 ↓ 아두이노 개발 시작	• 아두이노가 무엇이고, 어떤 종류와 특징이 있는지 살펴봅니다. • 아두이노로 개발하기 위한 부품과 프로그램은 어떻게 준비하는지 모두 살펴보겠습니다.	• 아두이노 기본 세트

01 아두이노란 무엇인가?

1 마이크로컴퓨터

아두이노

아두이노는 마이크로컴퓨터입니다. 1971년 인텔이 세계 최초의 마이크로컴퓨터(Microcomputer)를 개발했습니다. 소형미니컴퓨터, 자동차의 오디오, 전자시계, 에어컨, 냉장고, 전기밥솥 등 우리 생활주변에 사용되고 있습니다.

마이크로컴퓨터는 마이컴(Micom)이라고도 합니다. 이러한 마이컴은 교육현장에서 다양한 로봇, 자동차, 기계 등을 만드는 연습을 하는데 사용했습니다. 소형이고 가격도 저렴해서 다양하게 활용되어 왔습니다.

컴퓨터 세상은 점점 변해서 작고 소형의 컴퓨터가 다양한 일을 하는 시대적인 요구가 생겼습니다. 그리고 코딩 교육을 위해 저렴하면서 쉽게 접근 가능한 전자적인 것을 원했습니다. 또한 Maker라고 해서 스스로 의미 있는 것을 만드는 요구가 생기기 시작했습니다. 전문가가 아니더라도 쉽게 사용하기를 원했습니다. 그러다가 사람들은 여러 마이컴 중 아두이노를 발견합니다. 많은 사람들이 사용하기 시작했고, 이것은 많은 사람들 생각의 중심에 놓게 됩니다.

아두이노 탄생

아두이노는 그저 소형의 개발용보드가 불편해서 직접 만들기 시작하면서 시작되었습니다. 전문개발자는 쉽게 사용이 가능했지만 일반인이나 디자이너는 무언가를 만들려고 해도 스스로 하기가 어려웠습니다. 전기회로를 만들고 구성하는 일이 필요하면 복잡한 부품과 전기인두라는 것을 이용할 줄 아는 누군가가 이를 도와주어야만 했습니다.

아두이노는 전문적인 전문가가 아니더라도 누구나 쉽게 만들 수 있도록 하는데 그 출발점이 있습니다.

전기회로가 들어간 기능의 무언가를 만들려고 할 때 전문가가 아니더라도 간단하게 만들어 볼 수 있는 것을 원했습니다. 만약 멋진 탁상시계를 만들고 싶다면 아두이노에 건전지와 화면을 연결하고, 몇 개 부품을 연결해서 시계 기능을 쉽게 만들고, 나머지 시간에는 멋진 모습의 시계를 만드는 일에 집중할 수가 있습니다.

아두이노의 출발점은 전자적인 지식이 없는 초보자가 어렵지 않게 전자회로가 들어간 제품을 만들 수 있게 해준다는 것입니다. 납땜이나 회로를 보는 능력이 없어도……

2 오픈소스 하드웨어

누구나 만들어도 됩니다

아두이노社[1]는 누구나 쉽게 사용할 수 있도록 모든 자료를 공개했습니다.

더 중요한 것은 그곳의 자료를 이용해 아두이노社가 만드는 보드[2]와 똑같이 만들어서 돈을 받고 팔아도 상관없다는 것입니다. 모든 자료가 공개되어 있기 때문입니다. 이러한 것을 "오픈소스"라고 합니다. 기존에 마이크로컴퓨터가 있었음에도 아두이노가 유명해지고 크게 성장한 것은 "오픈소스"라는 것으로 진행했기 때문입니다.

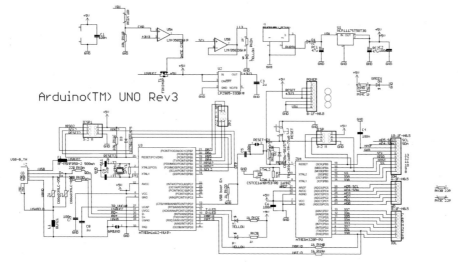

출처 : https://www.arduino.cc/en/Main/ArduinoBoardUno의 PDF 파일

아두이노社의 홈페이지에 가면 아두이노를 만들 수 있는 회로도, 부품목록 등이 모두 공개되어 있습니다. 다음은 아두이노社의 홈페이지입니다.

---

1) 아두이노社(아두이노사) : 아두이노를 만들어 최초로 공개한 사람들과 그 회사를 의미합니다.
2) 보드 : 아두이노 같이 컴퓨터와 연결해서 다양한 소프트웨어를 작동시킬 수 있는 전자회로를 말합니다.

https://www.arduino.cc/en/Main/ArduinoBoardUno

몇 가지만 지키면 돈을 내지 않아도 이러한 설계자료를 구해서 아두이노를 만들 수 있습니다. 그래서 수많은 회사들이 이 자료를 이용해 아두이노를 만들어 팔기 시작했습니다. 기능적으로는 차이가 없습니다. 아두이노社에서 파는 것은 "정품"이라고 불리고 다른 사람들이 만들어 파는 아두이노는 "호환제품"이라고 부릅니다. "호환제품"이지만 "정품"보다 더 안정적인 경우도 많으니 "정품"에 뒤질 것은 없습니다. 다음 그림의 왼쪽이 "정품", 오른쪽이 "호환제품"입니다.

"정품"과 "호환제품"의 기능은 차이가 없지만, 가격은 몇 배의 차이가 나기 때문에 많은 사람들은 당연하게 "호환제품"을 사용합니다. "정품"은 아두이노社가 만들었다는 것이 다릅니다.

누구나 사용해도 됩니다

아두이노社의 홈페이지에는 아두이노에서 사용가능한 모든 소프트웨어를 무료로 공개하고 있습니다.

https://www.arduino.cc/en/Reference/HomePage

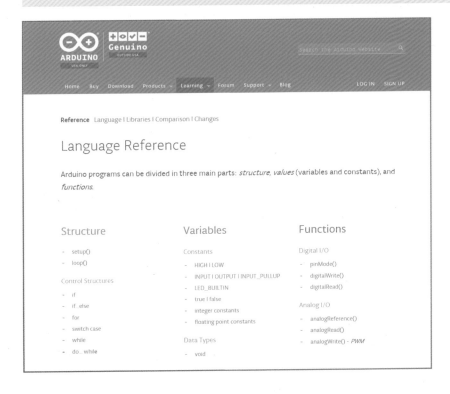

아두이노社가 제공하는 개발도구를 설치하면 아두이노를 구성하는 소프트웨어의 내부도 볼 수 있습니다. 아두이노에 맞추기 위한 제품들이나 부품들도 자연스럽게 "오픈소스"를 하게 되었습니다. 아두이노는 아니지만 다양한 제품들도 아두이노에 맞춰 사용할 수 있도록 공개되어 있어서 여기에 맞도록 소프트웨어만 만들면 누구나 사용할 수 있습니다.

다음 그림은 아두이노는 아니지만 아두이노처럼 사용할 수 있습니다. 이것이 "오픈소스"의 장점입니다. 다양한 사람들이 소프트웨어를 서로서로 공개하고 사용하게 함으로써 아두이노가 더욱 더 유명해지기 시작했습니다.

이러한 소프트웨어를 이용해 여러분이 어떤 제품을 만들어서 팔던, 기능을 추가하던, 여러분은 아두이노社에 돈을 지불하지 않아도 됩니다. 여러분의 것은 아니지만 여러분이 마음대로 사용할 수 있습니다.

왜 아두이노인가?

아두이노를 시작하고 지금까지 이어져 오는데 가장 중요한 것은 무엇일까요?

가장 중요한 점은 "오픈"이라는 것입니다. 수많은 제조회사, 수많은 소프트웨어 회사들이 서로서로 공유하면서 만들어 가고 사람들이 사용한다는 것입니다.

아두이노의 장점은 다음과 같습니다.
① 저렴합니다. 아두이노는 다른 마이크로컴퓨터에 비해 상대적으로 저렴합니다.
② 다양한 운영체제에서 개발할 수 있습니다. 윈도우, 맥, 리눅스에서 개발할 수 있습니다.
③ 오픈소스 소프트웨어입니다. 아두이노 소프트웨어는 경험이 풍부한 프로그래머에 의해 확장 가능한 오픈소스로 제공됩니다. 개발 언어인 C++ 라이브러리가 가능해 이를 통해 확장하고 다양하게 적용할 수 있습니다.
④ 오픈소스 하드웨어입니다. 아두이노社가 제공하는 설계도면을 활용해서 다양한 제품으로 만들어 낼 수 있습니다(크리에이티브 커먼즈 라이선스라는 조건으로 배포됩니다).

02 아두이노 종류

1 보통 아두이노

아두이노 우노

아두이노 우노는 영어로 Arduino UNO라고 씁니다. UNO는 이탈리아어로 하나를 뜻하는 것으로 아두이노社의 첫 번째 아두이노라는 것을 나타내는 말입니다. 사람들에게 가장 많이 사랑받는 기종으로 크기가 5.3cm × 7.7cm 정도로 작은 기종입니다. 여러 개의 구멍이 있어 핀을 꽂아서 사용하도록 만든 표준모델입니다. 아날로그 6개, 디지털 14개로 총 20개의 연결단자를 제공합니다.

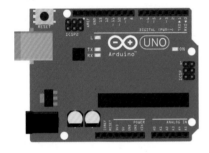 

개발에 사용하는 컴퓨터를 'PC'라고 부릅니다. PC와 연결은 B type USB 케이블을 연결합니다. 전원공급단자를 제외하고 별도의 전원을 연결해서 사용할 수 있도록 되어 있습니다. 별도의 전원은 7V에서 12V 전원을 연결할 수 있습니다.

2 작은 아두이노

아두이노 나노

아두이노 나노는 영어로 Arduino Nano라고 씁니다. 나노라는 말에서 풍기듯 작다는 의미를 지녔습니다. 크기가 1.8cm × 4.5cm 정도로 손가락 하나 정도의 크기지만 아두이노 우노와 기능이 동일할 만큼 강력한 아두이노입니다. 핀을 연결할 수 있는 단자없이 브레드보드라는 기판에 꽂아서 사용하는 것으로 선이 간편하고 복잡하지 않아 사용이 간편합니다.

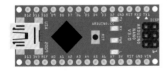 

PC와 연결은 Mini USB 케이블을 연결합니다. 전원공급단자를 통해 7V에서 12V의 별도 전원을 연결할 수 있습니다.

아두이노 마이크로

아두이노 마이크로(Arduino Micro)는 아두이노 나노와 동일한 수준의 작은 아두이노입니다.

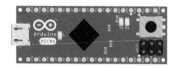

PC와 연결은 Micro USB 케이블을 연결합니다.

2 제작용 아두이노

아두이노 프로

말 그대로 프로들을 위한 아두이노 프로(Arduino Pro)라는 것이 있습니다. 기능은 우노와 같지만 연결되는 부분에 납땜이 되어 있지 않습니다. 매우 얇게 만들어져 있으며 배터리를 연결할 수 있도록 포트(Port)가 있다는 것이 특징입니다.

PC와 연결하려면 USB to Serial이라는 것을 이용해 연결해 주어야 합니다.

흔히 '시리얼 통신'이라고 불리는 RX, TX 단자를 연결하고 PC의 5V 전원, 3.3V 전원, GND를 연결해 사용합니다. 연결이 불편한 만큼 초보자가 사용할 때는 주의를 요구합니다.

아두이노 프로미니

아두이노 프로미니(Arduino Pro Mini)는 납땜이 되지 않은 소형 아두이노입니다. 연결방식이나 사용법은 아두이노 프로와 동일합니다.

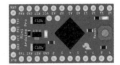

3 특별한 아두이노

아두이노 101

새롭게 출시된 특별하게 사용하는 아두이노 101입니다. 블루투스라는 통신기능과 6축-자이로가속도센서라는 것이 내장되어 있습니다. RTC(Real Time Clock)라고 불리는 시계가 내장되어 있습니다. Intel이라는 회사와 공동으로 만든 것으로 외관은 아두이노 우노와 비슷하지만, 내부적으로는 많이 다른 아두이노입니다. PC와 연결은 B type USB 케이블로 연결합니다.

아두이노 메가

아두이노를 사용하다보면 늘 아쉬운 것이 연결할 단자의 개수가 부족해진다는 점입니다. 아두이노 우노는 아날로그 6개, 디지털 14개로 총 20개의 연결단자를 제공합니다. 아두이노 메가(Arduino Mega)는 아날로그 16개, 디지털 54개로 총 70개의 연결단자를 제공합니다. 연결할 핀이 부족할 수 없을 정도로 많습니다. PC와 연결은 B type USB 케이블을 연결합니다.

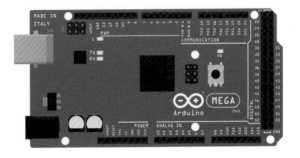

아두이노 두에

아두이노 두에(Arduino DUE)는 아두이노의 두 번째 버전을 의미합니다. 우노(UNO)는 이탈리아어로 첫 번째라는 의미라면, 두에(DUE)는 두 번째라는 의미입니다. 연결단자는 아두이노 메가 수준을 제공하지만, 속도가 아두이노 우노보다 적어도 3배는 빠릅니다. PC와 연결은 스마트폰에 연결하는 Micro USB 케이블을 사용합니다.

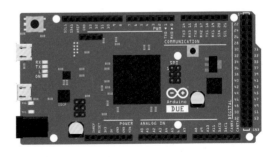

릴리패드

릴리패드의 정식명칭은 Lilypad Arduino입니다. 릴리패드는 기존의 아두이노와 모양이 많이 다릅니다. 모두 동그란 모양이고 다양한 크기가 존재합니다. 주변에 동그란 구멍이 크게 뚫려 있는데, 이것은 옷 같은 곳에 매달 수 있도록 하기 위해서 만들어져 있습니다. 납땜보다는 쇠로 만들어진 작은 집게를 이용해 물려서 연결을 하거나 전선을 구멍에 넣어 묶어서 사용하는 다소 생소한 아두이노입니다. 릴리패드는 우리가 웨어러블(Wearable)이라고 부르는 "신체부착형 컴퓨터"에 적합합니다.

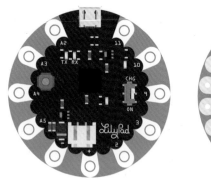 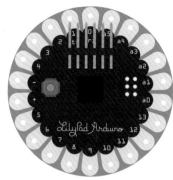

PC와의 연결은 Micro USB 케이블이나 USB to Serial 형태로 연결해서 사용합니다. Micro USB로 연결할 때 드라이버 설치가 다소 까다롭습니다.

03 아두이노 개발 세트

아두이노를 사용하려면 아두이노가 필요합니다. 아울러 연결할 케이블이나 부품도 필요합니다. 보통 아두이노를 하기 위해 필요한 것이 무엇인지 설명합니다. 이 책의 내용을 해보기 위해서도 필요한 기본적인 것입니다.

본 책의 이후에 다음의 그림으로 표현되는 아두이노 기본 세트는 본 섹션의 내용을 의미하는 것입니다.

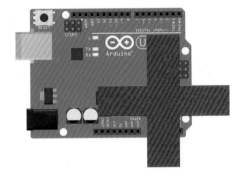

1 아두이노

여러분이 사용하기에 적합한 아두이노입니다. 두 가지 중 하나만 있으면 됩니다.

아두이노 우노

가장 많이 사용하는 아두이노입니다. 아두이노 작동을 처음부터 다시 하고 싶을 때는 전원을 뽑았다가 연결하면 되지만, 간편하게 할 수 있는 것이 리셋(RESET:다시 시작 버튼)입니다. 이 버튼을 누르면 아두이노는 전원을 다시 껐다가 켠 것 같이 됩니다. PC와는 USB 케이블로 연결합니다. PC에서 개발한 프로그램을 업로드 하기 위한 용도로도 사용되지만 PC로부터 5V의 전원도 공급받는 역할을 합니다. PC와는 연결하지 않고 전원만 별도로 연결할 수도 있어서 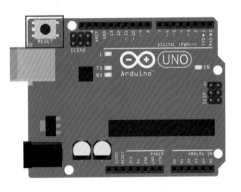 어댑터와 연결된 전원 잭을 연결할 수 있습니다.

아두이노에 기다란 핀을 꽂을 수 있는 검은색 단자가 있습니다. 여기에 부품이나 핀을 연결해 사용합니다. 아두이노는 단자에 연결하는 부품의 특성에 맞게 디지털과 아날로그 2가지로 나뉘어서 사용이 가능합니다.

디지털은 0번부터 13번까지 있습니다. 0번과 1번은 PC와 연결에 사용하는 것과 같은 것이라 가급적 사용하지 마시기 바랍니다. 실제 사용가능한 단자는 2번부터 13번까지 총 12개입니다. 디지털은 우리가 집안의 스위치를 켜고 끄는 것과 동일하게 작동합니다. 단자에 전원이 나오거나 안 나오거나, 전원을 집어넣거나 안 넣거나 하는 식의 단순한 처리를 합니다. 이것은 전등을 켜거나 하는 식으로 만들 때 편리합니다. 숫자 앞에 ~표시가 있는 것이 있습니다. 이것은 전원을 켜고 끄는 것을 조절할 수 있는 부분입니다. 전원을 반만 켜고 싶다면 ~표시가 있는 단자를 활용하면 가능합니다. 이것을 PWM(Pulse Width Modulation, 펄스폭변조)이라고 부릅니다. 네모난 상자 부분은 GND입니다.

아날로그는 A0부터 A5번까지 6개를 사용할 수 있습니다. 아날로그는 값이 디지털처럼 처리되지 않습니다. 전등으로 얘기하면 전원을 켜고 끄는 디지털과는 달리 전등을 약하게 켜거나 강하게 켜거나 하는 식으로 자세하게 조절할 수 있습니다. 아날로그는 디지털과 구분하기 위해 숫자 앞에 A를 붙여서 사용합니다. 1이라고 하면 디지털의 1번이지만 A1이라고 하면 아날로그의 1번을 의미합니다.

아두이노의 나머지 부분에는 POWER라는 부분이 있습니다. 여기에는 여러 부분이 있는데 3V3과 5V는 전원을 의미합니다. 3V3은 3.3볼트의 전원을, 5V는 5볼트를 의미합니다. 5V는 사용에 매우 주의해야 합니다. 직접 연결할 때 실수하면 여러분의 부품을 망가트리기도

합니다. 3V3은 위험하지는 않지만 잘못 연결하면 PC에서 여러분의 아두이노를 인식하지 못합니다. 3V3이나 5V가 전원이고 이것은 +전극 부분에 해당합니다. 전기는 +전극과 −전극이 있습니다. −전극에 해당하는 것이 GND입니다. 5V 옆에 나란히 있으니 연결에 주의해야 합니다. 디지털 13번 옆에도 GND가 하나 더 있어서 아두이노 우노에는 총 3개의 GND가 있습니다. 3V3이나 5V를 절대 GND에 바로 연결하는 일은 없도록 주의해 주세요.

5V는 사용에 주의해야 합니다. 스치기만 해도 여러분의 아두이노는 고약한 타는 냄새와 함께 더 이상 사용할 수 없게 되고, 심지어는 PC를 망가트리기도 하니까요.

아두이노 나노

아두이노 나노는 아두이노 우노와 동일한 기능의 핀을 제공합니다. 다만 크기가 너무 작아서 위치가 조금씩 다를 뿐입니다. 리셋(RESET:다시 시작 버튼) 버튼은 정중앙에 조그마하게 있습니다.

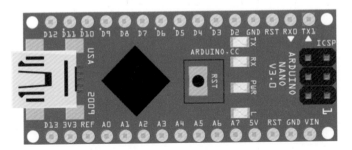

아두이노 나노의 윗면을 보면 D12부터 TX1까지 있는 것을 볼 수 있습니다. D12부터 D2는 디지털 12번부터 디지털 2번까지를 의미합니다. RX0, TX1은 각각 디지털 0번과 1번을 의미합니다.

나노의 반대쪽을 보면 D13이라고 표시된 디지털 13번이 보일 것입니다. 공간의 문제로 반대쪽으로 이동했습니다. A0부터 A7까지 아날로그 포트도 보입니다. A6과 A7는 사용할 수 없습니다. 3V3과 5V는 전원입니다.

아두이노 나노는 별도의 전원 잭을 제공하지 않고 USB 케이블로 PC와 연결된 선을 통해 전원을 사용합니다.

아두이노 세부명칭

본 책에서는 아두이노의 우노 버전과 나노 버전을 구분하지 않고 모두 아두이노라고 통칭합니다. 여러분이 어느 것을 사용하던 이 책의 내용이 다르지 않습니다. 크고 연결하기 편한 아두이노 우노가 편할 수도 있고, 작고 가볍게 만들기 위해 아두이노 나노가 좋을 수도 있습니다. 자주 사용할 아두이노이기에 다음 그림의 세부명칭을 알아두면 도움이 됩니다.

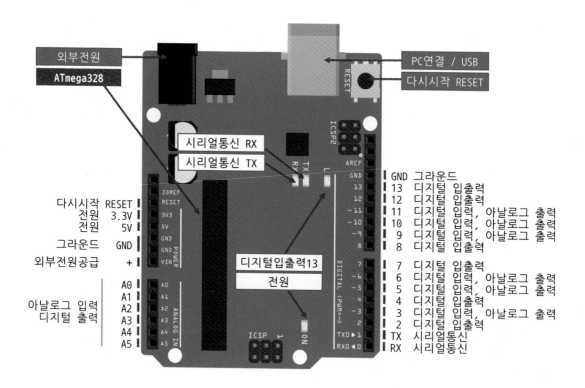

외부전원
ATmega328
PC연결 / USB
다시시작 RESET
시리얼통신 RX
시리얼통신 TX

		GND	그라운드
		13	디지털 입출력
		12	디지털 입출력
		11	디지털 입력, 아날로그 출력
		10	디지털 입력, 아날로그 출력
		9	디지털 입력, 아날로그 출력
		8	디지털 입출력

다시시작 RESET
전원 3.3V
전원 5V
그라운드 GND
외부전원공급 +

디지털입출력13
전원

	7	디지털 입출력
	6	디지털 입력, 아날로그 출력
	5	디지털 입력, 아날로그 출력
	4	디지털 입출력
	3	디지털 입력, 아날로그 출력
	2	디지털 입출력
	TX	시리얼통신
	RX	시리얼통신

A0
A1
A2 아날로그 입력
A3 디지털 출력
A4
A5

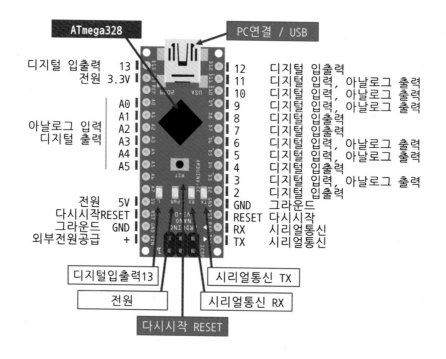

ATmega328
PC연결 / USB

디지털 입출력 13
전원 3.3V

	12	디지털 입출력
	11	디지털 입력, 아날로그 출력
	10	디지털 입력, 아날로그 출력
	9	디지털 입력, 아날로그 출력
	8	디지털 입출력
	7	디지털 입출력
	6	디지털 입력, 아날로그 출력
	5	디지털 입력, 아날로그 출력
	4	디지털 입출력
	3	디지털 입력, 아날로그 출력
	2	디지털 입출력

A0
A1
A2 아날로그 입력
A3 디지털 출력
A4
A5

전원 5V
다시시작RESET
그라운드 GND
외부전원공급 +

	GND	그라운드
	RESET	다시시작
	RX	시리얼통신
	TX	시리얼통신

디지털입출력13
전원
다시시작 RESET
시리얼통신 TX
시리얼통신 RX

어떤 것을 선택하던 아무 문제없습니다.

2 브레드보드

부품을 꽂아서 쓰는 브레드보드입니다. 영어로 'Bread Board'라고 하는데 우리말로 "빵판"이라고도 불립니다. 전기인두를 이용해 납땜을 해야 전자회로가 구성되지만, 그것을 모르는 일반인도 쉽게 연결해서 만들 수 있도록 한 것이 브레드보드입니다.

브레드보드는 크기에 따라 800포인트, 400포인트, 170포인트, 25포인트 등으로 불립니다. 포인트는 구멍의 개수를 의미하는 것입니다. 일반적으로 사용하는 것은 400포인트입니다. 여러분이 사용하기에 400포인트가 적당합니다.

400포인트 브레드보드

구멍이 400개가 있어서 '400포인트'라고 불리는 브레드보드입니다. 크기가 5.4cm × 8.2cm 정도로 우리가 사용하는 스마트폰의 절반도 안 되는 크기입니다. 브레드보드에는 구멍이 5개씩 연결되어 있어서 어디에 꽂던지 선을 연결하지 않아도 됩니다. 브레드보드의 양쪽에는 파란색과 빨간색으로 선이 그어진 부분이 있는데 이곳은 5개씩뿐 아니라 그 옆하고도 연결되어 있습니다. 자주 사용하는 3.3V 전원과 GND를 주로 연결해서 사용합니다. 다음 그림의 오른쪽과 같이 미리 연결되어 있는 것을 알 수 있습니다.

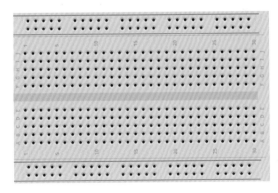

170포인트 미니브레드보드

손가락 2개 정도 크기에 불과한 170포인트는 미니브레드보드라는 별칭을 가지고 있습니다. 크기가 작기 때문입니다. 크기가 3.5cm × 4.7cm 정도입니다. 하지만 여러분이 사용하는 데는 문제없습니다. 대부분 이 보드 위에 부품을 올려서 연결할 수 있기 때문이죠. 이 브레드보드에는 3.3V 전원과 GND를 연결하는 부분은 제공되지 않습니다.

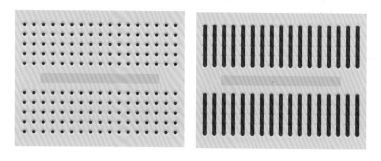

170포인트 미니브레드보드는 프로토타입쉴드(Prototype Shield)라는 것에 얹어서 사용합니다. 프로토타입쉴드에 170포인트 미니브레드보드를 얹고 그것을 아두이노 우노 위에 끼워서 사용합니다. 이것의 명칭을 브레드쉴드(Bread Board Shield)라고 명명하겠습니다.

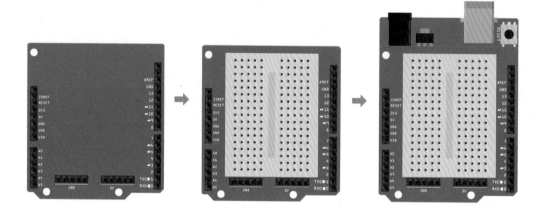

25포인트 미니브레드보드

아주 작은 크기의 브레드보드입니다. 크기가 1.5cm × 2cm 정도로 엄지손가락 크기 정도입니다. 이 브레드보드는 여러 개를 이용해서 사용하는 목적에 나온 것입니다. 구멍이 총 25개이고 5줄이 서로 연결됩니다.

이 브레드보드는 부품의 연결을 쉽게 하는 모듈을 만들 때 사용하기 용이합니다. 본 책에서는 모듈을 쉽게 만드는 도구로 이 브레드보드를 사용할 것입니다.

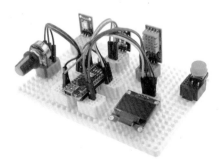

3 점퍼선

점퍼선은 아두이노와 브레드보드를 연결해주는 선입니다. 필요하다면 브레드보드 없이 직접 부품을 연결하는 역할을 하기도 합니다. 1가지 종류씩은 가지고 사용해 보기를 권합니다.

점퍼선

점퍼선(Jumper Wires)은 보통 65개의 선으로 이루어져 65 점퍼선이라고도 불립니다. 길이가 다양하고 아두이노와 브레드보드를 연결하는데 많이 사용합니다. 가격이 저렴하지만, 오래 사용하면 핀이 잘 휘기 때문에 주의해야 합니다.

듀폰 케이블 MtoM

듀폰 케이블(Dupont Cable)은 '듀퐁 케이블'이라고도 발음합니다. 듀폰 케이블은 여러 형태가 있는데 핀이 튀어 나온 것을 M(Male)이라고 부릅니다. MtoM은 'Male to Male'이라는 의미로 양쪽 모두 튀어 나온 것을 의미합니다. 길이도 다양해서 40cm, 20cm, 10cm가 있는데 주로 20cm를 사용합니다. 이 케이블은 점퍼선과 그 기능이 같습니다. 약간 비싸지만 점퍼선보다 선이 깔끔하고 연결이 잘됩니다.

듀폰 케이블 MtoF

듀폰 케이블(Dupont Cable) 중에 핀을 꽂을 수 있는 경우는 'F(Female)'라고 얘기합니다. MtoF는 Male to Female이라는 의미입니다. 이 케이블은 부품의 모양이 큰 경우 자주 사용되는 케이블입니다. 주로 20cm를 사용합니다.

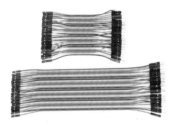

4 PC 연결 케이블

아두이노를 구입하다보면 케이블을 같이 판매하지 않는 경우가 많습니다. 별도로 구입해야 하는 경우도 있으니 자신이 사용하는 아두이노와 맞는지 꼭 확인해 보시기 바랍니다.

아두이노 우노용 USB 케이블

주로 아두이노 우노에 사용하는 케이블로 'B type USB'라고 불립니다. 프린터나 다양한 USB 기기에 사용되던 케이블로 흔하게 구할 수 있습니다. 아두이노와 연결되는 부분의 모양은 그림과 같습니다.

아두이노 나노용 USB 케이블

주로 아두이노 나노에 사용하는 케이블로 'Mini USB'라고 불립니다. 요즘에는 잘 안 쓰는 형태이기에 쉽게 구하지는 못하므로 구입하는 경우가 많을 것입니다. 아두이노와 연결되는 부분의 모양은 그림과 같습니다. 스마트폰에 연결되는 케이블은 Micro USB라고 해서 Mini USB하고는 모양이 다르니 주의해야 합니다.

5 기본 부품

LED

LED는 우리말로 발광다이오드라고 불리며, 영어로 'Light Emitting Diode'라는 말의 약자입니다. 긴 다리에 +전극을 연결하고 짧은 다리에 −전극을 연결하면 불이 들어옵니다. 크기, 모양, 다리의 개수도 다양합니다. 보통 다리가 2개 달린 LED 정도만 색상별로 구비해 두면 좋습니다.

저항

저항은 쎈 것을 줄여주는 역할을 합니다. 5V를 직접 연결하면 아두이노가 타버리지만 저항을 연결하면 문제없이 작동됩니다. 과도하게 흐르는 전류를 줄여주기 위해 저항을 사용합니다. 용량별로 저항의 색이 달라서 이를 구분해야 하지만 보통 인쇄 상태가 좋지 않아 눈으로 구분하기는 어렵습니다. 저항 구입 시 용량별로 잘 구분해서 담아두기를 권합니다. 용량을 구분하는 단위는 Ω(옴)이라는 단위를 사용합니다. 권장 용량은 150Ω, 220Ω, 1000Ω(1KΩ), 4700Ω(4.7KΩ), 10000Ω(10KΩ) 정도를 권합니다. 저항은 부품 중 매우 저렴합니다.

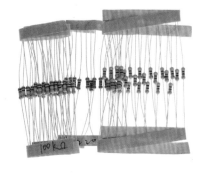

버튼

버튼(Button) 또는 스위치(Switch)는 끊어진 두 접점을 연결하는 역할을 합니다. 누르면 불이 들어오거나 소리가 나는 등의 기능을 하는데 사용됩니다. 다양한 모양의 버튼이 있지만 브레드보드에 들어가야 하는 만큼 너무 특별한 모양의 버튼은 사용하지 말아야 합니다. 주로 다리가 4개 달렸습니다.

센서/부품/모듈

센서나 부품 등은 아두이노에서 프로그램을 개발해서 사용합니다. 센서나 부품은 필수는 아니고 필요하면 사용하는 것입니다. 다만 센서나 부품을 다루지 않으면 아두이노에서 할 것이 많지 않습니다. 따라서 다양한 센서를 다루고 이것을 응용해서 다양한 것을 만드는 것을 시도해야 합니다.

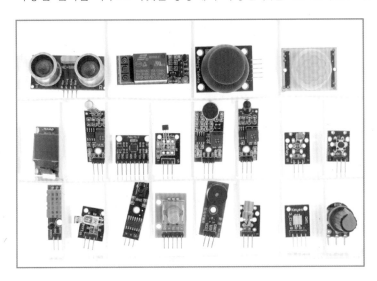

본 책의 각 장마다 필요한 센서나 부품이 명시되어 있습니다. 그것만 추가로 준비하면 문제없이 아두이노를 배워 볼 수 있습니다. 본 책에서 다루는 센서는 시중에서 쉽게 누구나 구할 수 있는 일반적인 것을 사용했습니다. 책의 앞부분에서 소개하는 사이트에 접속하면 부품정보를 얻을 수 있습니다.

6 아두이노 기본 세트

이 책은 다음과 같이 3가지 형태의 아두이노로 구성했습니다. 3가지 중 원하는 형태로 구성해서 실습이 가능합니다. 다음의 ❶, ❷, ❸번 중 1가지만 준비하시기 바랍니다.

❶ 아두이노 + 브레드보드

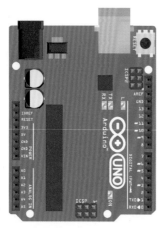

▲ 아두이노 우노

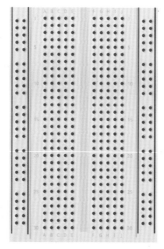

▲ 400포인트 브레드보드

❷ 아두이노 + 브레드쉴드

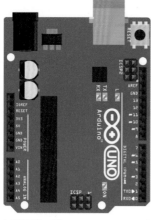

▲ 아두이노 우노

끼워서 사용

▲ 브레드쉴드(170포인트 미니브레드보드 + 프로토타입쉴드)

❸ 아두이노 나노 + 브레드보드

끼워서 사용

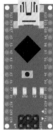

▲ 아두이노 나노

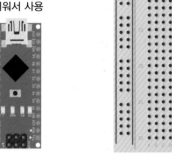

▲ 400포인트 브레드보드

본 책의 이후에 다음의 그림으로 표현되는 아두이노 기본 세트
는 본 섹션의 내용을 의미하는 것입니다.

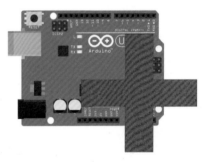

04 아두이노 개발 시작

아두이노에서 프로그램을 실행시켜 보려면 코드를 작성해서 작동을 시켜봐야 합니다. 그러기 위해서는 다양한 개발 도구와 설치 파일이 필요합니다. 책의 앞부분에서 소개하는 곳에 들어가면 다운로드를 편하게 할 수 있는 링크를 제공합니다. 책의 내용에 따라 시작해 보세요.

1 프로그램 개발 도구

아두이노에서 프로그램을 만들기 위해서는 개발 도구가 필요합니다. 개발 도구를 설치해 보도록 합니다. 개발 도구를 설치하기 전 아두이노를 PC와 연결하지 않습니다.

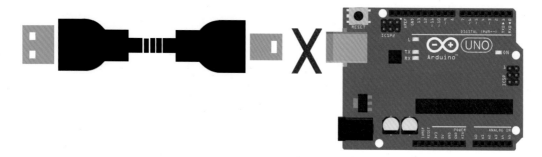

아두이노 나노를 사용하는 경우도 PC와 연결하지 않습니다.

아두이노의 개발 도구는 "스케치"라는 프로그램입니다. 아두이노는 C라는 언어로 코드를 작성해야 합니다. C 언어지만 너무 간단하기 때문에 어렵지 않게 따라 할 수 있습니다(C 언어 및 C++ 언어를 지원합니다).

개발 도구 다운로드

다음 링크로 들어가서 개발 도구 "스케치" 설치 파일을 다운로드합니다.

https://www.arduino.cc

주의 http://arduino.org가 아닌 http://arduino.cc 임을 명심하세요.

사이트에 접속하면 다음과 같이 설치 버전이 나타납니다. 여기서 [Windows Installer]를 클릭하면 Windows 설치 파일 다운로드 창으로 넘어갑니다.

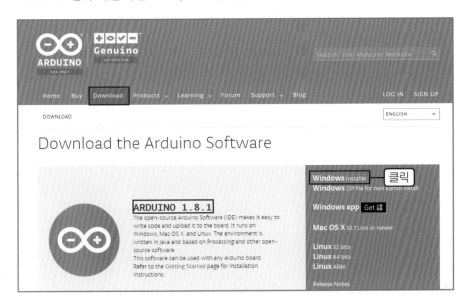

PC의 운영체제로 윈도우7, 윈도우8, 윈도우8.1, 윈도우10을 사용하는 경우에 해당합니다. 만약 사용하는 PC가 애플의 Mac이라면 그 아래의 Mac OS X를 선택해서 진행합니다.

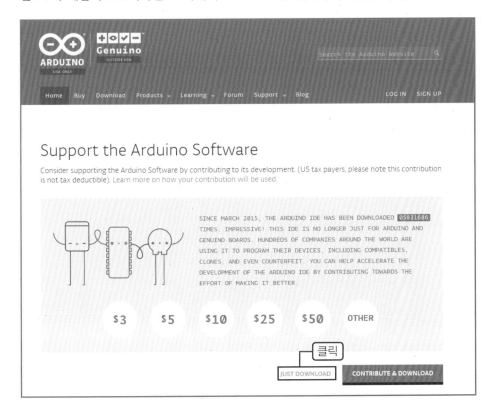

아두이노는 오픈소스로 운영하다 보니 기부를 받아서 운영합니다. 그래서 이 화면이 뜨게 됩니다. Just Download 부분을 클릭합니다.

다운로드가 시작됩니다. 다운로드된 파일은 다음과 같은 형식입니다. 이것은 아두이노 개발 도구인 스케치의 1.8.1 버전을 의미합니다. 시간이 지나면 새로운 버전이 출시되므로 이 숫자는 다를 수 있습니다.

arduino-1.8.1-windows.exe

개발 도구 설치

다운로드 받은 파일을 실행합니다. 이 파일은 윈도우에서 관리자의 권한을 필요로 하기 때문에 다음의 창이 나옵니다. [예] 버튼을 클릭해야 진행이 됩니다. [예] 버튼을 클릭합니다.

다음의 창은 혹시 설치한 적이 있으면 나타나는 창입니다. 설치된 경우 나타나므로 [확인] 버튼을 클릭하여 이전 버전을 모두 제거해 줍니다. 이 창은 처음 설치하는 경우에는 나타나지 않습니다.

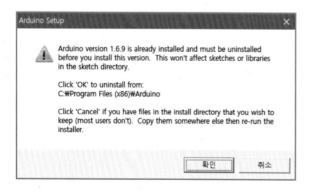

다음의 순서로 설치를 진행합니다.

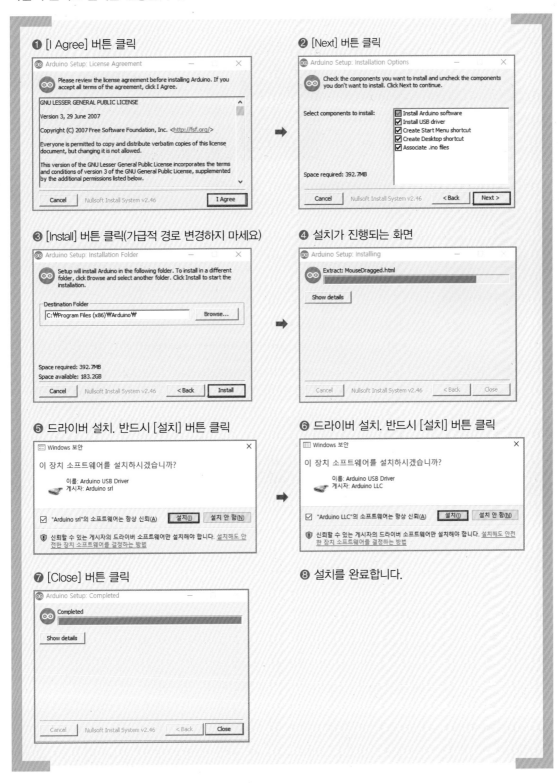

❶ [I Agree] 버튼 클릭

❷ [Next] 버튼 클릭

❸ [Install] 버튼 클릭(가급적 경로 변경하지 마세요)

❹ 설치가 진행되는 화면

❺ 드라이버 설치. 반드시 [설치] 버튼 클릭

❻ 드라이버 설치. 반드시 [설치] 버튼 클릭

❼ [Close] 버튼 클릭

❽ 설치를 완료합니다.

이제 실행을 시켜 보겠습니다.

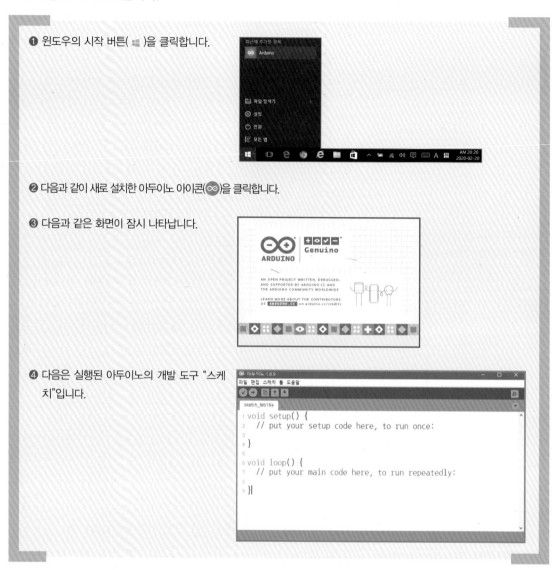

❶ 윈도우의 시작 버튼(⊞)을 클릭합니다.

❷ 다음과 같이 새로 설치한 아두이노 아이콘(∞)을 클릭합니다.

❸ 다음과 같은 화면이 잠시 나타납니다.

❹ 다음은 실행된 아두이노의 개발 도구 "스케치"입니다.

② USB 인식 드라이버

아두이노 정품은 별도의 드라이버가 필요하지 않습니다. 다만 호환제품이나 아두이노 나노 등은 다른 드라이버를 사용합니다. 설치해 두어서 문제가 있는 것은 아니므로 모두 설치해 두도록 합니다.

드라이버 설치

아두이노와 PC를 연결하기 위한 부품이 있는데 보편적으로 많이 사용하는 것이 CH340/CH341입니다.

이것은 사용이 간편하지만 별도로 설치가 필요하기 때문에 설치를 해주어야 합니다. 책의 앞부분에서 소개하는 사이트에 접속하여 설치 파일을 다운로드합니다.

다운받은 파일의 압축을 풀면 다음과 같이 나타납니다.

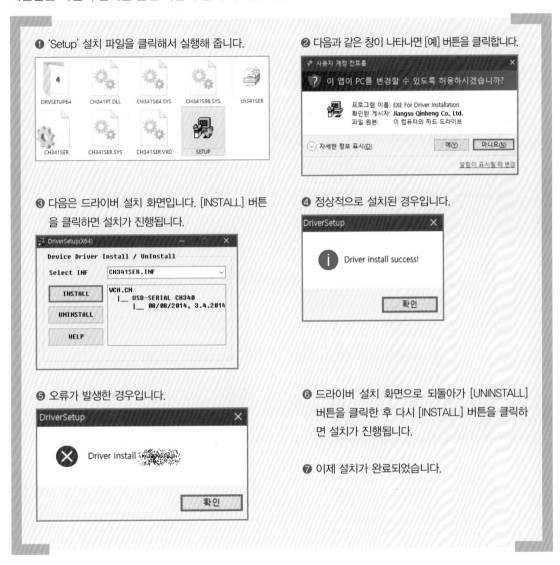

❶ 'Setup' 설치 파일을 클릭해서 실행해 줍니다.

❷ 다음과 같은 창이 나타나면 [예] 버튼을 클릭합니다.

❸ 다음은 드라이버 설치 화면입니다. [INSTALL] 버튼을 클릭하면 설치가 진행됩니다.

❹ 정상적으로 설치된 경우입니다.

❺ 오류가 발생한 경우입니다.

❻ 드라이버 설치 화면으로 되돌아가 [UNINSTALL] 버튼을 클릭한 후 다시 [INSTALL] 버튼을 클릭하면 설치가 진행됩니다.

❼ 이제 설치가 완료되었습니다.

③ 시리얼 포트 확인

이제 PC와 아두이노를 USB 케이블로 연결합니다. 그러면 다음과 같이 아두이노에 불이 들어옵니다. 불이 들어오는 곳에는 ON, PWR, POWER, POW라고 쓰여진 경우가 많습니다.

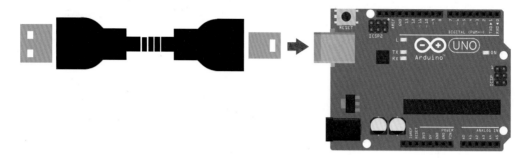

아두이노 나노를 사용하는 경우에는 다음과 같습니다.

연결된 아두이노가 정상인지 확인을 위해 이동합니다. 다음 그림과 같이 '내 PC(또는 내 컴퓨터)'에서 마우스 오른쪽 버튼을 누르면 나타나는 바로 가기 메뉴에서 [속성]을 클릭합니다.

[시스템] 창이 나타나면 [장치 관리자]를 클릭합니다.

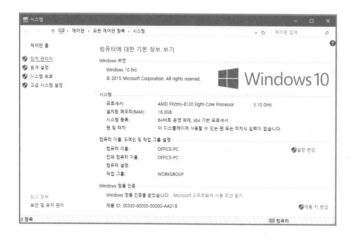

장치 관리자의 '포트(COM & LPT)'로 이동합니다. 다음과 같이 연결된 아두이노의 시리얼 포트가 나타날 것입니다. 아두이노를 '정품'이나 '정품호환'인 제품을 연결하면 정품으로 인식하므로 'Arduino

Uno(COM3)'가 나타납니다. 스케치의 메뉴에서 [툴]-[포트]를 선택하면 연결된 아두이노의 시리얼 포트를 볼 수 있습니다. 'COM3(Arduino/Genuino Uno)'라고 자동으로 나타납니다.

주의 여러분이 사용하는 PC의 시리얼 포트는 COM3가 아닐 수 있으며, 매번 바뀔 수도 있습니다.

CH340이라는 부품으로 교체된 '정품호환' 제품이나 아두이노 나노는 'USB-SERIAL CH340(COM4)'라고 나옵니다. 스케치의 메뉴에서 [툴]-[포트]를 선택하면 연결된 아두이노의 시리얼 포트를 볼 수 있습니다. 'COM4'라고만 나타납니다. 아두이노로 인식한 것이 아니기 때문에 설명이 같이 나오지 않습니다. 사용에는 전혀 지장이 없으니 안심하세요.

주의 여러분이 사용하는 PC의 시리얼 포트는 COM4가 아닐 수 있으며, 매번 바뀔 수도 있습니다.

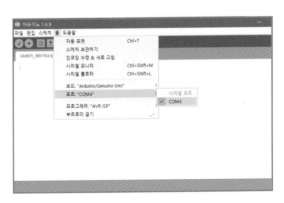

4 샘플코드 실행하기

모든 드라이버가 설치되면 다음 그림과 같이 연결된 아두이노의 시리얼 포트를 '스케치'에서 확인할 수 있습니다. 여러분이 사용하려는 아두이노와 연결된 시리얼 포트가 맞는지 앞의 과정을 통해 반드시 확인해 주세요.

사용하려는 아두이노 보드를 선택합니다. 스케치의 메뉴에서 [툴]-[보드]로 가서 사용하려는 아두이노 우노를 다음과 같이 선택해 주세요.

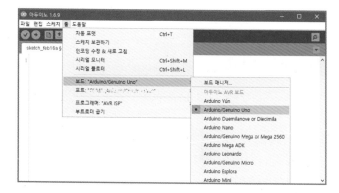

사용하려는 아두이노가 아두이노 나노라면 다음과 같이 아두이노 나노로 선택해야 합니다.

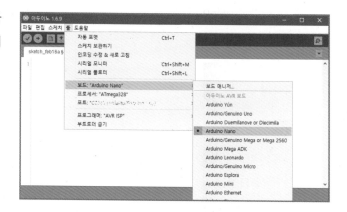

스케치의 메뉴에서 [파일]-[예제]-[01. Basics]-[Blink]를 선택합니다.

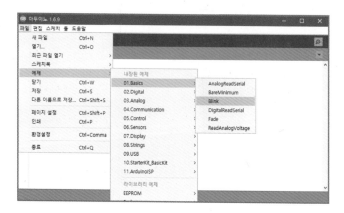

아두이노 개발 도구에서 제공하는 기본 예제를 선택한 것입니다. 이제 이 코드를 아두이노에 프로그램을 업로드해야 합니다. 다음 그림과 같이 업로드 아이콘을 클릭합니다.

다음의 과정처럼 컴파일이 진행되어야 합니다.

스케치를 컴파일중...

모든 업로드가 완료되었다면 다음과 같이 나타납니다.

업로드 완료

여기까지 했다면 아두이노가 작동을 시작합니다. 네모난 상자부분의 불이 1초 간격으로 켜졌다, 꺼졌다 를 반복할 것입니다.

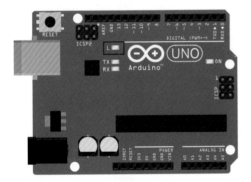

아두이노 나노를 사용하는 경우는 다음의 위치입니다.

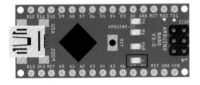

이제 아두이노로 개발할 모든 준비를 끝냈습니다.

02

전원 다루기 : 전원/저항

아두이노는 전자회로로 구성되었습니다. 이러한 전자회로는 반드시 전원이 있어야 작동합니다. 전원의 사용에 주의해야 하는 점을 살펴보고 부품을 연결할 때 전원과 관련하여 해야 할 조치들을 알아보도록 합니다.

Check Point

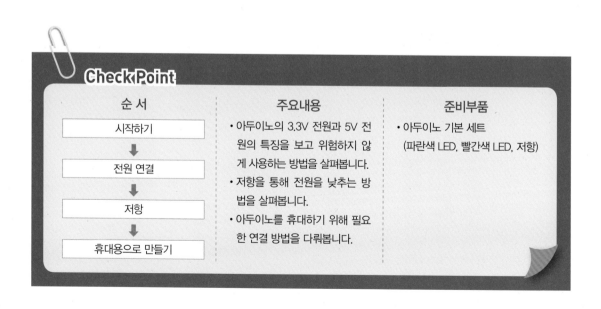

순 서	주요내용	준비부품
시작하기 ↓ 전원 연결 ↓ 저항 ↓ 휴대용으로 만들기	• 아두이노의 3.3V 전원과 5V 전원의 특징을 보고 위험하지 않게 사용하는 방법을 살펴봅니다. • 저항을 통해 전원을 낮추는 방법을 살펴봅니다. • 아두이노를 휴대하기 위해 필요한 연결 방법을 다뤄봅니다.	• 아두이노 기본 세트 (파란색 LED, 빨간색 LED, 저항)

01 시작하기

다음의 부품이 필요합니다.

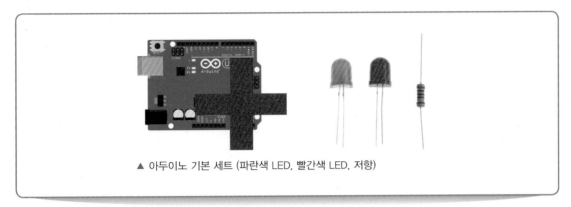

▲ 아두이노 기본 세트 (파란색 LED, 빨간색 LED, 저항)

1 LED

LED는 영어로 'Light Emitting Diode'의 약자입니다. 우리말로는 발광다이오드라고 합니다. 흘러가는 전류에 의해 빛을 발산하는 물질로 구성되어 있습니다. 빨간색, 노란색, 초록색, 파란색, 투명색과 같은 다양한 색상이 있습니다. 크기도 다양합니다. LED를 자세히 살펴보면 다리의 길이가 서로 다른데 다리가 짧은 쪽이 아두이노의 GND에 연결되는 것을 의미하고 나머지 다리가 전원이나 다른 센서와 연결이 됩니다.

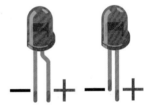

2 저항

저항은 영어로 'Resister'라고 합니다. 각 부품에 흐르는 전기적인 수준을 조절하는 역할을 합니다. 어떤 부품은 1V(볼트)에 작동하는데 사용하는 전원이 10V(볼트)라면 부품은 파손되고 맙니다. 이러한 것을 방지하고 전기적으로 잘 흘러가도록 그 수위를 조절해 주는 기능을 합니다. 다음의 그림처럼 주사기는 한번에 10만큼 보낼 수 있지만 사람에게 그렇게 하면 혈관이 터져 매우 위험할 것입니다. 혈관이 터지지 않게 천천히 1만큼씩만 보낸다면 충분히 주사액을 다 넣을 수 있습니다. 저항의 기능도 동일합니다.

저항 중에는 스마트폰이나 매우 작은 기기에 넣을 수 있도록 1~2mm 크기로 아주 작지만, 동일한 기능을 합니다.

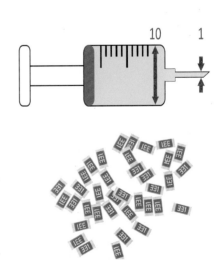

02 전원 연결

아두이노에는 3.3V와 5V가 있습니다. V는 영어로 'Volt(볼트)'라고 사용하는 전기의 압력입니다. 이 두 가지 차이와 사용에 주의할 부분들을 살펴봅니다.

1 아두이노 전원 연결하기

아두이노를 PC와 연결하면 3.3V와 5V 전원을 사용할 수 있습니다. 전원은 아두이노가 작동하는데 필요한 전기적인 에너지를 의미하는 기술적인 용어입니다.

아두이노의 전원을 사용해 보겠습니다. 아두이노에는 다음과 같은 전원을 제공하는 곳이 있습니다. 전원은 반드시 GND와 같이 사용되어져야 합니다. 3.3V나 5V는 +전극을 말하고, GND는 −전극을 말합니다.

아두이노 나노를 사용하는 경우의 위치는 다음과 같습니다.

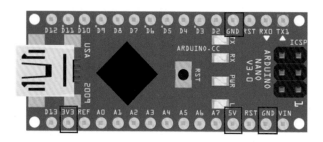

전원을 연결해서 사용해 보도록 하겠습니다. 우선 PC와 연결은 하지 않습니다. 잘못 연결해서 보드가 타버리는 경우가 발생하거나 실수를 할 수 있기 때문이죠. PC와의 연결은 잠시 미룹니다. 앞으로도 항상 이 부분은 주의해야 합니다.

다음과 같이 LED를 준비합니다. LED는 반드시 파란색을 준비합니다.

주의 반드시 파란색 LED를 사용하세요. 절대 다른 LED를 사용하지 마세요.

이제 이 LED에 전원을 연결해 보겠습니다. 아두이노와 연결하기 위해 다음과 같이 3가지의 경우가 가능합니다. 여러분이 가진 아두이노에 맞게 이 중 1가지 방법으로 연결하도록 합니다. 어느 방법으로 연결하던 결과는 동일합니다. 파란색 LED의 긴 다리는 3.3V에 연결하고 짧은 다리는 GND에 연결합니다.

❶ 아두이노 + 브레드보드

다음과 같이 아두이노의 3V3 단자에 LED를 연결합니다. 직접 연결하기 어렵기 때문에 다음과 같이 점퍼선을 이용해 브레드보드를 통해 연결합니다.

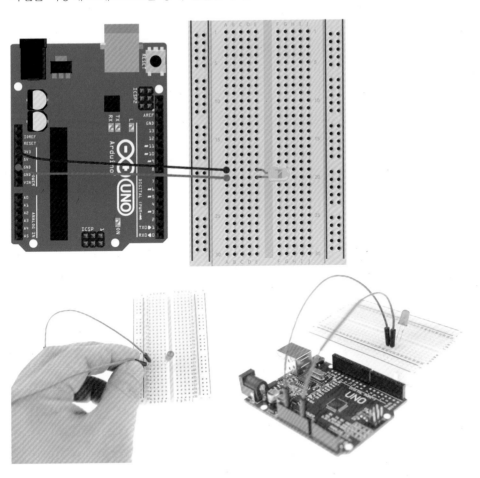

❷ 아두이노 + 브레드쉴드

아두이노 위에 얹어서 브레드쉴드를 사용하는 경우에는 다음과 같이 연결합니다.

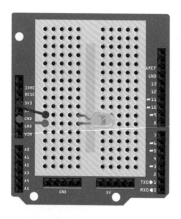

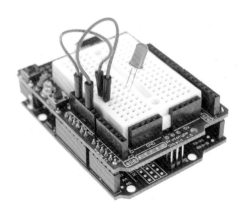

❸ 아두이노 나노 + 브레드보드

소형 아두이노인 아두이노 나노를 이용할 경우 브레드보드에 끼운 후 다음과 같이 연결하여 사용합니다.

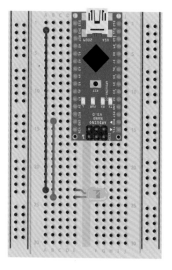

아두이노를 PC와 연결하세요. 파란색 LED에 불이 켜지는 것을 확인할 수 있습니다. PC와 USB 케이블 연결 순서를 보면 다음 그림의 순서와 같이 불이 켜지는 것을 알 수 있습니다.

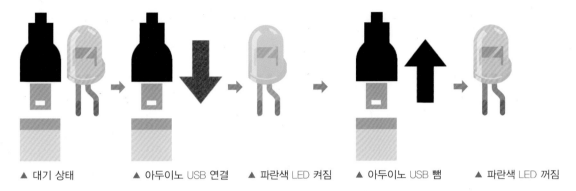

▲ 대기 상태   ▲ 아두이노 USB 연결   ▲ 파란색 LED 켜짐   ▲ 아두이노 USB 뺌   ▲ 파란색 LED 꺼짐

처음에는 아무것도 연결되어 있지 않은 상태에서 아두이노를 USB 케이블과 연결하면 파란색 LED가 켜집니다. 그러다가 USB 케이블을 빼면 파란색 LED는 꺼집니다.

1 위험! 5V

이제 좀 다른 것을 해보겠습니다. 위험하니 조심하세요.

아두이노에는 3V3이라고 되어 있는 곳이 3.3V 단자이며 앞에서 그곳에 꽂아 파란색 LED가 켜지게 했습니다. 그 과정대로 연결하여 파란색 LED가 켜졌습니다. 그 3.3V 단자의 선을 뽑아서 5V에 연결을 해 보겠습니다. 이는 매우 위험하기 때문에 주의를 해주세요. 3.3V에 연결한 선을 5V로 변경해 보겠습니다.

PC와 연결된 USB 케이블을 뺍니다.

3.3V에 연결되었던 선을 빼서 5V에 연결합니다.

아두이노 나노를 사용하는 경우의 위치는 다음과 같습니다.

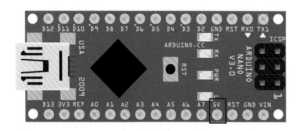

이제 PC와 연결합니다.

연결을 하면 파란색 LED가 켜집니다. 앞에 3.3V를 연결할
때보다 파란색 LED가 더 밝게 빛나는 것을 알 수 있습니다.
파란색 LED를 직접 손으로 만지면 화상을 입을 수 있으므로
주의해야 합니다.

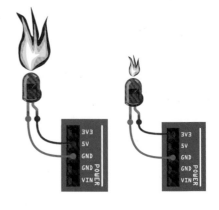

원칙대로라면 5V에 LED를 직접 이렇게 연결하는 것은 위험
한 일입니다. 파란색 LED는 튼튼해서 잘 견디지만 가장 약한
것으로 알려진 빨간색 LED를 연결했다면 다음 그림처럼 활활
타거나 LED가 쪼개져 버리는 위험한 일이 생겼을 것입니다.

전원을 사용하는 데는 주의가 필요합니다. 그나마 LED도 연결하지 않고 직접 5V와 GND를 연결하거나,
3.3V와 GND를 연결하면 다음 그림처럼 불행한 일이 발생합니다.

5V를 직접 GND와 연결하면 그 아두이노는 다시 사용 못합니다. 타는 냄새와 함께 PC와 연결이 끊어지
고 불도 들어오지 않습니다. 운이 없으면 여러분의 PC도 고장나 버릴 것입니다. 그러니 절대! 절대! 5V
에 직접 연결하지 마시기 바랍니다. 3.3V를 연결하는 경우에는 그 정도 상황은 아니지만 PC와의 연결이
끊어집니다. 다시 빼면 아두이노는 다시 작동을 시작해서 못 쓰는 상황까지는 가지 않습니다. 자주 시도
하면 결국에 망가질테니 조심하는 것이 좋습니다. GND가 아닌 다른 곳에 꽂아도 동일합니다. 주의! 주
의! 해야 합니다.

LED의 색상에 따라 견디는 수준이 다릅니다. 일반
적으로 많이 사용하는 5가지 색상의 LED는 빨간색,
노란색, 초록색, 파란색, 투명색입니다. 일단 5V의
강한 전압에는 파란색과 투명한 LED만 살아남습니
다. 고장나지는 않지만 LED가 매우 뜨거워지니 주
의가 필요합니다. 빨간색, 노란색, 초록색은 연결하
자마자 고장이 납니다. 잠시 빤짝하는 빛이 보이지
만 영원히 불은 들어오지 않습니다.

3.3V에는 파란색 LED와 투명 LED는 살아남습니
다. 추가로 초록색 LED가 작동 가능합니다. 빨간색
과 노란색은 연결하자마자 더이상은 사용할 수 없
게 됩니다.

빨간색 LED는 겨우 2.2V까지만 견딥니다. 1.5V 건
전지 2개로 연결해도 빨간색 LED는 바로 타버립니
다. 빨간색 LED는 LED 중 최초로 발명된 LED입
니다.

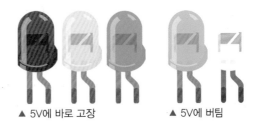

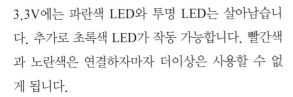

▲ 5V에 바로 고장   ▲ 5V에 버팀

▲ 3.3V에 바로 고장   ▲ 3.3V에 버팀

겨우 2.2V에 타버리는 빨간색 LED를 켜는 방법이 필요합니다. 사실 빨간색 LED를 많이 사용하기 때문이죠. 그러나 3.3V와 5V에 연결해서 LED를 켤 수가 없습니다. 저항을 이용해서 이를 극복하는 과정을 살펴봅니다.

① 저항 연결하기

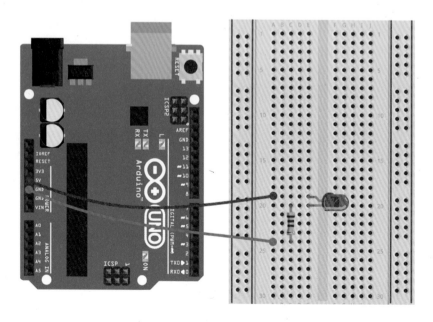

이제 빨간색 LED를 연결해 보겠습니다. 빨간색 LED는 바로 타버리기 때문에 3.3V나 5V를 직접 연결해서는 그 빛을 볼 수가 없습니다. 저항을 이용해 보겠습니다. 아두이노와 연결하기 위해 다음과 같이 세 가지의 경우가 가능합니다. 여러분이 가진 아두이노에 맞게 이 중 1가지 방법으로 연결하도록 합니다. 어느 방법으로 연결하던 결과는 동일합니다. 시작하기 전에 PC와 연결된 USB 케이블을 빼주는 것을 잊지 맙시다.

❶ 아두이노 + 브레드보드

다음과 같이 아두이노의 5V 단자에 LED를 연결합니다. 직접 연결하기 어렵기 때문에 다음과 같이 점퍼선을 이용해 브레드보드를 통해 연결합니다.

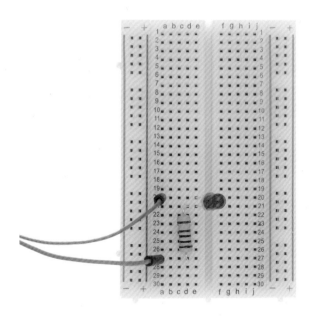

❷ 아두이노 + 브레드쉴드

아두이노 위에 얹어서 브레드쉴드를 사용하는 경우에는 다음과 같이 연결합니다.

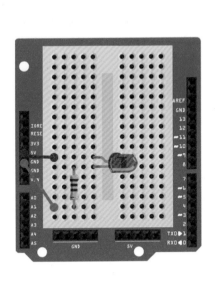

❸ 아두이노 나노 + 브레드보드

소형 아두이노인 아두이노 나노를 이용할 경우 브레드보드에 끼운 후 다음과 같이 연결하여 사용합니다.

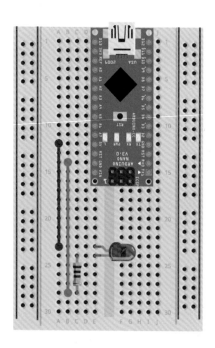 

2 작동시켜보기

아두이노를 PC와 연결하세요. 그러면 아두이노에 연결된 빨간색 LED에 불이 들어옵니다. 분명 3.3V나 5V에 연결하면 바로 타버린 빨간색 LED에 불이 들어오고 있는 것입니다. 이것은 연결된 5V에 LED가 켜질 수 있도록 저항이 그 역할을 했기 때문입니다.

저항은 5V의 큰 전원도 빨간색 LED가 사용하기 적당하게 줄여줍니다.

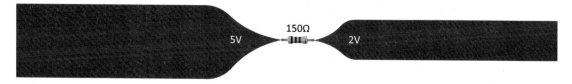

5V의 전압이 150Ω(옴)의 저항을 통과하자 바로 2V 수준으로 떨어집니다. 150Ω의 용량보다 큰 것을 사용하면 2V보다 더 낮아집니다. 150Ω의 용량보다 작은 것을 사용하면 2V보다 더 높아집니다. 여러분의 필요에 따라 사용할 수 있습니다. 전자적인 지식을 동원하면 계산을 해서 필요한 저항의 용량의 값을 구할 수 있습니다.

주의 본 책에서는 특별히 필요하면 저항의 용량을 표기합니다.

저항을 쓴다고 아두이노가 타거나 하지 않습니다. 저항은 말 그대로 저항으로 높은 5V에 저항하는 것입니다. 저항은 특별히 망가지지 않지만 너무 과도한 전원이 가해지면 뜨거워집니다. 아두이노에서는 그럴 일이 없으니 걱정 안하셔도 됩니다.

이 저항이 없으면 LED가 바로 타버립니다. 다음 그림처럼 5V의 충전지를 바로 연결하면 LED가 타버립니다. 여기에도 저항을 이용하면 LED에 이상없이 불이 들어옵니다.

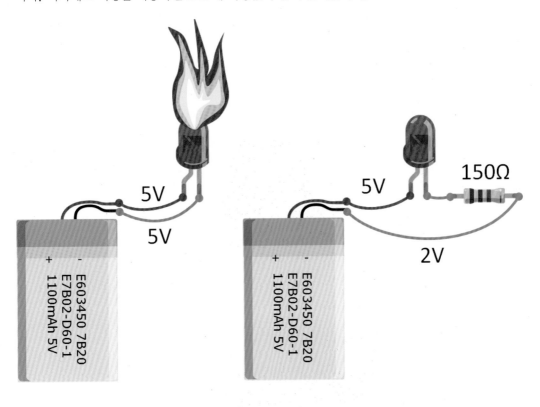

04 휴대용으로 만들기

아두이노에 프로그램이 업로드되면 PC와 연결을 하지 않아도 스스로 동작할 수 있습니다. 그러려면 USB 케이블로 공급받는 전원을 해결해야 합니다. 휴대하면서 아두이노를 들고 다니려면 어떻게 해야 하는지 확인해 봅니다.

① 외부 전원 단자 연결하기

아두이노 우노를 사용하면 다음 그림과 같이 전원어댑터(Power Pack)를 통해 외부 전원을 공급할 수 있습니다. 9V용 전원어댑터로 연결이 가능하도록 별도의 외부 전원 단자가 있으며 그곳에 연결하면 PC와 연결하지 않아도 사용이 가능합니다. 이렇게도 많이 사용합니다.

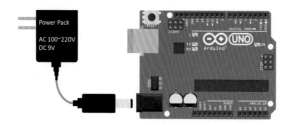

전원어댑터를 연결할 수 없거나 들고 다닌다면 다음의 방법을 권합니다. 외부 전원 단자에 연결하는 것은 동일하지만 충전지를 이용해 연결하는 것입니다.

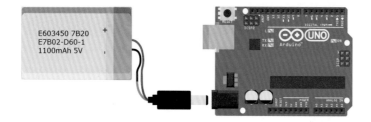

② VIN 단자 연결하기

외부 전원 단자를 사용할 수 없거나 아두이노 나노의 경우 외부 전원을 별도의 단자를 이용해야 합니다. 아두이노에는 VIN이라는 단자가 있습니다.

아두이노 나노를 사용하는 경우의 위치는 다
음과 같습니다.

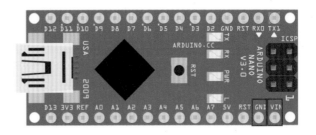

VIN은 영어로 'Voltage Input'의 약자입니다. 외부에서 전원이 필요한 경우 이곳에 연결하면 사용할 수
있습니다. 사용할 수 있는 전압은 7V에서 12V까지입니다. 5V나 심지어 3V에도 동작은 하지만 제 성능
이 안 나올 수 있습니다. 다음과 같이 사용할 수 있습니다.

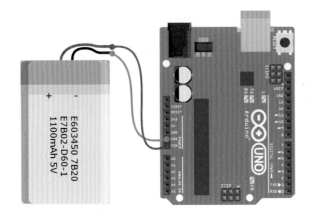
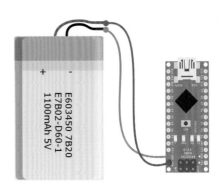

▲ 아두이노 나노를 이용할 경우

3 건전지 어댑터

건전지를 이용하면 필요한 만큼만 구입해서 사용할 수 있습니다. 쉽게 구입할 수 있고 일시적으로 필요
한 경우 적절합니다.

3V 건전지 어댑터

주변에서 쉽게 구입할 수 있는 1.5V 건전
지를 이용해서 외부 전원을 연결할 수 있
습니다. 연결단자는 VIN을 이용합니다.
다음 그림과 같이 1.5V 건전지 2개가 들
어가는 건전지 케이스를 이용합니다.

6V 건전지 어댑터

주변에서 쉽게 구입할 수 있는 1.5V 건전지 4개를 이용해서 외부 전원을 연결할 수 있습니다. 연결단자는 VIN을 이용합니다. 다음 그림과 같이 1.5V 건전지 4개가 들어가는 건전지 케이스를 이용합니다.

조그마한 단추 건전지 2개를 연결하면 6V가 됩니다. 이를 이용해서 연결하기도 합니다. 6V의 전압을 내면서도 작아서 유용하고 아두이노 나노와 그 크기가 같아 유용하게 사용됩니다.

9V 건전지 어댑터

모터와 전력을 많이 쓰는 경우에는 9V 정도의 건전지를 연결하는 것이 좋습니다. 9V 건전지 접속 단자만으로 연결하는 형태부터 케이스의 형태까지 다양하게 사용할 수 있습니다.

03

LED를 켜보자 : LED/버튼

LED를 원할 때 켜고 끄고 할 수 있습니다. 버튼을 누르면 눌린 상태를 이용해 LED의 켜고 끄거나 그 간격을 처리할 수 있습니다. 기본적인 프로그래밍의 시작을 LED와 버튼으로 할 수 있습니다.

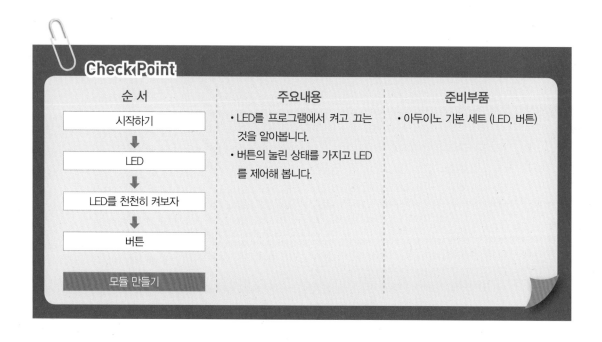

CheckPoint

순 서	주요내용	준비부품
시작하기 ↓ LED ↓ LED를 천천히 켜보자 ↓ 버튼 모듈 만들기	• LED를 프로그램에서 켜고 끄는 것을 알아봅니다. • 버튼의 눌린 상태를 가지고 LED를 제어해 봅니다.	• 아두이노 기본 세트 (LED, 버튼)

01 시작하기

다음의 부품이 필요합니다.

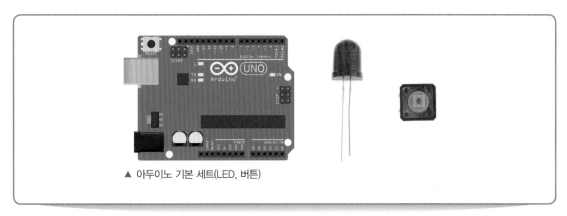

▲ 아두이노 기본 세트(LED, 버튼)

1 버튼

버튼(Button) 또는 스위치(Switch)라고 불립니다. 주기능은 끊어진 지점 간을 연결하는 역할을 합니다. 누르면 누른 것을 인식해서 LED에 불이 들어오게 하거나 할 수 있습니다.

버튼은 주로 같은 방향으로 향하는 경우 이미 연결되어 있고, 누르면 평행한 나머지와 연결되도록 되어 있습니다. 가령 그림의 노란색은 이미 서로 연결되어 있지만 옆의 파란색하고는 연결되어 있지 않습니다. 버튼을 누르면 그때 파란색과 같이 연결되어 4곳이 모두 하나로 연결됩니다. 서로 같은 일직선은 미리 연결되어 있다는 점을 알아야 합니다.

02 LED

LED는 전원을 연결해야 불이 들어옵니다. 이제 프로그램에서 LED에 불을 켜보겠습니다.

1 pinMode( )와 digitalWrite( )로 LED 켜기

LED의 긴 다리는 +전극에 해당합니다. 11번에 연결합니다. LED의 짧은 다
리는 −전극에 해당하므로 GND에 연결합니다.

아두이노와 센서를 연결하기 위해 다음과 같이 3가지의 경우가 가능합니다.
여러분이 가진 아두이노에 맞게 이 중 1가지 방법으로 연결하도록 합니다.
어느 방법으로 연결하던 결과는 동일합니다.

❶ 아두이노 + 브레드보드

아두이노와 브레드보드를 연결하여 사용하는 경우에는 다음과 같이 연결합니다.

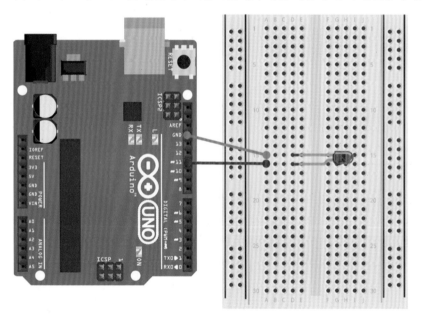

❷ 아두이노 + 브레드쉴드

아두이노 위에 얹어서 브레드쉴드를 사용하는 경우에는 다음과 같이 연결합니다.

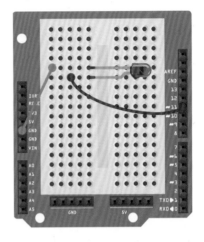

❸ 아두이노 나노 + 브레드보드

소형 아두이노인 아두이노 나노를 이용할 경우 브레드보드에 끼운 후 다음과 같이 연결하여 사용합니다.

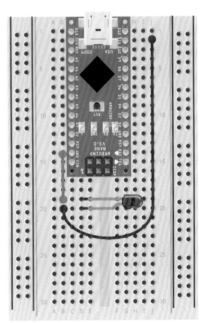

② 기본 코드 작성하기

코딩 도구를 준비합니다

컴퓨터의 ⊞ 버튼을 눌러 ◎를 선택합니다. 아두이노 개발 도구인 '스케치'가 실행됩니다. 연결할 아두이노를 선택하기 위해 실행된 스케치 프로그램의 메뉴 중 도구에 들어가서 다음과 같이 설정합니다.

보드: "Arduino Uno"	Boards Manager...
포트	아두이노 AVR 보드
	Arduino Yún
프로그래머: "ArduinoISP"	● Arduino/Genuino Uno
부트로더 굽기	Arduino Duemilanove or Diecimila
	● Arduino Nano

사용하려는 아두이노와 케이블로 연결합니다. 케이블이 연결되면 다음의 그림과 같이 연결된 포트를 확인하고 선택합니다. 컴퓨터마다 연결된 포트가 다르며 그림처럼 COM6일 수도 있고 다른 이름을 갖고 있을 수도 있습니다.

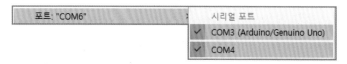

코드를 작성합니다

메뉴의 [파일]-[새 파일]을 선택합니다.

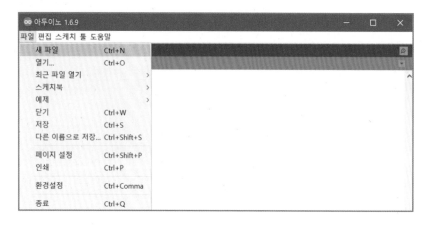

자동으로 다음과 같이 코드가 만들어 졌을 것입니다.

```
void setup( ) {
  // put your setup code here, to run once:

}

void loop( ) {
  // put your main code here, to run repeatedly:

}
```

'//'로 시작하는 부분은 설명을 위해 있는 부분입니다. 즉, 코드가 아니라 말 그대로 설명입니다. 프로그램적으로는 다음의 코드와 동일하게 처리가 되므로 '//'로 시작하는 부분은 무시하셔도 됩니다.

```
void setup( ) {

}

void loop( ) {

}
```

코드는 { 와 } 사이에 작성합니다. 다음과 같이 {를 다음 줄로 내려도 처리하는 데는 전혀 상관없습니다.

```
void setup( )
{

}

void loop( )
{

}
```

이 상태에서 다음과 같이 코드를 작성합니다.

📁 예제 폴더 Exam0301

```
void setup( )
{
    pinMode(11, OUTPUT);          ◁ 디지털 11번을 디지털 출력을 위해 사용합니다.
    digitalWrite(11, HIGH);       ◁ 디지털 11번에 전원을 내보냅니다.
}

void loop( )
{
    ◁ 아무런 코드를 작성하지 않습니다.
}
```

pinMode( )는 디지털로 데이터를 처리하겠다는 의미로 사용됩니다. pinMode(11, OUTPUT)는 디지털핀
인 11번으로 전원을 내보내는 출력을 사용한다는 의미입니다. 실제로 digitalWrite(11, HIGH)에 의해 11
번으로 전원이 출력됩니다. digitalWrite( )는 디지털로 출력을 하라는 의미로 사용됩니다.

작동시켜 봅니다

코드를 작성한 스케치로 프로그램을 실행시켜 봅니다. 아두이노에 프로그램을 업로드해야 합니다. 다음의 그림과 같이 업로드 아이콘을 클릭합니다.

다음의 과정처럼 컴파일이 진행되어야 합니다.

스케치를 컴파일중...

모든 업로드가 완료되었다면 다음과 같이 나타납니다.

업로드 완료

이 상태에서 여러분이 만든 프로그램이 동작하는 것을 확인해 봅니다. 11번에 연결된 LED에 불이 들어오는 것을 확인할 수 있습니다.

3 delay( )로 LED 켜기

delay( )는 일정 시간동안 유지시켜 주는 기능을 합니다. 앞에서 구성한 코드를 수정해서 제어해 보겠습니다.

코드를 작성합니다

컴퓨터의 ⊞ 버튼을 눌러 ◎를 선택합니다. 메뉴의 [파일]-[새 파일]을 선택합니다. 자동 생성된 코드를 다음과 같이 수정합니다.

📁 예제 폴더 Exam0302

```
void setup( )
{
  pinMode(11, OUTPUT);          디지털 11번을 디지털 출력을 위해 사용합니다.

  digitalWrite(11, HIGH);       디지털 11번에 전원을 내보냅니다.
  delay(1000);                  1초간 현재 상태를 유지합니다.
  digitalWrite(11, LOW);        디지털 11번에 전원을 내보내지 않습니다.
}
```

```
void loop( )
{
    아무런 코드를 작성하지 않습니다.
}
```

delay( )는 일정시간동안 현재 상태를 유지시켜 주는 기능을 합니다. delay(1000)이라고 하는 것은 그 유지시간을 1000Millisecond(밀리세컨드)로 하라는 의미입니다. Millisecond는 1초를 1000개로 쪼갠 것입니다. 그러므로 1000이라는 값은 1초를 의미합니다. delay(1000)는 1초 유지하라는 것입니다.

digitalWrite(11, HIGH)는 디지털 11번으로 출력을 하라는 의미입니다. 그러면 11번으로 전원이 출력됩니다. LED가 불이 들어옵니다. digitalWrite(11,LOW)에 의해 11의 전원이 끊어집니다. LOW라는 의미는 가장 낮은 값인 0을 의미합니다. 결국 HIGH일 때 LED에 불이 들어오고 LOW일 때 LED 불이 꺼지는 것입니다.

작동시켜보기

코드를 작성한 스케치로 프로그램을 실행시켜 봅니다. 아두이노에 프로그램을 업로드해야 합니다. 그림과 같은 업로드 아이콘을 클릭해서 아두이노로 전송합니다.

이 상태에서 여러분이 만든 프로그램이 동작하는 것을 확인해 봅니다. 1초간 불이 들어온 후 꺼지는 것을 확인할 수 있습니다.

▲ LED 꺼진 상태   ▲ 아두이노 켜짐   ▲ LED 켜짐   ▲ 1초 동안 유지됨   ▲ LED 꺼짐

4 loop( )에서 LED 깜박이기

앞의 코드는 setup( )이라는 곳에서 처리를 했습니다. setup( )은 아두이노에서 프로그램을 실행할 때 처음에 한 번만 실행하는 곳입니다. 따라서 불이 한 번 켜진 이후 다시 켜려면 복잡한 작업을 거쳐야 합니다. 이를 쉽게 처리할 수 있는 곳이 loop( )입니다. setup( )은 한 번만 실행하지만, loop( )는 영원히 처리가 됩니다.

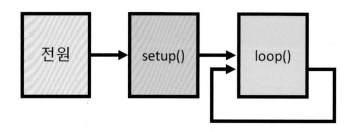

loop( )에 코드를 작성해 처리되는 과정을 살펴봅니다.

코드를 작성합니다

컴퓨터의 ■ 버튼을 눌러 ∞를 선택합니다. 메뉴의 [파일]–[새 파일]을 선택합니다. 자동 생성된 코드를 다음과 같이 수정합니다.

📁 예제 폴더 Exam0303

```
void setup()
{
  pinMode(11, OUTPUT);          ◁ 디지털 11번을 디지털 출력을 위해 사용합니다.
}

void loop()
{
  digitalWrite(11, HIGH);       ◁ 디지털 11번에 전원을 내보냅니다.
  delay(1000);                  ◁ 1초간 현재 상태를 유지합니다.
  digitalWrite(11, LOW);        ◁ 디지털 11번에 전원을 내보내지 않습니다.
  delay(1000);                  ◁ 1초간 현재 상태를 유지합니다.
}
```

setup( )에는 pinMode를 작성합니다. 처음에 한 번만 처리해 주면 되기 때문에 여기에서 디지털 11번으로 디지털 출력을 할 것을 지정해 둡니다. loop( ) 안에서 digitalWrite를 HIGH와 LOW를 반복합니다. 처리한 후 delay(1000)를 통해 1초간 지연시킵니다.

작동시켜 봅니다

코드를 작성한 스케치로 프로그램을 실행시켜 봅니다. 아두이노에 프로그램을 업로드해야 합니다. 그림과 같은 업로드 아이콘을 클릭해서 아두이노로 전송합니다.

이 상태에서 여러분이 만든 프로그램이 동작하는 것을 확인해 봅니다. 1초 간격으로 LED가 켜지고 꺼지는 것을 확인할 수 있습니다. loop( )는 영원히 처리되기 때문에 처리가 다되면 처음부터 다시 시작을 하게 됩니다. 이 작업은 쉬지 않고 영원히 수행됩니다.

▲ LED 켜짐   ▲ 1초 동안 유지됨   ▲ LED 꺼짐   ▲ 1초 동안 유지됨   ▲ LED 켜짐

03 LED를 천천히 켜보자

digitalWrite()는 HIGH와 LOW의 2가지 값만 있습니다. 그래서 LED를 켜고 끄기만 할 수 있었습니다. 이제 좀 더 세세한 수준으로 LED를 켜보도록 하겠습니다.

1 analogWrite( )로 LED 천천히 켜기

앞에 구성한 것과 마찬가지로 아두이노와 센서를 연결하기 위해 다음과 같이 3가지의 경우가 가능합니다. 여러분이 가진 아두이노에 맞게 이 중 1가지 방법으로 연결하도록 합니다. 어느 방법으로 연결하던 결과는 동일합니다. LED의 긴 다리는 +전극에 해당합니다. 11번에 연결합니다. LED의 짧은 다리는 −전극에 해당하므로 GND에 연결합니다. 앞서 구성한 것이 있다면 그대로 사용해도 됩니다.

❶ 아두이노 + 브레드보드

아두이노와 브레드보드를 연결하여 사용하는 경우에는 다음과 같이 연결합니다.

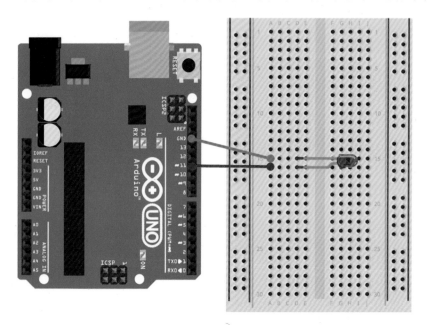

❷ 아두이노 + 브레드쉴드

아두이노 위에 얹어서 브레드쉴드를 사용하는 경우에는 다음과
같이 연결합니다.

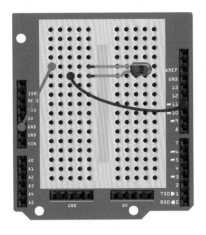

❸ 아두이노 나노 + 브레드보드

소형 아두이노인 아두이노 나노를 이용할 경우 브레드보드에
끼운 후 다음과 같이 연결하여 사용합니다.

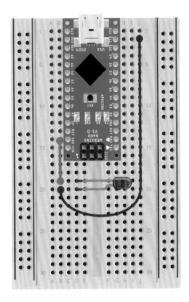

② LED 수준별 출력코드 작성하기

코드를 작성합니다

컴퓨터의 ■ 버튼을 눌러 ◉를 선택합니다. 메뉴의 [파일]−[새 파일]을 선택합니다. 자동 생성된 코드를 다음과 같이 수정합니다.

📁 예제 폴더 Exam0304

```
void setup()
{
      아무런 코드를 작성하지 않습니다.

}

void loop( )
{
  analogWrite(11, 0);          11번 핀에 아무것도 출력하지 않아 LED가 꺼져 있습니다.
  delay(1000);
  analogWrite(11, 50);         LED를 20% 수준의 밝기로 합니다.
  delay(1000);
  analogWrite(11, 100);        LED를 40% 수준의 밝기로 합니다.
  delay(1000);
  analogWrite(11, 150);        LED를 60% 수준의 밝기로 합니다.
  delay(1000);
  analogWrite(11, 200);        LED를 80% 수준의 밝기로 합니다.
  delay(1000);
  analogWrite(11, 255);        LED를 최대 밝기로 합니다.
  delay(1000);
}
```

analogWrite( )라는 것을 사용했습니다. analogWrite( )는 digitalWrite( )와는 다르게 HIGH와 LOW가 아닌 좀 더 상세한 값을 지정할 수 있습니다. digitalWrite( )에서 HIGH를 하면 255가 되고, LOW를 하면 0이 됩니다. analogWrite( )는 그 중간 값을 지정할 수 있습니다.

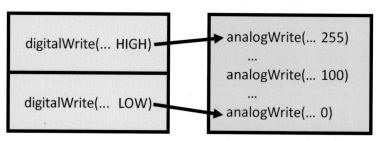

코드를 작성한 스케치로 프로그램을 실행시켜 봅니다. 아두이노에 프로그램을 업로드해야 합
니다. 그림과 같은 업로드 아이콘을 클릭해서 아두이노로 전송합니다.

이 상태에서 여러분이 만든 프로그램이 동작하는 것을 확인해 봅니다. LED가 단계적으로 밝아지다가 꺼
지는 것을 알 수 있습니다.

3 for문을 이용해 천천히 LED 켜기

앞의 코드는 약 50단위로 커지게 했습니다. 하지만 값은 0에서 255사이의 값이 모두 지정이 가능합니다.
좀 더 상세하게 이 값을 지정해 보도록 하겠습니다.

코드를 작성합니다

컴퓨터의 ▦ 버튼을 눌러 ◉를 선택합니다. 메뉴의 [파일]-[새 파일]을 선택합니다. 자동 생성된 코드를
다음과 같이 수정합니다.

📁 예제 폴더 Exam0305

```
void setup()
{
            아무런 코드를 작성하지 않습니다.
}

void loop( )
{
  for(int i=0;i<256;i++)          반복을 시작합니다. 0에서 255까지 반복합니다.
  {
    analogWrite(11, i);          반복하면서 전달된 i값을 LED로 출력합니다.
    delay(10);
  }

  delay(1000);
}
```

for( )는 loop( )처럼 계속 실행하도록 하는 기능을 갖습니다. 다만 다른 점은 for( )는 조건이 있다는 것입니
다. 코드의 for(int i=0;i<256;i++)는 0, 1, 2, 3, 4, 5, ..., 255까지 진행하라는 의미입니다. 그때까지
for( ) 안에서 계속 반복합니다. i라는 곳에 0부터 255사이의 값을 계속 전달합니다.

그리고 for( ) 안의 코드를 처리합니다. 다시 되돌아갔을 때 i에는 새로운 값을 부여합니다. 그렇게 255까지 하고서 끝납니다.

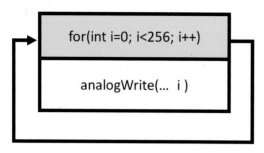

int i는 숫자가 저장될 i라는 의미입니다. i<256인 것은 i의 값이 256보다 작은 경우에만 for를 계속 반복 한다는 의미입니다. i의 값이 변하는가? 그렇습니다. 맨 마지막의 i++이 i가 1씩 증가한다는 것입니다. 결론적으로 for( ) 안에 총 255번의 반복이 있고 그때마다 i는 0에서 255의 값을 갖는다는 것입니다.

작동시켜 봅니다

코드를 작성한 스케치로 프로그램을 실행시켜 봅니다. 아두이노에 프로그램을 업로드해야 합 니다. 그림과 같은 업로드 아이콘을 클릭해서 아두이노로 전송합니다.

이 상태에서 여러분이 만든 프로그램이 동작하는 것을 확인해 봅니다. LED가 부드럽게 밝아지다가 꺼 지는 것을 알 수 있습니다.

ⓞ4 버튼

PC에서 입력을 할 때 키보드를 사용합니다. 아두이노는 별도의 입력장치가 없습니다. 입력이 가능하도록 버튼으로
구성해 볼 수 있습니다.

1 버튼 연결하기

버튼의 한쪽은 디지털 7번과 연결하고 나머지 하나는 GND와 연결합니다.

아두이노와 센서를 연결하기 위해 다음과 같이 3가지의 경우가 가능합니다. 여러
분이 가진 아두이노에 맞게 이 중 1가지 방법으로 연결하도록 합니다. 어느 방법으로 연결하던 결과는
동일합니다.

❶ 아두이노 + 브레드보드

아두이노와 브레드보드를 연결하여 사용하는 경우에는 다음과 같이 연결합니다.

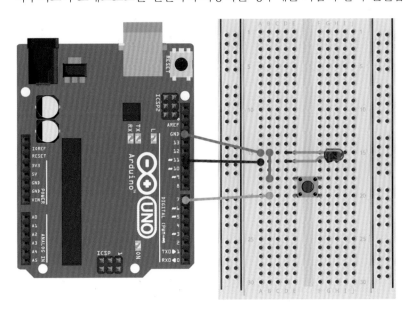

❷ 아두이노 + 브레드쉴드

아두이노 위에 얹어서 브레드쉴드를 사용하는 경우에는 다음과 같이 연결합니다.

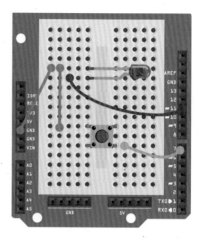

❸ 아두이노 나노 + 브레드보드

소형 아두이노인 아두이노 나노를 이용할 경우 브레드보드에 끼운 후 다음과 같이 연결하여 사용합니다.

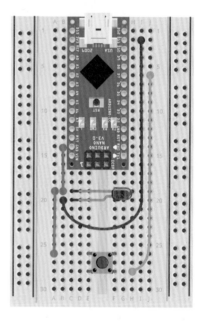

② digitalRead( )로 버튼 인식하기

코드를 작성합니다

컴퓨터의 ⊞ 버튼을 눌러 ◎를 선택합니다. 메뉴의 [파일]-[새 파일]을 선택합니다. 자동 생성된 코드를 다음과 같이 수정합니다.

📁 예제 폴더 Exam0306

```
void setup()
{
  pinMode(11, OUTPUT);              ◁ 디지털 11번을 디지털 출력을 위해 사용합니다.
  pinMode(7 , INPUT_PULLUP);        ◁ 디지털 7번을 버튼으로 인식합니다.
}
void loop( )
{
    bool button = digitalRead(7);   ◁ 디지털 7번인 버튼을 눌렀는지 가져옵니다.

    if(button == true)              ◁ 버튼을 누르지 않은 경우입니다.
    {
        digitalWrite(11, LOW);
    }
    else                            ◁ 버튼을 누른 경우입니다.
    {
        digitalWrite(11, HIGH);
    }
}
```

디지털 7번에 연결한 버튼을 인식하기 위해 pinMode(7, INPUT_PULLUP)를 합니다. INPUT은 입력을 의미하고 PULLUP은 방식을 의미합니다. 원래 버튼을 구성하려면 전원과 저항 등을 연결해야 하지만 INPUT_PULLUP을 사용하면 이렇게 간단히 사용가능합니다. digitalRead( ) 디지털로 값을 읽어 들이는 기능을 합니다. 7번으로부터 데이터를 읽어 들이는 기능을 합니다.

bool은 true, false의 2가지 값을 갖는 형태입니다. true는 참, false는 거짓으로 버튼이 눌리면 false가 되고 버튼이 눌리지 않으면 true가 됩니다. button의 true의 값을 가지면 LED를 끄고, false의 값을 가지면 LED를 켜게 됩니다.

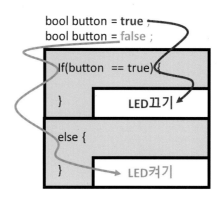

작동시켜 봅니다

코드를 작성한 스케치로 프로그램을 실행시켜 봅니다. 아두이노에 프로그램을 업로드해야 합
니다. 그림과 같은 업로드 아이콘을 클릭해서 아두이노로 전송합니다.

이 상태에서 여러분이 만든 프로그램이 동작하는 것을 확인해 봅니다.

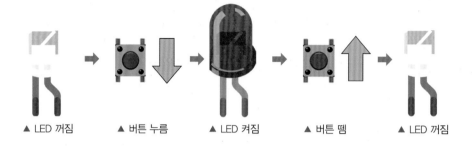

▲ LED 꺼짐   ▲ 버튼 누름   ▲ LED 켜짐   ▲ 버튼 뗌   ▲ LED 꺼짐

버튼을 누르면 LED가 켜지고, 손을 떼면 LED가 꺼집니다. 버튼을 누른 것을 확인하고 LED를 켜고 끄
는 것입니다.

05 모듈 만들기

센서를 쉽게 사용하려면 모듈의 형태로 만들면 편리합니다. 센서만 구입하면 매우 저렴하지만 사용하기 불편합니다. 구입한 센서를 모듈의 형태로 만드는 방법을 알아봅니다.

1 버튼 모듈

❶ 준비물

사용할 버튼을 준비합니다. 25포인트 미니브레드보드를 준비합니다. 연결을 편리하게 하기 위해 연결핀도 준비합니다.

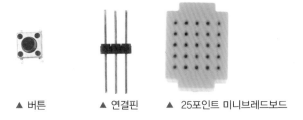

▲ 버튼   ▲ 연결핀   ▲ 25포인트 미니브레드보드

❷ 회로 구성

다음의 그림과 같이 회로를 구성합니다. 핀은 3개짜리를 사용하지만 실제로는 양쪽 끝의 핀 2개만 사용합니다.

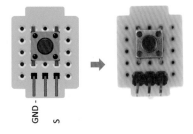

만든 버튼으로 아두이노를 구성해 봅니다. 아두이노와 브레드보드를 연결하여 사용하는 경우에는 다음과 같이 연결합니다.

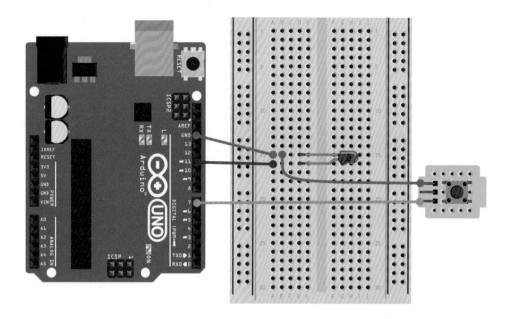

아두이노 위에 얹어서 브레드쉴드를 사용하는 경우에는 다음과 같이 연결합니다.

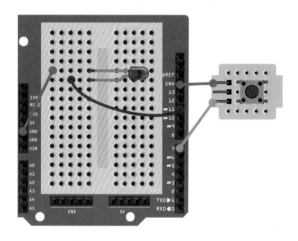

소형 아두이노인 아두이노 나노를 이용할 경우 브레드보드에 끼운 후 다음과 같이 연결하여 사용합니다.

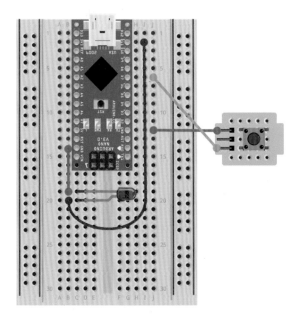

듀폰 케이블을 이용해 연결하는 것이 편리합니다.

아두이노를 똑똑하게 만드는 센서가 정말 많습니다. 이 센서들은
여러분이 필요로 하는 무엇인가를 만드는 핵심이 될 것입니다.
이 센서들을 다루어 봅시다.

PART

02

프로젝트편

다양한 LED 켜기 : 다색 LED

아두이노를 이용해 다양한 불빛을 보여줄 수 있습니다. 다양한 모양의 LED와 다양한 색이 나오는 LED의 사용법을 익혀보겠습니다.

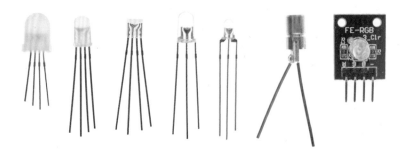

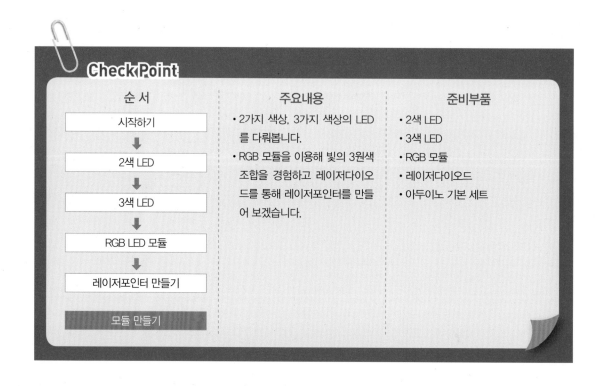

CheckPoint

순 서	주요내용	준비부품
시작하기	• 2가지 색상, 3가지 색상의 LED를 다뤄봅니다.	• 2색 LED
↓	• RGB 모듈을 이용해 빛의 3원색 조합을 경험하고 레이저다이오드를 통해 레이저포인터를 만들어 보겠습니다.	• 3색 LED
2색 LED		• RGB 모듈
↓		• 레이저다이오드
3색 LED		• 아두이노 기본 세트
↓		
RGB LED 모듈		
↓		
레이저포인터 만들기		
모듈 만들기		

다음의 부품이 필요합니다.

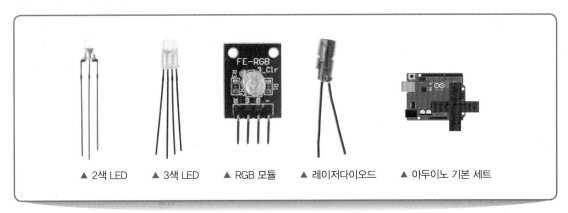

▲ 2색 LED　　▲ 3색 LED　　▲ RGB 모듈　　▲ 레이저다이오드　　▲ 아두이노 기본 세트

1 2색 LED

LED의 다리가 2개일 경우 이 LED는 단 1가지 색만 나타납니다. 다리가 더 많은 경우 늘어난 다리의 수만큼 새로운 색을 나타낼 수 있습니다. 2색 LED는 2 Color LED라고도 합니다. 2가지 색상을 표현할 수 있는 LED이기 때문입니다. 가운데 긴 다리는 −전극을 말하는 것으로 아두이노의 GND와 연결이 됩니다. 2색 LED가 단색 LED에 비해 갖는 장점은 같은 공간 안에 2가지 색을 필요에 따라 나타낼 수 있다는 점입니다. 2가지 색을 모두 켜면 2개 색을 조합하여 새로운 색을 만들어 낼 수도 있습니다.

2 3색 LED

3색 LED는 2색 LED와 작동원리가 동일한 LED입니다. 3색 LED는 3 Color LED라고도 합니다. 주로 빨간색, 초록색, 파란색의 3가지 색을 표현하며 영어로는 Red, Green, Blue의 색입니다. 가운데 긴 다리는 −전극을 말하는 것으로 아두이노의 GND와 연결이 됩니다.

3 RGB 모듈

RGB는 영어로 Red, Green, Blue의 머리글자를 딴 것입니다. 빛의 3원색의 조합이라고도 합니다. 3개의 색을 가진 불을 켠다고 생각하면 됩니다. 색의 조합으로 다양한 색을 만들어 낼 수 있습니다. 빨간색과 초록색을 같이 켜면 노란색 불이 됩니다. 불을 모두 켜면 흰색이 되고 모든 불을 끄면 당연히 깜깜한 검은색이 됩니다. RGB LED는 이러한 3가지 색을 가진 LED입니다. 앞에서 설명한 3색 LED와 동일합니다. 다만 색상이 빨간색, 초록색, 파란색이면 RGB LED에 해당되지만, 색이 다르면 RGB가 아니므로 3색 LED가 됩니다.

이러한 RGB LED를 연결하기 쉽게 만든 것이 RGB 모듈입니다. 3색 LED와 동일하게 다리가 4개이지만 브레드보드에 꽂기 쉽게 다리가 튼튼하여 사용이 쉽습니다. 이렇게 부품을 쓰기 편하게 만든 것을 모듈(Module)이라고 합니다. 모듈은 가격이 다소 비싸지만 처음 시작하는 여러분이 편하고 수없이 사용하게 하는데 편리한 것은 분명합니다.

4 레이저다이오드

레이저다이오드(Laser Diode)는 흔히 레이저포인터(Laser Pointer)라고 불리는 것에 사용되는 빨간색의 강한 빛이 나오는 부품입니다. 흔히 선생님이 칠판의 내용을 설명할 때 위치를 보여주는 빨간색 점을 표현하는 부품입니다. 매우 밝기 때문에 눈에 직접 가하면 위험합니다.

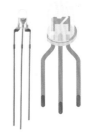

02 2색 LED

2색 LED를 사용하면 LED 2개를 사용하는 것과 같습니다. 그러면서 1개의 공간만 차지하니 편리합니다. 이 2색 LED를 사용해 보겠습니다.

1 2가지 색상의 LED 연결하기

2색 LED의 긴 다리는 −전극에 해당합니다. 아두이노의 GND에 연결합니다. LED의 나머지 두 다리는 각각 아두이노의 6번과 5번에 연결합니다.

아두이노와 2색 LED를 연결하기 위해 다음과 같이 3가지 경우가 가능합니다. 여러분이 가진 아두이노에 맞게 이 중 1가지 방법으로 연결하도록 합니다. 어느 방법으로 연결하던 결과는 동일합니다.

❶ 아두이노 + 브레드보드

아두이노와 브레드보드를 연결하여 사용하는 경우에는 다음과 같이 연결합니다.

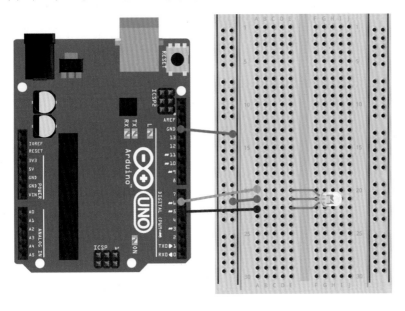

❷ 아두이노 + 브레드쉴드

아두이노 위에 얹어서 브레드쉴드를 사용하는 경우에는 다음과
같이 연결합니다.

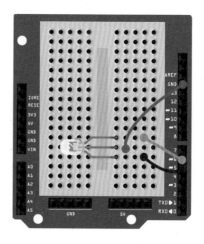

❸ 아두이노 나노 + 브레드보드

소형 아두이노인 아두이노 나노를 이용할 경우 브레드보드에 끼운
후 다음과 같이 연결하여 사용합니다.

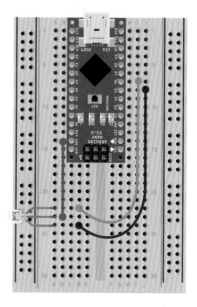

② LED 출력코드 작성하기

코드를 작성합니다

컴퓨터의 ⊞ 버튼을 눌러 ∞를 선택합니다. 메뉴의 [파일]-[새 파일]을 선택합니다. 자동 생성된 코드를 다음과 같이 수정합니다.

📁 예제 폴더 Exam0401

```
void setup()
{
  pinMode(6, OUTPUT);          2색 LED의 핀 하나를 디지털 6번에 연결합니다.
  pinMode(5, OUTPUT);          2색 LED의 나머지 핀을 디지털 5번에 연결합니다.
}

void loop()
{
  digitalWrite(6, HIGH);       2색 LED의 핀 하나를 켭니다. (6번 ON)
  digitalWrite(5, LOW);        2색 LED의 나머지 핀 하나를 끕니다. (5번 OFF)
  delay(1000);
  digitalWrite(6, LOW);        6번 OFF
  digitalWrite(5, HIGH);       5번 ON
  delay(1000);
  digitalWrite(6, HIGH);       6번 ON
  digitalWrite(5, HIGH);       5번 ON
  delay(1000);
  digitalWrite(6, LOW);        6번 OFF
  digitalWrite(5, LOW);        5번 OFF
  delay(1000);
}
```

pinMode( )로 디지털 5번과 디지털 6번을 OUTPUT으로 사용하겠다고 지정합니다. setup( )은 한번만 처리되니 한번만 해도 되는 pinMode( )는 여기에서 처리합니다. digitalWrite에서 HIGH를 사용하면 전원을 내보낸다는 의미가 됩니다. 연결된 LED에 불이 들어옵니다. LOW를 사용하면 전원이 끊기므로 꺼지게 됩니다. delay( )는 이 모든 것은 지정한 시간동안 유지하는 역할을 합니다. 1000이면 1초를 의미합니다.

작동시켜 봅니다

코드를 작성한 스케치로 프로그램을 실행시켜 봅니다. 아두이노에 프로그램을 업로드해야 합니다. 그림과 같은 업로드 아이콘을 클릭해서 아두이노로 전송합니다.

이 상태에서 여러분이 만든 프로그램이 동작하는 것을 확인해 봅니다. 연결된 LED에 불이 들어오는 것을 확인할 수 있습니다.

| ▲ 빨간색 | ▲ 초록색 | ▲ 노란색 | ▲ 꺼짐 | ▲ 빨간색 | ▲ 초록색 | ▲ 노란색 |

처음에는 빨간색이 들어오고 그 다음에는 초록색만 들어옵니다. 그 다음에는 2개의 색이 동시에 들어오기 때문에 약간 떨어져서 보면 노란색으로 보입니다. 그 다음에는 모두 꺼지게 됩니다. 이 순서대로 1초 간격으로 반복합니다.

여러분이 사용하는 2색 LED가 빨간색–초록색 조합이 아닌 빨간색–파란색 조합이면 다음과 같이 작동됩니다.

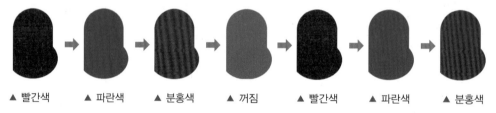

| ▲ 빨간색 | ▲ 파란색 | ▲ 분홍색 | ▲ 꺼짐 | ▲ 빨간색 | ▲ 파란색 | ▲ 분홍색 |

⑬3 3색 LED

3색 LED를 사용하면 LED 3개를 사용하는 것과 같습니다. 1개의 공간을 차지하면서 다양한 색을 낼 수 있습니다. 3색 LED를 사용해 보겠습니다.

1 3가지 색상의 LED 연결하기

3색 LED의 긴 다리는 −전극에 해당합니다. 아두이노의 GND에 연결합니다. LED의 나머지 세 다리는 각각 아두이노의 11번, 10번, 9번에 연결합니다.

아두이노와 3색 LED를 연결하기 위해 다음과 같이 3가지 경우가 가능합니다. 여러분이 가진 아두이노에 맞게 이 중 1가지 방법으로 연결하도록 합니다. 어느 방법으로 연결하던 결과는 동일합니다.

❶ 아두이노 + 브레드보드

아두이노와 브레드보드를 연결하여 사용하는 경우에는 다음과 같이 연결합니다.

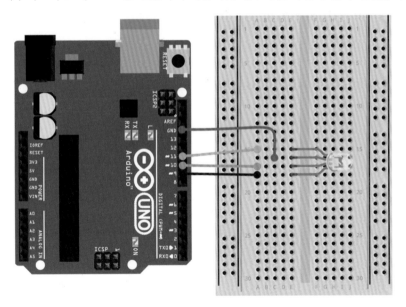

❷ 아두이노 + 브레드쉴드

아두이노 위에 얹어서 브레드쉴드를 사용하는 경우에는 다음과 같이 연결합니다.

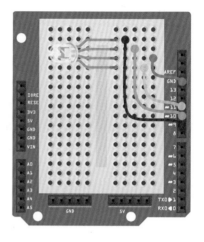

❸ 아두이노 나노 + 브레드보드

소형 아두이노인 아두이노 나노를 이용할 경우 브레드보드에 끼운 후 다음과 같이 연결하여 사용합니다.

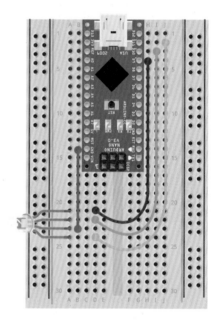

2 LED 출력코드 작성하기

코드를 작성합니다

컴퓨터의 ⊞ 버튼을 눌러 ∞를 선택합니다. 메뉴의 [파일]−[새 파일]을 선택합니다. 자동 생성된 코드를 다음과 같이 수정합니다.

```
void setup()
{
  pinMode(11, OUTPUT);          3색 LED의 핀 하나를 디지털 11번에 연결합니다.
  pinMode(10, OUTPUT);          3색 LED의 나머지 핀을 디지털 10번에 연결합니다.
  pinMode(9,  OUTPUT);          3색 LED의 나머지 핀을 디지털 9번에 연결합니다.
}


void loop()
{
  digitalWrite(11, HIGH);       3색 LED의 핀 하나를 켭니다. (11번 ON)
  digitalWrite(10, LOW);        3색 LED의 나머지 핀 하나를 끕니다. (10번 OFF)
  digitalWrite(9,  LOW);        3색 LED의 나머지 핀 하나를 끕니다. (9번 OFF)
  delay(1000);
  digitalWrite(11, LOW);        11번 OFF
  digitalWrite(10, HIGH);       10번 ON
  digitalWrite(9,  LOW);        9번 OFF
  delay(1000);
  digitalWrite(11, LOW);        11번 OFF
  digitalWrite(10, LOW);        10번 OFF
  digitalWrite(9,  HIGH);       9번 ON
  delay(1000);
  digitalWrite(11,HIGH);        11번 ON
  digitalWrite(10,HIGH);        10번 ON
  digitalWrite(9, LOW);         9번 OFF
  delay(1000);
  digitalWrite(11, HIGH);       11번 ON
  digitalWrite(10, LOW);        10번 OFF
  digitalWrite(9,  HIGH);       9번 ON
  delay(1000);
  digitalWrite(11, LOW);        11번 OFF
  digitalWrite(10, HIGH);       10번 ON
  digitalWrite(9,  HIGH);       9번 ON
  delay(1000);
  digitalWrite(11, HIGH);       11번 ON
  digitalWrite(10, HIGH);       10번 ON
  digitalWrite(9,  HIGH);       9번 ON
  delay(1000);
  digitalWrite(11, LOW);        11번 OFF
  digitalWrite(10, LOW);        10번 OFF
  digitalWrite(9,  LOW);        9번 OFF
  delay(1000);
}
```

pinMode( )로 디지털 9번, 10번, 11번을 사용하겠다고 지정합니다. 1초 간격으로 3개의 LED에 교대로 전원이 들어오게 합니다.

작동시켜 봅니다

코드를 작성한 스케치로 프로그램을 실행시켜 봅니다. 아두이노에 프로그램을 업로드해야 합 니다. 그림과 같은 업로드 아이콘을 클릭해서 아두이노로 전송합니다.

이 상태에서 여러분이 만든 프로그램이 동작하는 것을 확인해 봅니다.

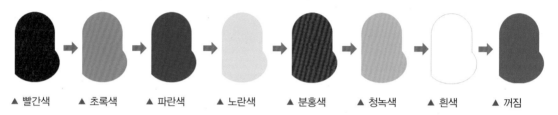

▲ 빨간색   ▲ 초록색   ▲ 파란색   ▲ 노란색   ▲ 분홍색   ▲ 청녹색   ▲ 흰색   ▲ 꺼짐

3 다르게 LED 켜 보기

코드를 작성합니다

컴퓨터의 🪟 버튼을 눌러 ∞를 선택합니다. 메뉴의 [파일]-[새 파일]을 선택합니다. 자동 생성된 코드를 다음과 같이 수정합니다.

📁 예제 폴더 Exam0403

```
void setup()
{
  pinMode(11, OUTPUT);       3색 LED의 핀 하나를 디지털 11번에 연결합니다.
  pinMode(10, OUTPUT);       3색 LED의 나머지 핀을 디지털 10번에 연결합니다.
  pinMode(9,  OUTPUT);       3색 LED의 나머지 핀을 디지털 9번에 연결합니다.
}

void loop()
{
  digitalWrite(11, HIGH);    3색 LED의 핀 하나를 켭니다. (11번 ON)
  digitalWrite(10, LOW);     3색 LED의 나머지 핀 하나를 끕니다. (10번 OFF)
  digitalWrite(9,  LOW);     3색 LED의 나머지 핀 하나를 끕니다. (9번 OFF)
  delay(1000);
  digitalWrite(10, HIGH);    10번 핀의 전원을 켭니다.
  delay(1000);
  digitalWrite(9,  HIGH);    9번 핀의 전원을 켭니다.
  delay(1000);
}
```

처음에 디지털 11번에만 전원을 HIGH로 하고 나머지는 LOW로 설정합니다. 1초 뒤 10번을 HIGH로 합니다. 다시 1초 뒤 9번을 HIGH로 합니다. 그러면 마지막에는 3개가 모두 HIGH가 됩니다.

작동시켜 봅니다

코드를 작성한 스케치로 프로그램을 실행시켜 봅니다. 아두이노에 프로그램을 업로드해야 합니다. 그림과 같은 업로드 아이콘을 클릭해서 아두이노로 전송합니다.

이 상태에서 여러분이 만든 프로그램이 동작하는 것을 확인해 봅니다. 처음엔 빨간색이었다가 노란색으로 바뀐 뒤 흰색으로 바뀔 것입니다.

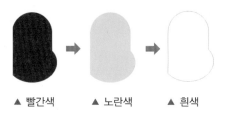

▲ 빨간색   ▲ 노란색   ▲ 흰색

빨간색은 켜놓은 상태에서 추가로 초록색을 켜게 되고 그래서 노란색 불빛이 됩니다. 그 상태에서 파란색을 켜기 때문에 결국 흰색이 됩니다.

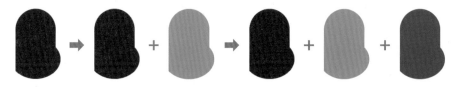

결국 코드 상에서 digitalWrite(11,HIGH)를 지정한 이후 digitalWrite(11,LOW)로 변경하지 않는 이상 HIGH의 값은 영원히 유지됩니다.

04 RGB LED 모듈

아두이노의 많은 센서는 부품의 형태로 사용하기도 하고 모듈의 형태로 사용하기도 합니다. 초보자에게는 사용이 편리한 모듈을 추천합니다. 3색 LED의 또 다른 모습인 RGB 모듈을 사용해 보겠습니다.

1 RGB LED 연결하기

−핀은 아두이노의 GND에 연결합니다. 나머지 R, G, B 핀은 각각 아두이노의 11번, 10번, 9번에 연결합니다.

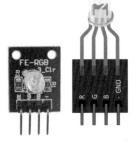

아두이노와 RGB 모듈을 연결하기 위해 다음과 같이 3가지 경우가 가능합니다. 여러분이 가진 아두이노에 맞게 이 중 1가지 방법으로 연결하도록 합니다. 어느 방법으로 연결하던 결과는 동일합니다.

❶ 아두이노 + 브레드보드
아두이노와 브레드보드를 연결하여 사용하는 경우에는 다음과 같이 연결합니다.

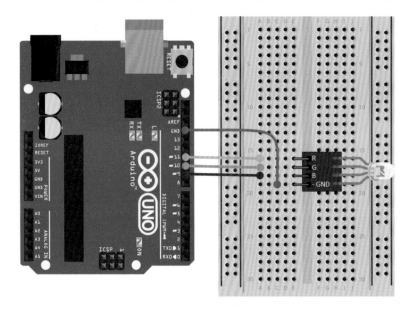

❷ 아두이노 + 브레드쉴드

아두이노 위에 얹어서 브레드쉴드를 사용하는 경우에는 다음과
같이 연결합니다.

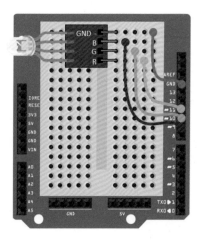

❸ 아두이노 나노 + 브레드보드

소형 아두이노인 아두이노 나노를 이용할 경우 브레드
보드에 끼운 후 다음과 같이 연결하여 사용합니다.

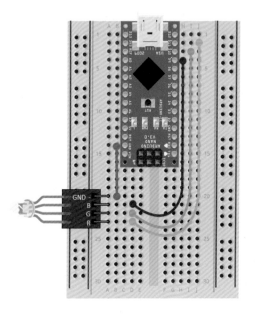

② 코드 작성

코드를 작성합니다

컴퓨터의 ⊞ 버튼을 눌러 ∞를 선택합니다. 메뉴의 [파일]-[새 파일]을 선택합니다. 자동 생성된 코드를
다음과 같이 수정합니다.

주의 이 예제는 앞의 3색 LED와 동일한 예제입니다. 앞에 예제를 그대로 사용해도 됩니다.

```
void setup()
{
  pinMode(11, OUTPUT);            3색 LED의 핀 하나를 디지털 11번에 연결합니다.
  pinMode(10, OUTPUT);            3색 LED의 핀 하나를 디지털 10번에 연결합니다.
  pinMode(9,  OUTPUT);            3색 LED의 나머지 핀을 디지털 9번에 연결합니다.
}

void loop()
{
  digitalWrite(11, HIGH);        3색 LED의 핀 하나를 켭니다. (11번 ON)
  digitalWrite(10, LOW);         3색 LED의 나머지 핀 하나를 끕니다. (10번 OFF)
  digitalWrite(9,  LOW);         3색 LED의 나머지 핀 하나를 끕니다. (9번 OFF)
  delay(1000);
  digitalWrite(11, LOW);         11번 OFF
  digitalWrite(10, HIGH);        10번 ON
  digitalWrite(9,  LOW);         9번 OFF
  delay(1000);
  digitalWrite(11, LOW);         11번 OFF
  digitalWrite(10, LOW);         10번 OFF
  digitalWrite(9,  HIGH);        9번 ON
  delay(1000);
  digitalWrite(11, HIGH);        11번 ON
  digitalWrite(10, HIGH);        10번 ON
  digitalWrite(9,  LOW);         9번 OFF
  delay(1000);
  digitalWrite(11, HIGH);        11번 ON
  digitalWrite(10, LOW);         10번 OFF
  digitalWrite(9,  HIGH);        9번 ON
  delay(1000);
  digitalWrite(11, LOW);         11번 OFF
  digitalWrite(10, HIGH);        10번 ON
  digitalWrite(9,  HIGH);        9번 ON
  delay(1000);
  digitalWrite(11, HIGH);        11번 ON
  digitalWrite(10, HIGH);        10번 ON
  digitalWrite(9,  HIGH);        9번 ON
  delay(1000);
  digitalWrite(11, LOW);         11번 OFF
  digitalWrite(10, LOW);         10번 OFF
  digitalWrite(9,  LOW);         9번 OFF
  delay(1000);
}
```

pinMode( )로 디지털 9번, 10번, 11번을 사용하겠다고 지정합니다. 1초 간격으로 3개의 LED에 교대로 전원을 들어오게 합니다.

작동시켜 봅니다

코드를 작성한 스케치로 프로그램을 실행시켜 봅니다. 아두이노에 프로그램을 업로드해야 합 니다. 그림과 같은 업로드 아이콘을 클릭해서 아두이노로 전송합니다.

이 상태에서 여러분이 만든 프로그램이 동작하는 것을 확인해 봅니다.

▲ 빨간색   ▲ 초록색   ▲ 파란색   ▲ 노란색   ▲ 분홍색   ▲ 청녹색   ▲ 흰색   ▲ 꺼짐

RGB 모듈은 앞에 작성한 3색 LED와 동일하게 작동되는 것을 확인할 수 있습니다.

3 다르게 LED 켜 보기

코드를 작성합니다

컴퓨터의 ⊞ 버튼을 눌러 ∞를 선택합니다. 메뉴의 [파일]-[새 파일]을 선택합니다. 자동 생성된 코드를 다음과 같이 수정합니다.

📁 예제 폴더 Exam0404

```
void setup()
{
}

void loop()
{
  analogWrite(11, 255);        3색 LED의 핀 하나에 아날로그값 255를 지정합니다.
  analogWrite(10, 0);          3색 LED의 나머지 핀 하나에 아날로그값 0을 지정합니다.
  analogWrite(9, 0);           3색 LED의 나머지 핀 하나에 아날로그값 0을 지정합니다.
  delay(1000);
  analogWrite(10, 255);        10번에 아날로그값 255를 지정합니다.
  delay(1000);
  analogWrite(9, 255);         9번에 아날로그값 255를 지정합니다.
  delay(1000);
}
```

처음에 11번에만 아날로그값 255를 지정합니다. 나머지는 0으로 지정하여 전원이 출력되지 않습니다. 1초 뒤 10번을 아날로그값 255로 지정합니다. 다시 1초 뒤 9번을 아날로그값 255로 합니다. 그러면 마지막에는 3개가 모두 255로 최대값을 갖습니다.

작동시켜 봅니다

코드를 작성한 스케치로 프로그램을 실행시켜 봅니다. 아두이노에 프로그램을 업로드해야 합니다. 그림과 같은 업로드 아이콘을 클릭해서 아두이노로 전송합니다.

이 상태에서 여러분이 만든 프로그램이 동작하는 것을 확인해 봅니다.

▲ 빨간색   ▲ 노란색   ▲ 흰색

여기까지 해보면 앞에 다뤄본 예제와 결과가 동일하다는 것을 알 수 있습니다.

```
analogWrite(11, 255);
digitalWrite(11, HIGH);
```

앞의 코드와 같이 코드 자체는 다르지만 동작이 같다는 것을 알 수 있습니다.

4 현란한 RGB의 세계

이제 analogWrite( )로 LED가 제어되는 것을 이용해 다음을 확인해봅니다.

코드를 작성합니다

컴퓨터의 ⊞ 버튼을 눌러 ∞를 선택합니다. 메뉴의 [파일]−[새 파일]을 선택합니다. 자동 생성된 코드를 다음과 같이 수정합니다.

📁 예제 폴더 Exam0405

```
void setup()
{
        아무런 코드를 작성하지 않습니다.

}
```

```
void loop()
{
    analogWrite(11, 0);          ─< 3색 LED의 핀 하나에 아날로그값 0을 지정합니다.
    analogWrite(10, 0);          ─< 3색 LED의 나머지 핀 하나에 아날로그값 0을 지정합니다.
    for(int i=0; i < 256; i++)
    {
        analogWrite(9, i);       ─< 아날로그값 0부터 255를 지정합니다.
        delay(50);               ─< 0.05초 동안 불빛을 보여줍니다.
    }
}
```

11번과 10번은 전원을 내보내지 않습니다. 11번은 빨간색, 10번은 초록색으로 지정된 상태입니다.
analogWrite(9,i)를 통해 파란색으로 지정된 9번에 0부터 255사이의 값이 지정됩니다.

작동시켜 봅니다

코드를 작성한 스케치로 프로그램을 실행시켜 봅니다. 아두이노에 프로그램을 업로드해야 합
니다. 그림과 같은 업로드 아이콘을 클릭해서 아두이노로 전송합니다.

이 상태에서 여러분이 만든 프로그램이 동작하는 것을 확인해 봅니다. 파란색 불빛이 점점 커지는 것을
확인할 수 있습니다. 이것은 다른 색은 변화가 없고 파란색에 해당하는 9번에만 0부터 255사이까지의 값
이 주어지기 때문입니다. 0이면 파란색이 전혀 없고 255면 파란색이 완전히 켜집니다.

앞에 작성한 코드를 다음과 같이 변경해봅니다.

```
    analogWrite(11, 255);
    analogWrite(10, 0);
```

이것은 빨간색을 처음에 켜고 시작하는 것으로 최종적으로는 분홍색이 됩니다.

05 레이저포인터 만들기

레이저포인터는 멀리 있어도 불빛을 보여 줄 수 있습니다. 이 레이저포인터를 만들어 보겠습니다.

1 레이저다이오드 연결하기

레이저다이오드라는 것을 이용해 레이저포인터를 만들게 됩니다. 아두이노와 센서를 연결하기 위해 다음과 같이 3가지 경우가 가능합니다. 여러분이 가진 아두이노에 맞게 이 중 1가지 방법으로 연결하도록 합니다. 어느 방법으로 연결하던 결과는 동일합니다. 레이저다이오드의 빨간색 선은 아두이노의 디지털 7번과 연결합니다. 나머지 파란색은 아두이노의 GND와 연결합니다.

❶ 아두이노 + 브레드보드
아두이노와 브레드보드를 연결하여 사용하는 경우에는 다음과 같이 연결합니다.

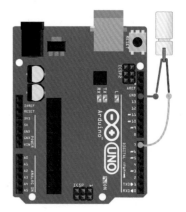

❷ 아두이노 + 브레드쉴드
아두이노 위에 얹어서 브레드쉴드를 사용하는 경우에는 다음과 같이 연결합니다.

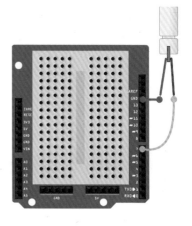

❸ 아두이노 나노 + 브레드보드

소형 아두이노인 아두이노 나노를 이용할 경우 브레드보드에 끼운
후 다음과 같이 연결하여 사용합니다.

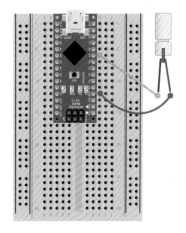

② 코드 작성

코드를 작성합니다

컴퓨터의 ⊞ 버튼을 눌러 ◉를 선택합니다. 메뉴의 [파일]-[새 파일]을 선택합니다. 자동 생성된 코드를
다음과 같이 수정합니다.

📁 예제 폴더 Exam0406

```
void setup()
{
        ⌈ 아무런 코드를 작성하지 않습니다. ⌉

}

void loop()
{
    analogWrite(7, 0);
    delay(2000);
    analogWrite(7, 255);
    delay(2000);
}
```

아두이노의 7번에 아날로그값 255를 2초간 내보낸 후 2초간은 아날로그값 0을 지정해 아무런 전원이 나
오지 않도록 합니다.

작동시켜 봅니다

코드를 작성한 스케치로 프로그램을 실행시켜 봅니다. 아두이노에 프로그램을 업로드해야 합
니다. 그림과 같은 업로드 아이콘을 클릭해서 아두이노로 전송합니다.

이 상태에서 여러분이 만든 프로그램이 동작하는 것을 확인해 봅니다. 2초
간 강한 빨간색 불빛이 나오고 다시 2초간 꺼질 것입니다.

레이저 다이오드는 다음과 같이 모듈 형태로 판매하기도 합니다. 모듈의 S
는 빨간색선, −는 파란색선이라고 생각하면 동일하게 작동하는 것을 볼 수
있습니다.

06 모듈 만들기

센서를 쉽게 사용하려면 모듈의 형태로 만들면 편리합니다. 센서만 구입하면 매우 저렴하지만 사용하기 불편합니다. 구입한 센서를 모듈의 형태로 만드는 방법을 알아봅니다.

1 RGB 모듈

❶ 준비물

사용할 버튼을 준비합니다. 25포인트 미니브레드보드를 준비합니다. 연결을 편리하게 하기 위해 연결핀도 준비합니다.

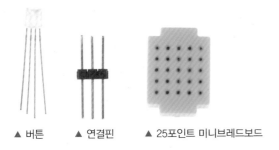

▲ 버튼　　▲ 연결핀　　▲ 25포인트 미니브레드보드

❷ 회로 구성

다음의 그림과 같이 회로를 구성합니다. 핀은 4개짜리를 사용합니다.

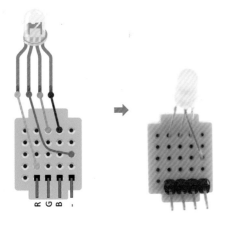

❸ 코드 수정

모듈과 동일하게 사용 가능합니다.

움직이는 빛과 저항 : 빛감지/가변저항

저항은 값이 고정되어 사용할 수 있지만 필요에 따라 변하도록 할 수 있습니다. 우리가 눈으로 보는 빛이나 손으로 움직여 저항 값을 다양하게 변화시킬 수 있습니다. 여러분도 손쉽게 값이 고정되지 않은 저항을 사용해 볼 수 있습니다.

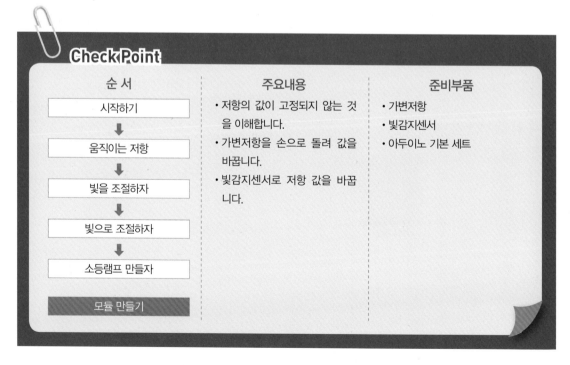

CheckPoint

순 서	주요내용	준비부품
시작하기	• 저항의 값이 고정되지 않는 것을 이해합니다.	• 가변저항
↓		• 빛감지센서
움직이는 저항	• 가변저항을 손으로 돌려 값을 바꿉니다.	• 아두이노 기본 세트
↓		
빛을 조절하자	• 빛감지센서로 저항 값을 바꿉니다.	
↓		
빛으로 조절하자		
↓		
소등램프 만들자		
모듈 만들기		

다음의 부품이 필요합니다.

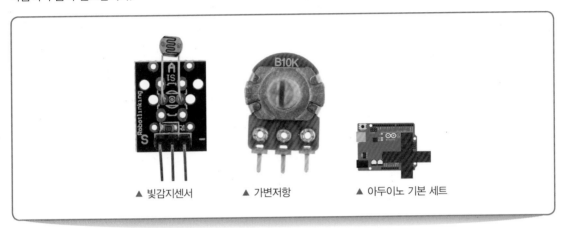

▲ 빛감지센서   ▲ 가변저항   ▲ 아두이노 기본 세트

1 빛감지센서

빛감지센서는 CdS를 연결하여 만든 것으로 빛의 여부에 따라 그 값이 달라집니다. CdS는 'Cadmium Sulfide'의 약자로 황화카드뮴이라는 물질입니다. 이것은 빛에 반응하는 화학물질입니다. 이를 이용해 빛이 있는지 알 수 있고, 그 강도도 알 수 있습니다.

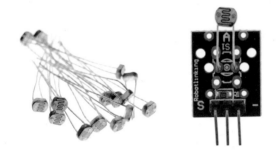

2 가변저항

가변저항이란 저항 값이 고정되지 않은 것을 의미합니다. 우리가 앞서 다룬 저항은 모두 정해진 양만큼 전류와 전압에 영향을 미칩니다. 그러나 가변저항은 값을 조절할 수 있도록 되어 있습니다. 손으로 돌려서 그 값을 조절할 수

있습니다. 스피커의 볼륨을 조절하는 것도 이러한 원리를 이용한 것입니다. 가변저항은 영어로 'Potentiometer'라 불립니다.

손으로 돌리는 형태도 있지만 조그마한 스크류 드라이버 정도로나 돌릴 수 있는 작은 것부터 좌우로 움직이는 슬라이더 형태의 가변저항도 있습니다.

02 움직이는 저항

가변저항의 기능을 살펴봅니다.

1 가변저항 연결하기

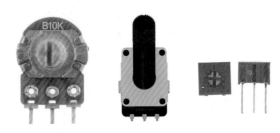

가변저항의 가운데 다리는 아두이노의 3.3V와 연결합니다. 나머지 핀은 각각 LED의 긴 다리와 연결합니다. LED의 짧은 다리는 아두이노의 GND와 연결합니다.

아두이노와 센서를 연결하기 위해 다음과 같이 3가지 경우가 가능합니다. 여러분이 가진 아두이노에 맞게 이 중 1가지 방법으로 연결하도록 합니다. 어느 방법으로 연결하던 결과는 동일합니다.

❶ 아두이노 + 브레드보드

아두이노와 브레드보드를 연결하여 사용하는 경우에는 다음과 같이 연결합니다.

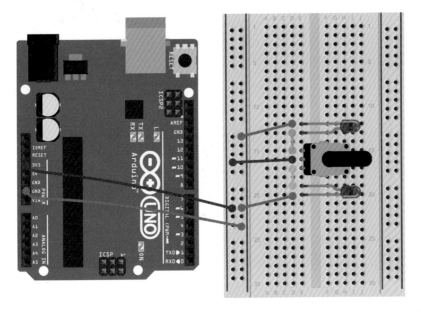

❷ 아두이노 + 브레드쉴드

아두이노 위에 얹어서 브레드쉴드를 사용하는 경우에는 다음과
같이 연결합니다.

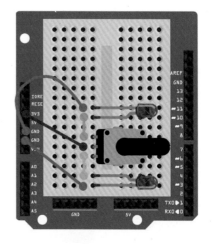

❸ 아두이노 나노 + 브레드보드

소형 아두이노인 아두이노 나노를 이용할 경우 브레드보드에 끼운
후 다음과 같이 연결하여 사용합니다.

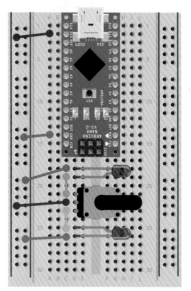

2 작동시켜보기

동작을 확인해 봅니다.

▲ 처음 상태

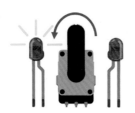

▲ 왼쪽으로 돌리기

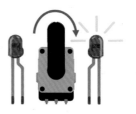

▲ 오른쪽으로 돌리기

가변저항으로 한쪽으로 돌립니다. 불이 밝아집니다. 반대로 돌리면 밝아졌던 LED가 어두워집니다. 가
변저항을 돌리면 발생하는 값으로 LED를 조절하는 것입니다. 가변저항을 완전히 돌려 값이 0이 되면 저
항이 없기 때문에 LED는 밝아집니다. 반대로 돌리면 저항 값이 높아져 LED를 켤 만큼의 출력을 내보낼
수 없게 되는 것입니다.

03 빛을 조절하자

가변저항의 기능을 사용해봅니다.

1 가변저항 연결하기

가변저항의 중앙은 아날로그 2번과 연결하나 나머지 2개 핀은 각각 아두이노의 3.3V와 GND에 연결합니다. 작동상태를 보여줄 LED의 긴 다리는 디지털 11번과 연결하고 나머지는 GND와 연결합니다. 아두이노와 센서를 연결하기 위해 다음과 같이 3가지 경우가 가능합니다. 여러분이 가진 아두이노에 맞게 이 중 1가지 방법으로 연결하도록 합니다. 어느 방법으로 연결하던 결과는 동일합니다.

❶ 아두이노 + 브레드보드
아두이노와 브레드보드를 연결하여 사용하는 경우에는 다음과 같이 연결합니다.

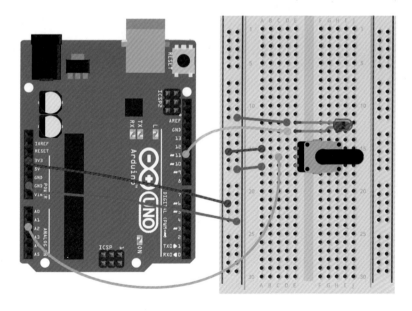

❷ 아두이노 + 브레드쉴드

아두이노 위에 얹어서 브레드쉴드를 사용하는 경우에는 다음
과 같이 연결합니다.

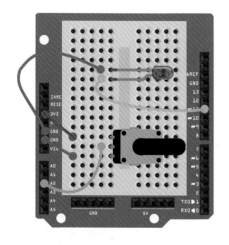

❸ 아두이노 나노 + 브레드보드

소형 아두이노인 아두이노 나노를 이용할 경우 브레드보드에
끼운 후 다음과 같이 연결하여 사용합니다.

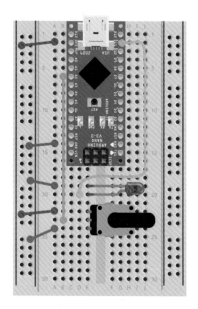

2 가변저항 코드로 사용하기

코드를 작성합니다

컴퓨터의 ⊞ 버튼을 눌러 ∞를 선택합니다. 메뉴의 [파일]–[새 파일]을 선택합니다. 자동 생성된 코드를
다음과 같이 수정합니다.

```
void setup()
{
                              아무런 코드를 작성하지 않습니다.

}

void loop( )
{
  int a = analogRead(A2);      가변저항이 연결된 아날로그 A2입니다.
  analogWrite(11, a/3);        LED가 연결된 11번에 출력합니다.
}
```

analogRead(A2)은 아날로그 2번인 A2번에 연결된 가변저항의 값을 가져오는 역할을 합니다. analogWrite(11,a/3)은 가변저항의 값이 800이 넘으므로 255에 맞추기 위해 3으로 대략 나눈 값을 그대로 LED로 내보냅니다. 'int'는 숫자를 의미합니다. int a는 a라는 것에 숫자를 넣겠다는 것입니다. a는 새로 만드는 방입니다. 누구든지 새로운 이름으로 자신의 방을 만들어 그 안에 숫자를 보관할 수 있습니다. a에는 아날로그 A2에서 읽어 들이는 숫자가 저장됩니다. 그 숫자 값과 a는 같은 값입니다.

작동시켜 봅니다

코드를 작성한 스케치로 프로그램을 실행시켜 봅니다. 아두이노에 프로그램을 업로드해야 합 니다. 그림과 같은 업로드 아이콘을 클릭해서 아두이노로 전송합니다.

이 상태에서 여러분이 만든 프로그램이 동작하는 것을 확인해 봅니다.

▲ 처음 상태   ▲ 왼쪽으로 돌리기   ▲ 오른쪽으로 돌리기

가변저항을 한쪽으로 돌리면 불이 밝아집니다. 반대로 돌리면 밝아졌던 LED가 어두워집니다. 가변저항을 돌리면 발생하는 값으로 LED를 조절하는 것입니다. 가변저항을 돌리면 달라지는 analogRead(A2)의 값은 analogWrite(11, ...)을 통해 불의 밝기가 다른 모습으로 출력됩니다.

04 빛으로 조절하자

빛감지센서 기능을 살펴봅니다.

1 빛감지센서 연결하기

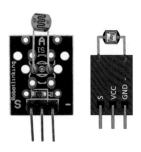

빛감지센서의 맨 왼쪽의 S는 신호가 나오는 핀으로 LED와 연결합니다. VCC는 아두이노의 3.3V와 연결하고 GND는 아두이노의 GND와 연결합니다.

아두이노와 센서를 연결하기 위해 다음과 같이 3가지 경우가 가능합니다. 여러분이 가진 아두이노에 맞게 이 중 1가지 방법으로 연결하도록 합니다. 어느 방법으로 연결하던 결과는 동일합니다.

❶ 아두이노 + 브레드보드

아두이노와 브레드보드를 연결하여 사용하는 경우에는 다음과 같이 연결합니다.

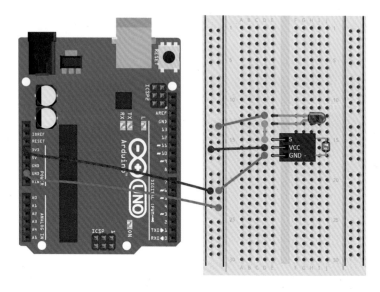

❷ 아두이노 + 브레드쉴드

아두이노 위에 얹어서 브레드쉴드를 사용하는 경우에는 다음과
같이 연결합니다.

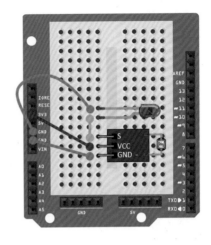

❸ 아두이노 나노 + 브레드보드

소형 아두이노인 아두이노 나노를 이용할 경우 브레드보드에 끼운
후 다음과 같이 연결하여 사용합니다.

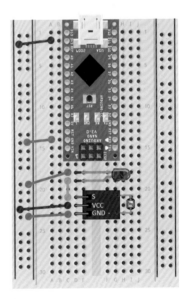

작동시켜 봅니다

동작을 확인해 봅니다.

▲ 처음 상태

▲ 손으로 빛감지센서를
천천히 가림

▲ LED가 천천히 변함

빛감지센서를 손으로 가리면 LED의 빛이 변하기 시작합니다. 빛감지센서의 값도 가변저항처럼 움직
이는 것입니다. 가변저항은 손으로 돌리지만 빛감지센서는 주변의 빛에 의해 변한다는 것 말고는 동
일합니다.

05 소등램프 만들자

앞까지 살펴본 빛감지센서의 기능을 이용해 집에서도 사용이 가능한 소등램프를 만들어 봅시다.

1 빛감지센서 연결하기

빛감지센서의 맨 왼쪽의 S는 신호가 나오는 핀으로 아두이노의 아날로그 A0번과 연결합니다. VCC는 전원을 연결하라는 의미로 아두이노의 3.3V 와 연결하고 GND는 아두이노의 GND와 연결합니다.

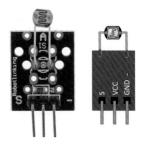

아두이노와 센서를 연결하기 위해 다음과 같이 3가지 경우가 가능합니다. 여러분이 가진 아두이노에 맞게 이 중 1가지 방법으로 연결하도록 합니다. 어느 방법으로 연결하던 결과는 동일합니다. 작동상태를 보여줄 LED의 긴 다리는 디지털 11번과 연결하고 나머지는 GND와 연결합니다.

❶ 아두이노 + 브레드보드

아두이노와 브레드보드를 연결하여 사용하는 경우에는 다음과 같이 연결합니다.

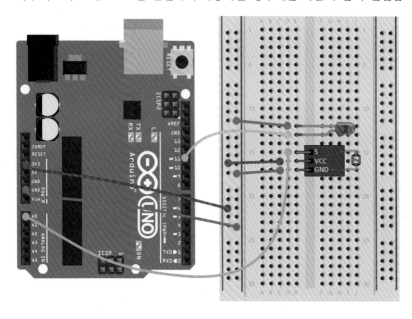

❷ 아두이노 + 브레드쉴드

아두이노 위에 얹어서 브레드쉴드를 사용하는 경우에는 다음
과 같이 연결합니다.

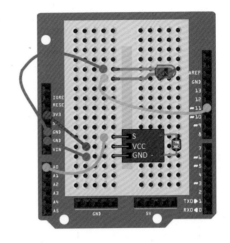

❸ 아두이노 나노 + 브레드보드

소형 아두이노인 아두이노 나노를 이용할 경우 브레드보드에 끼
운 후 다음과 같이 연결하여 사용합니다.

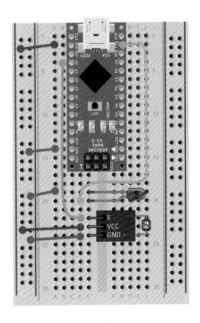

2 빛감지센서 코드로 사용하기

코드를 작성합니다

컴퓨터의 ⊞ 버튼을 눌러 ∞를 선택합니다. 메뉴의 [파일]−[새 파일]을 선택합니다. 자동 생성된 코드를
다음과 같이 수정합니다.

```
void setup()
{
  pinMode(11, OUTPUT);          < LED 사용 표시
}

void loop()
{
  int a = analogRead(A0);       < 빛감지센서에서 값을 가져옵니다.

  if(a > 400)
  {
    digitalWrite(11, HIGH);     < LED를 켭니다.
    delay(2000);                < 2초간 켜진 상태를 유지합니다.
    digitalWrite(11, LOW);      < LED를 끕니다.
  }
}
```

빛감지센서에서 읽은 값이 400을 넘으면 어두워진 것으로 볼 수 있습니다. 그러면 LED를 2초간만 켜서 잠시 어두워진 곳에서도 활동을 할 수 있게 해 줍니다.

작동시켜 봅니다

코드를 작성한 스케치로 프로그램을 실행시켜 봅니다. 아두이노에 프로그램을 업로드해야 합니다. 그림과 같은 업로드 아이콘을 클릭해서 아두이노로 전송합니다.

이 상태에서 여러분이 만든 프로그램이 동작하는 것을 확인해 봅니다.

▲ 처음 상태   ▲ 손으로 빛감지센서 가림   ▲ LED가 2초간 밝아짐

빛의 양을 체크합니다. 밝은 경우 아무런 변화가 없습니다. 손으로 가려서 점점 어두워지면서 센서의 값이 400이상으로 올라갑니다. 그러면 손을 치워도 불이 2초간 들어온 상태가 유지됩니다. 다시 처음 상태로 돌아갑니다.

06 모듈 만들기

센서를 쉽게 사용하려면 모듈의 형태로 만들면 편리합니다. 센서만 구입하면 매우 저렴하지만 사용하기 불편합니다. 구입한 센서를 모듈의 형태로 만드는 방법을 알아봅니다.

1 빛감지센서

❶ 준비물

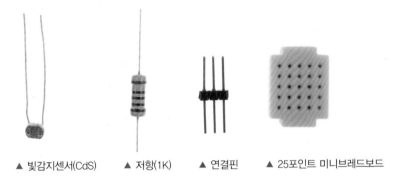

▲ 빛감지센서(CdS)　　▲ 저항(1K)　　▲ 연결핀　　▲ 25포인트 미니브레드보드

❷ 회로 구성

다음의 그림과 같이 회로를 구성합니다.

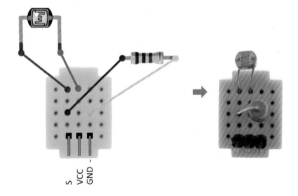

❸ 코드 수정

모듈과 동일하게 사용 가능합니다.

멜로디를 만들자 : 부저

소리는 귀로 들을 수 있습니다. 보이지 않더라도 소리를 듣고 돌아서서 볼 수도 있습니다. 작은 알람음부터 음악까지 소리로 나타낸다면 정말 재미있을 것입니다. 간단한 연결과 방법으로 소리를 내보고 다양하게 변화시켜 볼 수 있습니다.

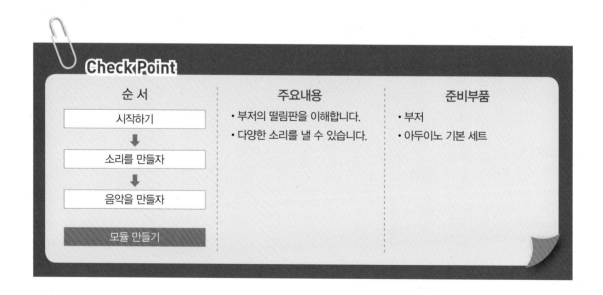

CheckPoint

순 서	주요내용	준비부품
시작하기	• 부저의 떨림판을 이해합니다.	• 부저
↓	• 다양한 소리를 낼 수 있습니다.	• 아두이노 기본 세트
소리를 만들자		
↓		
음악을 만들자		
모듈 만들기		

다음의 부품이 필요합니다.

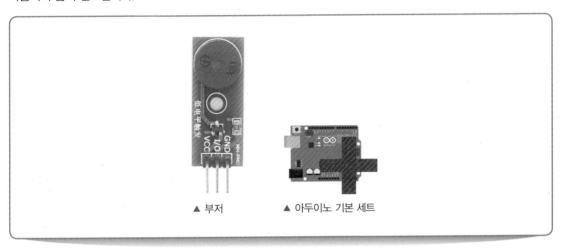

▲ 부저　　　　▲ 아두이노 기본 세트

1 부저

부저는 영어로 'Buzzer'라고 합니다. '버저'라고도 불리는데 같은 말입니다. 부저는 전기적으로 연결된 전기코일이 작은 '떨림판'이 붙었다 떨어지면서 소리를 내는 부품입니다. 붙이거나 떨어지는 것을 아주 작은 시간동안 연속해서 하면 소리가 납니다. 이 간격이 빠르냐 느리냐에 따라 다양한 소리를 냅니다. 세밀하게 조작하면 음악도 연주할 수 있습니다.

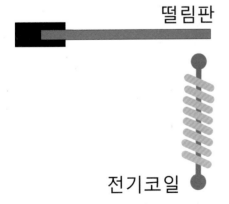

떨림판

전기코일

02 소리를 만들자

부저는 전자석의 원리와 비슷합니다. 전기를 통해 떨림판의 움직임으로 소리가 납니다. 소리로 뭔가 알리고 싶다면 부저를 이용하는 것이 좋습니다. 간단한 연결로 부저를 사용할 수 있습니다. 부저의 기본기능인 소리를 만들어 보도록 하겠습니다.

1 부저 연결하기

VCC는 3.3V 전원에 연결합니다. GND는 아두이노의 GND에 연결합니다. I/O는 부저에 데이터를 보내는 핀입니다. 이를 9번에 연결합니다. 부저를 모듈이 아닌 부품으로도 사용이 가능합니다. 부저의 +부분을 9번에 연결하고 나머지를 GND에 연결하면 됩니다.

아두이노와 부저를 연결하기 위해 다음과 같이 3가지 경우가 가능합니다. 여러분이 가진 아두이노에 맞게 이 중 1가지 방법으로 연결하도록 합니다. 어느 방법으로 연결하던 결과는 동일합니다.

❶ 아두이노 + 브레드보드

아두이노와 브레드보드를 연결하여 사용하는 경우에는 다음과 같이 연결합니다.

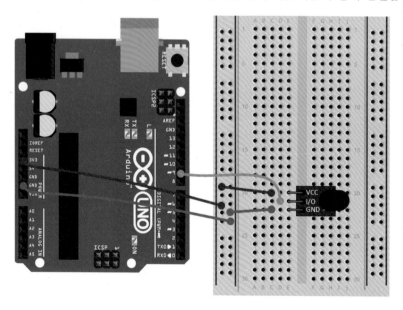

❷ 아두이노 + 브레드쉴드

아두이노 위에 얹어서 브레드쉴드를 사용하는 경우에는 다음과
같이 연결합니다.

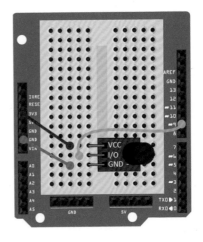

❸ 아두이노 나노 + 브레드보드

소형 아두이노인 아두이노 나노를 이용할 경우 브레드보드에 끼
운 후 다음과 같이 연결하여 사용합니다.

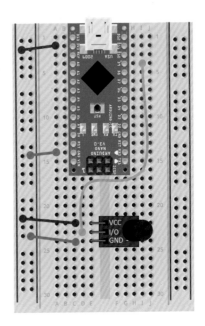

2 소리 내는 코드 작성하기

코드를 작성합니다

컴퓨터의 ⊞ 버튼을 눌러 ∞를 선택합니다. 메뉴의 [파일]–[새 파일]을 선택합니다. 자동 생성된 코드를
다음과 같이 수정합니다.

```
void setup()
{
  pinMode(9, OUTPUT);          부저가 연결된 9번입니다.
}


void loop()
{
  digitalWrite(9, HIGH);       부저에 전원 내보내기
  delay(1);                    0.001초만큼 유지시키기
  digitalWrite(9, LOW);        부저에 전원 차단하기
  delay(1);                    0.001초만큼 유지시키기
}
```

loop( )는 영원히 반복합니다. 부저가 연결된 9번에 전원을 0.001초 간격으로 내보내고 안보내고를 합니다.

작동시켜 봅니다

코드를 작성한 스케치로 프로그램을 실행시켜 봅니다. 아두이노에 프로그램을 업로드해야 합니다. 그림과 같은 업로드 아이콘을 클릭해서 아두이노로 전송합니다.

이 상태에서 여러분이 만든 프로그램이 동작하는 것을 확인해 봅니다.

"삐~" 하는 소리가 계속해서 날 것입니다. 그러면 연결이 제대로 되고 코드도 정상 작동하는 것입니다. 처음에는 소리가 신기하고 재미있는데 조금 지나면 시끄럽게 느끼실 것입니다.

3 바꿔서 해보기

다음과 같이 코드를 수정합니다.

📁 예제 폴더 Exam0601

```
void setup()
{
  pinMode(9, OUTPUT);
}

void loop()
{
  digitalWrite(9, HIGH);
  delay(2);
  digitalWrite(9, LOW);
  delay(2);
}
```

▶ 버튼을 눌러 작동하는 것을 확인합니다.

소리가 매우 작게 들릴 것입니다. "삐~" 보다는 작은 "비~"쯤 되는 수준의 소리가 날 것입니다. 이것은
떨림판이 붙었다 떨어지는 간격이 커지면서 소리나는 효과가 떨어졌기 때문입니다. delay(2)라고 하는
것은 소리가 나는 간격이고 커질수록 소리가 나는 효과는 없어집니다.

이번에는 다음의 진한 부분과 같이 코드를 변경합니다.

📁 예제 폴더 Exam0602

```
void setup()
{
  pinMode(9, OUTPUT);
}
```

```
void loop()
{
  digitalWrite(9, HIGH);
  delayMicroseconds(100);
  digitalWrite(9, LOW);
  delayMicroseconds(100);
}
```

 버튼을 눌러 작동하는 것을 확인합니다. "삐~" 소리가 더 가늘어 졌을 것입니다. delay보다 더 작은 소리가 가능한 delayMicroseconds를 사용했습니다. delayMicroseconds(1000)은 delay(1)과 동일합니다. 그러므로 더 작은 간격으로 시간을 줄 수 있습니다. 이로 인해 소리가 더 가늘어지게 됩니다. 값을 더 작게 할수록 더 가늘어 집니다.

참조

delay(1000)	: 1초
delay(1)	: 0.001초
delayMicroseconds(10000)	: 0.001초
delayMicroseconds(1);	: 0.0000001초
delay(0.5)	: 사용불가(소수점은 사용 못함)
delayMicroseconds(100000)	: 사용불가(0부터 65535까지만 사용)
delayMicroseconds(0.5)	: 사용불가(소수점은 사용 못함)

03 음악을 만들자

부저는 떨림판이 떨리면서 소리가 납니다. 간격을 다르게 하면 다양한 소리가 나는 것을 알 수 있습니다. 'delay Microseconds'를 이용해 값을 조절하면 소리의 높낮이가 조절되는 것을 눈치 채셨을 것입니다. 이와 같은 원리를 이용해 음악을 연주할 수 있습니다. 간단히 만들어 보도록 하겠습니다.

1 부저연결하기

아두이노와 센서를 연결하기 위해 다음과 같이 3가지 방법 중 하나로 구성합니다. LED를 사용하기 위해 긴 다리를 11번에 연결하고 짧은 다리는 아두이노의 GND에 연결합니다.

❶ 아두이노 + 브레드보드

아두이노와 브레드보드를 연결하여 사용하는 경우에는 다음과 같이 연결합니다.

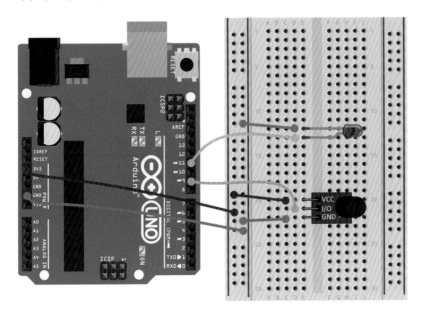

❷ 아두이노 + 브레드쉴드

아두이노 위에 얹어서 브레드쉴드를 사용하는 경우에는 다음과
같이 연결합니다.

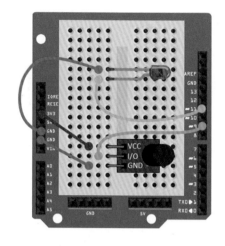

❸ 아두이노 나노 + 브레드보드

소형 아두이노인 아두이노 나노를 이용할 경우 브레드보드에 끼
운 후 다음과 같이 연결하여 사용합니다.

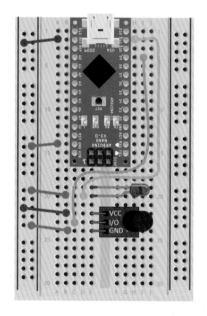

❷ 음악코드 작성하기

코드를 작성합니다

컴퓨터의 ⊞ 버튼을 눌러 ∞를 선택합니다. 메뉴의 [파일]-[새 파일]을 선택합니다. 자동 생성된 코드를
다음과 같이 수정합니다.

```
void setup()
{
  pinMode(11, OUTPUT);
  digitalWrite(11, HIGH);
  tone(9, 262);
  delay(200);
  tone(9, 294);
  delay(200);
  tone(9, 330);
  delay(200);
  tone(9, 349);
  delay(200);
  tone(9, 392);
  delay(200);
  tone(9, 440);
  delay(200);
  tone(9, 494);
  delay(200);
  tone(9, 523);
  delay(200);
  noTone(9);
  digitalWrite(11, LOW);
}

void loop()
{

}
```

> tone 기능을 9번으로 출력합니다.

> 유지시간. 이 부분이 없으면 소리가 안 들립니다.

> 음악이 끝나면 LED도 꺼집니다.

> 아무런 코드를 작성하지 않습니다.

tone( ) 뒤에 사용한 9는 9번을 의미합니다. 부저를 다른 곳에 꽂았다면 그 곳의 숫자를 써주면 되고 아날로그에 꽂았다면 A0, A1과 같이 아날로그이면 그 이름을 써주면 됩니다. 그 뒤에 사용한 262, 294, 330은 음의 높이입니다. 262는 '도', 294는 '레', 330는 '미'에 해당합니다.

작동시켜 봅니다

코드를 작성한 스케치로 프로그램을 실행시켜 봅니다. 아두이노에 프로그램을 업로드해야 합니다. 그림과 같은 업로드 아이콘을 클릭해서 아두이노로 전송합니다.

이 상태에서 여러분이 만든 프로그램이 동작하는 것을 확인해 봅니다.

"도레미파솔라시도"라는 음이 들리는 것을 알 수 있습니다. 소리가 들리는 동안에는 LED에 불이 들어옵니다. delayMicroseconds( )를 이용하지 않고 tone( )이라는 것을 이용해 소리를 냅니다. 코드를 setup( )에 작성하였으므로 한 번만 작동합니다. 계속해서 듣고자 하면 아두이노의 리셋(RESET:다시 시작 버튼)을 눌러 줍니다. 그러면 음악이 다시 들립니다. 자동으로 계속 듣고자 한다면 다음의 코드처럼 코드의 위치를 옮기면 됩니다.

```
void setup()
{
        ◁ 이 부분의 코드를
}

void loop()
{
        ◁ 여기로 옮기면 연속해서 음악이 나옵니다.
}
```

setup( )은 한 번만 작동하지만, loop( )는 계속해서 작동하기 때문에 소리는 끝없이 나게 됩니다.

3 고급스럽게 바꿔보기

동일한 소리를 내지만 단순하고 반복적인 일을 줄여 볼 수 있습니다. 소프트웨어는 이러한 단순한 일을 간단하게 처리하는데서 만들어지기 시작합니다. 단순 반복적인 코드를 고급스러운 코드로 새롭게 작성합니다.

📁 예제 폴더 Exam0604

```
int nTones[] = { 262,294,330,349,392,440,494,523 };
            ◁ "도레미파솔라시도"
void setup()
{
```

```
int nMax = sizeof(nTones) / sizeof(int);    ⊲ nTones이 몇 개인지 확인합니다.

for (int i = 0; i < nMax; i++)
{
  tone(9, nTones[i]);                         ⊲ i에는 0부터 순서대로 들어갑니다.
  delay(200);
}

noTone(9);                                    ⊲ 소리를 중단합니다.
}

void loop()
{
      ⊲ 아무런 코드를 작성하지 않습니다.

}
```

⊙ 버튼을 눌러 작동하는 것을 확인합니다. nTones에 들어간 숫자를 tone( )을 이용해 소리가 나도록 합니다.

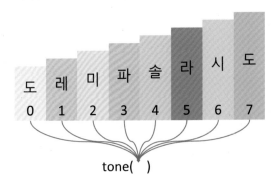

nTones는 여러 번 tone( )을 호출해야 하는 작업을 단순하게 해주는 기능을 합니다. tone( )을 반복해서 호출하기 때문에 이것을 줄여줍니다.

4 연주해보기

원하는 노래를 만들어 연주를 할 수 있습니다. 다양한 음악을 연주할 악보를 만들어 보도록 합니다. 예제를 약간만 수정하면 여러분들만의 훌륭한 연주가 가능합니다. 다음은 동요 "똑같아요"를 연주하도록 프로그램을 수정한 것입니다.

📁 예제 폴더 Exam0605

```
int nTones[] = { 262,294,330,349,392,440,494,523 };
```

```
int nMusic[] = { 0,2,4,0,2,4,5,5,5,4,4,4,3,3,3,2,2,2,1,1,1,0,0,0};
```
> 동요 "똑같아요"의 음계입니다.

```
void setup()
{
    int nMax = sizeof(nMusic) / sizeof(int);

    for (int i = 0; i < nMax; i++)
    {
        tone(9, nTones[ nMusic[i] ]);
        delay(200);
    }

    noTone(9);
}
```
> 연주할 음의 순서를 가져와 소리냅니다.

```
void loop()
{

}
```
> 아무런 코드를 작성하지 않습니다.

🔘 버튼을 눌러 작동하는 것을 확인합니다. tone( )을 이용해 소리를 내는 것은 앞의 코드와 동일합니다. 다만 원하는 대로 음을 연주할 수 있다는 점이 다릅니다.

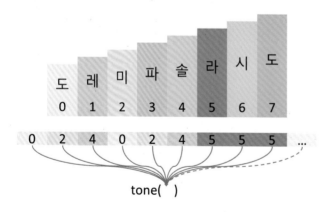

nMusic에 들어 있는 순서대로 소리가 연주됩니다. 예를 들어 nMusic에 들어 있는 '0,2,4'는 '도, 미, 솔'과 동일하게 처리됩니다. tone( )에는 nTones의 첫 번째 0번칸부터 시작해서 2번칸, 4번칸의 소리가 재생됩니다. 그러면 자연스럽게 '도미솔'이 연주됩니다. nMusic에 다른 값을 넣어 보면 다른 음악이 연주되는 것을 알 수 있습니다.

04 모듈 만들기

센서를 쉽게 사용하려면 모듈의 형태로 만들면 편리합니다. 센서만 구입하면 매우 저렴하지만 사용하기 불편합니다. 구입한 센서를 모듈의 형태로 만드는 방법을 알아봅니다.

1 부저 모듈

❶ 준비물

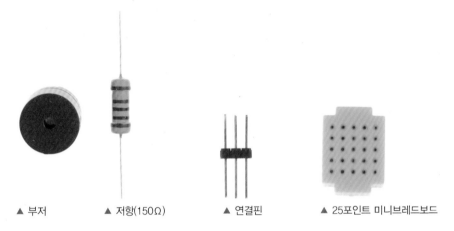

▲ 부저   ▲ 저항(150Ω)   ▲ 연결핀   ▲ 25포인트 미니브레드보드

❷ 회로 구성

다음의 그림과 같이 회로를 구성합니다.

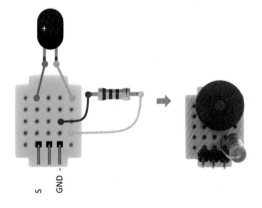

❸ 코드 수정

모듈과 동일하게 사용 가능합니다.

부저에 따라 사용해야 하는 저항 값이 다릅니다. 통상 사용하는 1K 용량의 저항을 사용해도 되지만 소리가 매우 작다는 점을 참고하세요. 소리가 너무 작으면 저항을 빼고 바로 GND로 연결해도 됩니다.

Chapter 07 알림 만들기 : 기울기/자석감지

창문이나 출입문이 열리면 경보를 해 줄 수 있습니다. 문을 누가 열고 들어오는지, 문은 열어두고 닫지는 않았는지 일일이 확인할 필요가 없습니다. 충격을 감지하고 닫힌 상태를 확인할 수 있는 기울기센서와 홀센서를 이용해 부저로 소리를 내면서 단순하면서도 편리한 기능을 만들어 변화시켜 볼 수 있습니다.

CheckPoint

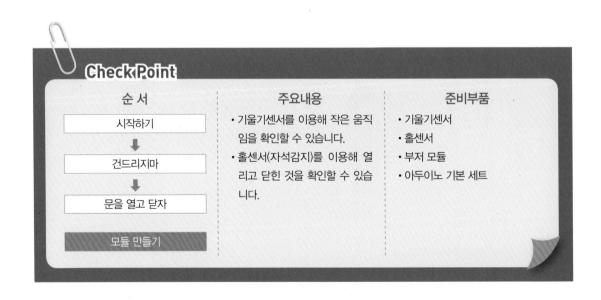

순 서	주요내용	준비부품
시작하기 ↓ 건드리지마 ↓ 문을 열고 닫자 모듈 만들기	• 기울기센서를 이용해 작은 움직임을 확인할 수 있습니다. • 홀센서(자석감지)를 이용해 열리고 닫힌 것을 확인할 수 있습니다.	• 기울기센서 • 홀센서 • 부저 모듈 • 아두이노 기본 세트

01 시작하기

다음의 부품이 필요합니다.

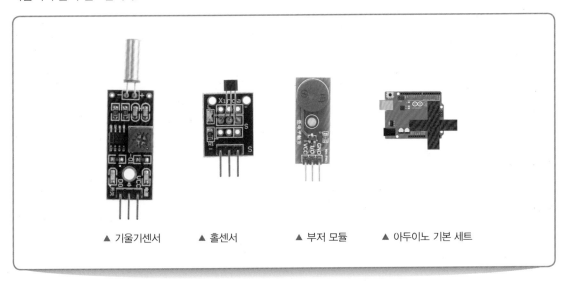

▲ 기울기센서   ▲ 홀센서   ▲ 부저 모듈   ▲ 아두이노 기본 세트

1 기울기센서

기울기센서는 영어로 틸트센서(Tile Sensor)라고 합니다. 기울기는
정해진 위치에서 움직이면 그 값을 알려주는 센서입니다. 센서안
에 공(볼;Ball)이 들어 있어 기울어지면 굴러다니면서 움직임을 알
려주는 기능을 합니다. 센서안에 액체형 금속인 '수은'이 들어 있는
경우도 있습니다.

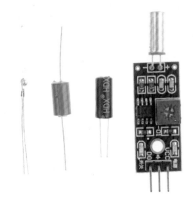

2 홀센서(자석감지)

홀센서(Hall sensor)는 자석을 인식하는 센서입니다. 자석을 가
까이하면 전기적으로 반응을 합니다. 자석을 가까이대고 있다
가 떨어지면 다른 값을 얻을 수 있어 출입문이나 창문에 달아
서 열리는 것을 확인하기에 좋습니다. 돌아가는 바퀴에 자석을
달아 회전하는지를 알아내는데도 유용한 부품입니다.

02 건드리지마

기울기센서는 완전히 누우면 상태가 바뀝니다. 그러면 넘어진 것을 알 수 있습니다. 하지만 약간만 움직이면 상태가 잠깐 바뀌었다가 금방 다시 되돌아옵니다. 이 원리를 이용해 살짝 건드렸는지를 알 수 있습니다.

1 기울기센서 연결하기

부저의 I/O는 부저 모듈에 데이터를 보내는 핀입니다. 이를 9번에 연결합니다. VCC는 3.3V 전원에 연결합니다. GND는 아두이노의 GND에 연결합니다.

기울기센서는 비슷한 기능의 다양한 센서가 있습니다. 핀 배열이 모두 달라 맨 처음 핀을 GND로 하고 중간 핀에 전원이 들어가는 것을 기준으로 합니다. 기울기센서의 GND와 VCC는 아두이노의 GND와 3.3V에 연결합니다. 나머지 핀을 12번에 연결합니다.

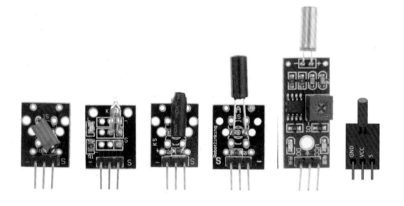

아두이노와 센서를 연결하기 위해 다음과 같이 3가지 경우가 가능합니다. 여러분이 가진 아두이노에 맞게 이 중 1가지의 방법으로 연결하도록 합니다. 어느 방법으로 연결하던 결과는 동일합니다.

❶ 아두이노 + 브레드보드

아두이노와 브레드보드를 연결하여 사용하는 경우에는 다음과 같이 연결합니다.

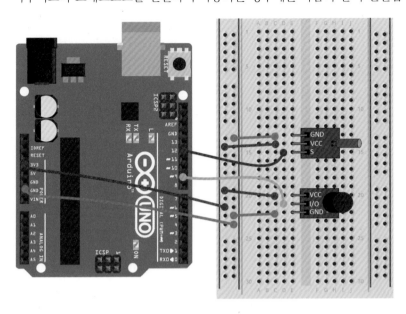

❷ 아두이노 + 브레드쉴드

아두이노 위에 얹어서 브레드쉴드를 사용하는 경우에는 다음과
같이 연결합니다.

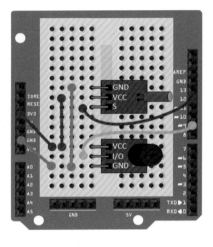

❸ 아두이노 나노 + 브레드보드

소형 아두이노인 아두이노 나노를 이용할 경우 브레드보드에 끼운 후 다음과 같이 연결하여 사용합니다.

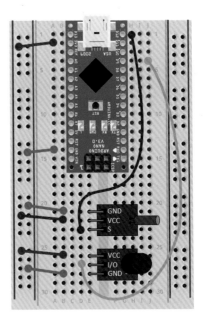

② 기울기값 코드 작성하기

코드를 작성합니다

컴퓨터의 ⊞ 버튼을 눌러 ∞를 선택합니다. 메뉴의 [파일]-[새 파일]을 선택합니다. 자동 생성된 코드를 다음과 같이 수정합니다.

📁 예제 폴더 Exam0701

```
void setup()
{
  pinMode(12, INPUT_PULLUP);               기울기센서가 연결된 12번입니다.
}

void loop()
{
  int a = digitalRead(12);                 기울기센서의 값을 가져옵니다.

  if(a == HIGH)                            기울어지면 HIGH가 됩니다.
  {
    tone(9, 262);                          "도미솔" 음이 1초 간격으로 납니다.
    delay(1000);
    tone(9, 330);
    delay(1000);
```

```
    tone(9, 392);
    delay(1000);
    noTone(9);
  }
}
```

setup( )에서 'pinMode(12, INPUT_PULLUP)'를 하지 않으면 a의 값은 계속 0이 됩니다. 그러므로 생략해서는 안 됩니다. a가 HIGH가 되면 소리가 납니다. a가 HIGH가 되는 경우는 기울기센서가 기울어진 경우입니다. 완전히 기울어지거나 약간만 기울림이 있어도 a는 HIGH가 됩니다.

작동시켜 봅니다

코드를 작성한 스케치로 프로그램을 실행시켜 봅니다. 아두이노에 프로그램을 업로드해야 합니다. 그림과 같은 업로드 아이콘을 클릭해서 아두이노로 전송합니다.

이 상태에서 여러분이 만든 프로그램이 동작하는 것을 확인해 봅니다. 기울기센서를 가만히 두고 흔들어 봅니다.

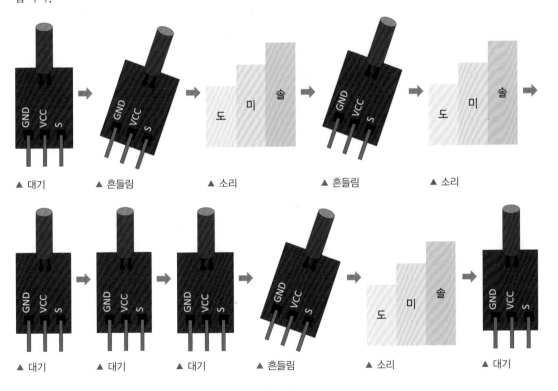

▲ 대기　　　　▲ 흔들림　　　　▲ 소리　　　　▲ 흔들림　　　　▲ 소리

▲ 대기　　　　▲ 대기　　　　▲ 대기　　　　▲ 흔들림　　　　▲ 소리　　　　▲ 대기

흔들 때는 "도미솔" 음이 나올 것입니다. 가만히 두면 아무런 소리가 나지 않습니다. 손으로 툭 쳐도 소리가 나옵니다. 계속 기울인 상태로 두면 "도미솔" 음이 계속 나오게 됩니다.

03 문을 열고 닫자

홀센서는 자석이 닿았는지를 확인할 수 있는 기능이 있습니다. 이러한 원리를 이용해 상점에 가서 문을 열면 소리 나는 기계를 만들기도 합니다. 문이 계속 열려 있는지 알려주는 기능을 만들어 봅니다.

1 홀센서 연결하기

아두이노와 센서를 연결하기 위해 다음과 같이 3가지 경우가 가능합니다. 여러분이 가진 아두이노에 맞게 이 중 1가지 방법으로 연결하도록 합니다. 어느 방법으로 연결하던 결과는 동일합니다. VCC는 3.3V 전원에 연결합니다. GND는 아두이노의 GND에 연결합니다. I/O는 부저 모듈에 데이터를 보내는 핀입니다. 이를 9번에 연결합니다. 홀센서의 GND와 VCC는 아두이노의 GND와 3.3V에 연결합니다. 나머지 핀을 8번에 연결합니다.

❶ 아두이노 + 브레드보드

아두이노와 브레드보드를 연결하여 사용하는 경우에는 다음과 같이 연결합니다.

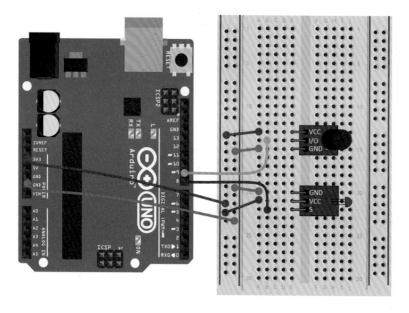

❷ 아두이노 + 브레드쉴드

아두이노 위에 얹어서 브레드쉴드를 사용하는 경우에는 다음과 같이 연결합니다.

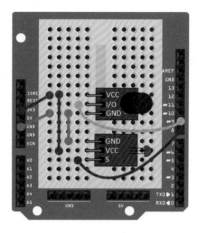

❸ 아두이노 나노 + 브레드보드

소형 아두이노인 아두이노 나노를 이용할 경우 브레드보드에 끼운 후 다음과 같이 연결하여 사용합니다.

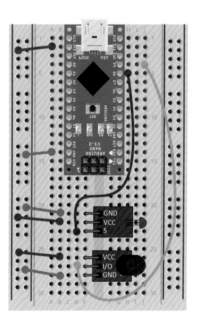

❷ 자석인식 코드 작성하기

코드를 작성합니다

컴퓨터의 ⊞ 버튼을 눌러 ∞를 선택합니다. 메뉴의 [파일]-[새 파일]을 선택합니다. 자동 생성된 코드를 다음과 같이 수정합니다.

```
void setup()
{
  pinMode(8, INPUT_PULLUP);            홀센서에 연결된 8번입니다
}


unsigned long old = 0;                 가장 최근에 자석이 닿았던 시간입니다.

void loop()
{
  int a = digitalRead(8);              홀센서의 값을 가져옵니다.


  if(a == LOW)                         홀센서에 자석이 닿으면 LOW값이 됩니다.
  {
    old = millis();                    가장 최근에 자석이 닿았던 시간입니다.
  }

  unsigned long temp = millis() - old;  temp는 가장 최근 자석이 닿은 후 경과된 시간입니다.

  if(a == HIGH && temp > 3000)         HIGH는 자석이 닿지 않은 것입니다.
  {                                    3초가 넘었는지 확인합니다.
    tone(9, 262);
    delay(1000);
    tone(9, 330);
    delay(1000);
    tone(9, 392);
    delay(1000);
    noTone(9);
  }
}
```

홀센서에서 자석이 닿으면 LOW의 값이 a에 들어가게 됩니다. old에는 그때의 시간이 기록됩니다. millis( )는 아두이노가 켜진 이후로 경과된 시간입니다. 단위는 1초를 1000개로 나눈 밀리세컨드(Millisecond)입니다. millis( )의 값이 2000이라면 2초를 의미합니다. temp에는 마지막으로 자석에 닿았던 시간인 old의 값을 현재시간에서 뺀 값이 들어 있습니다. 결국 temp의 값은 마지막으로 자석에 닿은 후 지나간 시간입니다.

작동시켜 봅니다

코드를 작성한 스케치로 프로그램을 실행시켜 봅니다. 아두이노에 프로그램을 업로드해야 합니다. 그림과 같은 업로드 아이콘을 클릭해서 아두이노로 전송합니다.

이 상태에서 여러분이 만든 프로그램이 동작하는 것을 확인해 봅니다.

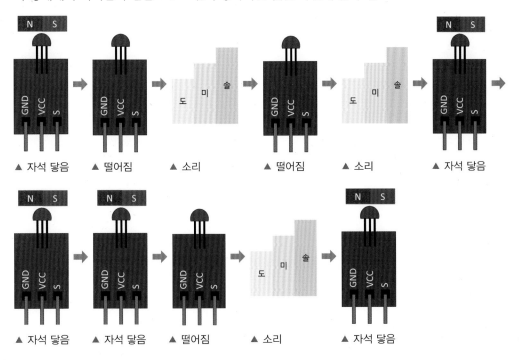

자석에 닿아 있는 동안은 소리가 나지 않습니다. 자석을 떼고 3초가 지나면 소리가 납니다. 자석을 홀센서에 대지 않으면 소리는 계속 납니다. 그러다 홀센서에 자석을 대면 바로 소리는 멈추게 됩니다.

우리가 사용하는 출입문이 자석을 붙인 후 직접 사용해 봅니다. 문의 3초간 닿지 않으면 소리가 납니다. 추운 겨울의 따뜻한 공기나 더운 여름의 시원한 에어컨 바람을 조금이라도 보호할 수 있겠죠?

04 모듈 만들기

센서를 쉽게 사용하려면 모듈의 형태로 만들면 편리합니다. 센서만 구입하면 매우 저렴하지만 사용하기 불편합니다. 구입한 센서를 모듈의 형태로 만드는 방법을 알아봅니다.

1 기울기센서

❶ 준비물

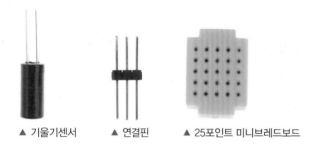

▲ 기울기센서　　▲ 연결핀　　▲ 25포인트 미니브레드보드

❷ 회로 구성

다음의 그림과 같이 회로를 구성합니다.

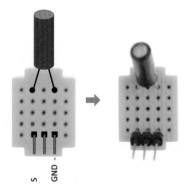

❸ 코드 수정

모듈과 동일하게 사용 가능합니다.

2 홀센서

❶ 준비물

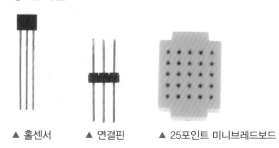

▲ 홀센서   ▲ 연결핀   ▲ 25포인트 미니브레드보드

❷ 회로 구성

다음의 그림과 같이 회로를 구성합니다.

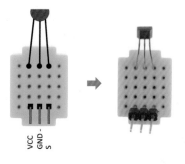

❸ 코드 수정

모듈과 동일하게 사용 가능합니다.

감지기 만들기 : 인체/거리/소리

주변의 작은 움직임이나 소리는 쉽게 알기 어렵습니다. 동그란 공이 소리 없이 다가오거나 옆방에서 조용조용 얘기하면 그걸 알기는 매우 어렵습니다. 사람이 들을 수 없는 작은 움직임이나 소리를 센서는 알 수 있습니다. 다양한 움직임을 알아 챌 수 있는 센서를 이용해 작은 감지가 필요한 모든 곳에 응용해 봅시다.

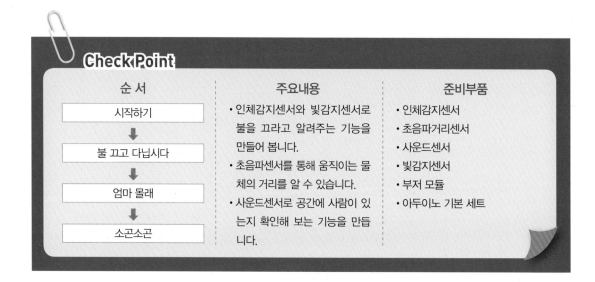

CheckPoint

순 서	주요내용	준비부품
시작하기 ↓ 불 끄고 다닙시다 ↓ 엄마 몰래 ↓ 소곤소곤	• 인체감지센서와 빛감지센서로 불을 끄라고 알려주는 기능을 만들어 봅니다. • 초음파센서를 통해 움직이는 물체의 거리를 알 수 있습니다. • 사운드센서로 공간에 사람이 있는지 확인해 보는 기능을 만듭니다.	• 인체감지센서 • 초음파거리센서 • 사운드센서 • 빛감지센서 • 부저 모듈 • 아두이노 기본 세트

01 시작하기

다음의 부품이 필요합니다.

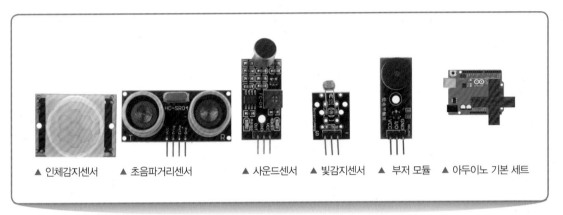

▲ 인체감지센서　　▲ 초음파거리센서　　　▲ 사운드센서　　▲ 빛감지센서　　▲ 부저 모듈　　▲ 아두이노 기본 세트

1 인체감지센서

인체감지센서는 PIR 센서라고도 합니다. 영어로 'Passive infrared sensor'라고 합니다. 사람의 체온은 36.5도입니다. 이 체온을 감지하는 센서입니다.

이 센서는 사람과 애완동물을 구분하지 못합니다. 사람과 강아지 모두 동일하게 감지됩니다.

2 초음파거리센서

초음파는 "초"와 "음파"가 합쳐진 것입니다. "초"는 어떤 수준을 초월하였다는 의미입니다. "음파"는 소리를 말합니다. 소리가 공기를 통해 전달하는 과정을 '음파'라고 합니다. '초음파'는 우리가 듣는 수준이상으로 소리를 내고 이것을 이용하는 것입니다. 영어로는 'Ultrasonic'이라고 합니다.

멀리 떨어진 사람과 큰 소리로 대화를 하는 경우를 생각해 봅니다. 상대방과 거리가 떨어질수록 소리가 늦게 들릴 것입니다. 소리는 1초에 340미터를 갑니다. 상대방의 말이 3초 뒤에 들린다면 약 1Km 정도 떨어진 것입니다. 비오는 날 번개가 친 후 천둥소리가 나는 시간을 계산하면 얼마나 먼 곳에서 번개가 생긴 것인지 알 수 있습니다. 우리가 산에 올라가 "야호"하고 소리를 지르면 다시 멀리서 "야호"하고 메아리가 들립니다. 먼 산에서 튕겨져 나오는 소리가 메아리입니다. 그 시간을 계산한다면 그 산과 얼마나 떨어진 것인지 계산할 수 있습니다.

초음파거리센서는 보통 4미터 정도까지 인식을 합니다.

❸ 사운드센서

사운드센서는 소리를 감지하는 센서입니다. 우리가 마이크에 대고 말을 하면 스피커를 통해서 소리를 들을 수 있습니다. 작게 얘기하면 작게 들리고 크게 얘기하면 크게 들립니다. 그런 마이크가 달린 센서가 사운드센서입니다.

사운드센서는 다양한 마이크(MIC) 부품을 이용해 만들 수 있습니다. 아주 작은 소리를 감지하는 것부터 아주 큰소리만 감지하는 다양한 형태가 있습니다.

- 빛감지센서는 'Chapter 05. 움직이는 빛과 저항'을 참조하세요.
- 부저는 'Chapter 06. 멜로디를 만들자'를 참조하세요.

02 불 끄고 다닙시다

방안에 불이 켜져 있다는 것을 알려주면 매우 편리할 것입니다. 그런데 사람이 있을 때는 굳이 알려주지 않아도 됩니다. 방안에 아무도 없고 불이 켜져 있는 상태에서 끄라고 알려주면 매우 편리할 것입니다. 사람이 있는지 여부를 인체감지센서를 통해 확인할 수 있습니다. 이를 통해 사람이 없는 방에 불을 끄라고 알려주는 기능을 만들어 보겠습니다.

1 인체감지센서 연결하기

아두이노와 연결하는 인체감지센서는 다음과 같이 3개의 핀으로 구성되어 있습니다.

맨 왼쪽의 GND는 보드의 GND에 연결합니다. DO는 Data Out의 약자로 사용할 데이터가 여기로 나옵니다. DO를 디지털 10번에 연결합니다. 5V는 보드의 5V 핀에 연결합니다. 인체감지센서는 전원을 많이 사용하므로 5V의 전원이 필요합니다.

아두이노와 센서를 연결하기 위해 다음과 같이 3가지 경우가 가능합니다. 여러분이 가진 아두이노에 맞게 이 중 1가지 방법으로 연결하도록 합니다. 어느 방법으로 연결하던 결과는 동일합니다. VCC는 3.3V 전원에 연결합니다. GND는 아두이노의 GND에 연결합니다. 부저의 I/O는 부저 모듈에 데이터를 보내는 핀입니다. 이를 9번에 연결합니다. 빛감지센서의 GND와 VCC는 아두이노의 GND와 3.3V에 연결합니다. 나머지 핀을 아날로그 A0번에 연결합니다.

❶ 아두이노 + 브레드보드

아두이노와 브레드보드를 연결하여 사용하는 경우에는 다음과 같이 연결합니다.

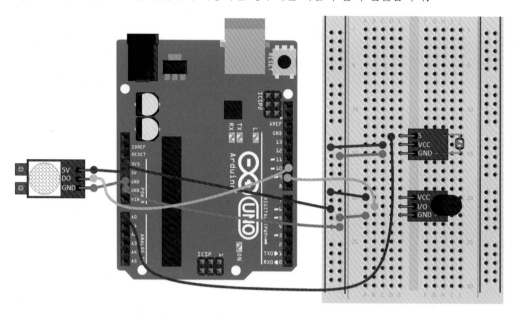

❷ 아두이노 + 브레드쉴드

아두이노 위에 얹어서 브레드쉴드를 사용하는 경우에
는 다음과 같이 연결합니다.

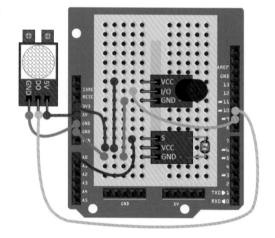

❸ 아두이노 나노 + 브레드보드

소형 아두이노인 아두이노 나노를 이용할 경우 브레드보
드에 끼운 후 다음과 같이 연결하여 사용합니다.

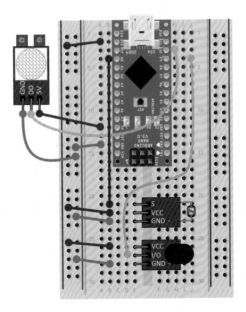

② 감지코드 코드 작성하기

코드를 작성합니다

컴퓨터의 ⊞ 버튼을 눌러 ∞를 선택합니다. 메뉴의 [파일]-[새 파일]을 선택합니다. 자동 생성된 코드를
다음과 같이 수정합니다.

📂 예제 폴더 Exam0801

```
void setup()
{
  pinMode(10, INPUT);                  인체감지센서가 연결된 10번입니다.
}


void loop()
{
  bool m = digitalRead(10);            사람이 감지되었는지 값을 가져옵니다.
  int  c = analogRead(A0);             빛의 양이 얼마인지 값을 가져옵니다.

  if(m == false && c < 500)            사람이 없고, 빛이 밝은 상태인지를 확인합니다.
  {
    tone(9, 232);                      "도" 음이 1초 간격으로 납니다.
    delay(1000);
    noTone(9);
  }
}
```

setup( )에서 'pinMode(10, INPUT)'를 한 것은 인체감지센서가 10번에 연결되었기 때문에 반드시 작성해야 합니다. 이렇게 하면 "bool m = digitalRead(10);"을 통해 사람이 있는지 알 수 있습니다. man의 값이 true이면 사람이 있는 것이고, false이면 사람이 없는 것입니다. 빛감지센서와 연결된 C의 값이 500보다 작으면 조명 정도의 빛이 있다는 의미입니다.

작동시켜 봅니다

코드를 작성한 스케치로 프로그램을 실행시켜 봅니다. 아두이노에 프로그램을 업로드해야 합니다. 그림과 같은 업로드 아이콘을 클릭해서 아두이노로 전송합니다.

여기까지 했다면 아두이노가 작동을 시작합니다. 아두이노 근처에 있다면 아무런 반응이 일어나지 않습니다. 여러분이 자리에서 벗어나면 다음의 그림과 같은 과정으로 진행이 가능합니다.

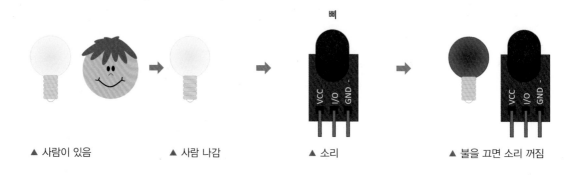

▲ 사람이 있음   ▲ 사람 나감   ▲ 소리   ▲ 불을 끄면 소리 꺼짐

사람이 있는 동안에는 아무런 반응이 없습니다. 그러다 나가면 갑자기 "삐~"하고 부저가 소리를 내게 됩니다. 인체감지센서가 여러분이 방안에 없는 것을 확인하기 때문에 작동이 되는 것입니다. 이 상태에서 불을 모두 끄면 부저 소리는 멈추게 됩니다. 빛감지센서가 빛이 꺼진 것을 확인해서 멈추는 것입니다.

불을 끄지 않고 방으로 들어 올 수도 있습니다.

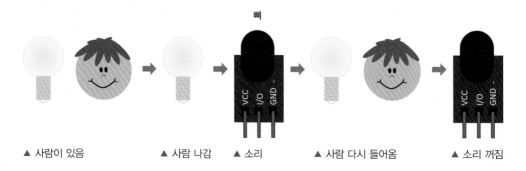

▲ 사람이 있음   ▲ 사람 나감   ▲ 소리   ▲ 사람 다시 들어옴   ▲ 소리 꺼짐

불을 끄지 않고 방에 들어오면 부저 소리는 멈추게 됩니다. 그것은 인체감지센서가 여러분이 들어 온 것을 확인했기 때문에 멈추는 것입니다. 불을 끄는 것은 상관이 없습니다. 사람이 있다면 불은 끄지 않아도 됩니다.

방안에 불이 꺼져 있다면 여러분이 방안에 있든지 없던지 부저는 울리지 않습니다.

3 정교하게 작동시켜 보기

앞의 코드를 작동시켜 보면 매끄럽게 작동하지 않는 것을 알 수 있습니다. 방안에서 조금 움직여도 부저 소리가 잠깐 나는 경우가 간간히 발생합니다. 방안에서 잠시만 자리를 비워도 부저가 울리는 등 불편할 수 있어 다음과 같이 코드를 작성해 봅니다.

📁 예제 폴더 Exam0802

```
void setup()
{
  pinMode(10, INPUT);          인체감지센서가 연결된 10번입니다.
}

unsigned long old = 0;          old에 시간을 기록해 둡니다.

void loop()
{
  bool m = digitalRead(10);     사람이 감지되었는지 값을 가져옵니다.
  int c  = analogRead(A0);      빛의 양이 얼마인지 값을 가져옵니다.

  if(m == true)                 사람이 근처에 있으면 old에 현재시간을 기록합니다.
  {
    old = millis();             millis()는 아두이노를 켠 이후 지나간 시간입니다.
  }

  unsigned long temp = millis() - old;
                                temp에는 마지막으로 사람이 감지 이후 지나간 시간이 계산되어 기록됩니다.
  if(temp > (10*1000) && c < 500)   불이 켜진 상태로 10초 이상 사람이 없었는지를 확인합니다.
  {
    tone(9, 232);               "도" 음이 1초 동안 납니다.
    delay(1000);
    noTone(9);
  }
}
```

millis( )는 아두이노가 켜진 이후로 지나간 시간을 말합니다. millis( )가 5000이라는 값을 알려주었다면 이것은 아두이노가 켜진지 5초가 되었다는 의미입니다. 1000이 1초이므로 5000은 5초가 됩니다. old에는 인체감지가 된 경우 millis( )의 값을 기록해 둡니다. 이것은 마지막으로 인체감지가 된 시간을 의미하는 것입니다. 여러분이 인체감지센서에서 떨어진다면 old의 시간은 변경되지 않을 것입니다. temp에는 인체감지가 되지 않은 시간이 기록됩니다. 그것이 10초를 초과하고 불이 켜진 상태면 부저로 알람을 주게 됩니다.

• 인체감지센서 조절 방법

인체감지센서가 제대로 작동 안하거나, 작동이 부자연스러운 경우 센서를 조절해야 합니다. 조절하지 않으면 바로 앞에 있어야만 인식하는 경우도 발생하고, 신호시간이 너무 길어 작동이 한참 뒤에 되는 경우도 있습니다. 다음 그림과 같이 인체감지센서 뒷면에 보면 조절할 수 있는 곳이 두 군데 있습니다.

신호시간   감지거리

첫 번째 칸은 신호가 유지되는 시간입니다. 사람이 움직이기 때문에 간혹 잘못 동작할 수 있습니다. 그런 경우를 대비해 일정 시간동안은 작동되는 것으로 하고 신호를 일정하게 유지해 주는 것입니다. 유지시간이 길어지면 빠르게 작동되지는 않을 수 있지만 비교적 정확하게 작동이 됩니다.

두 번째 칸은 감지거리입니다. 가까운 거리인 경우만 작동하게 할 수도 있고, 멀리 있어도 작동이 되도록 조절할 수 있습니다.

증가   감소

스크류 드라이버

흔히 드라이버라고 부르는 스크류드라이버의 +모양을 이용해서 조절할 수 있습니다. 시계방향으로 돌리면 지정하는 값이 증가합니다. 신호시간이 길어지거나 감지거리가 길어지게 됩니다. 시계 반대방향으로 돌리면 지정하는 값이 감소합니다. 신호시간이 짧아지거나 감지거리가 짧아지게 됩니다.

인체감지센서는 주변에 사람이 있으면 알려주는 편리한 기능을 합니다. 하지만 가까이 오는지 멀리서 오는지는 알수가 없습니다. 얼마나 떨어져 있는지 알 수 있다면 보여주고 싶지 않은 것을 감출 시간은 벌 수 있을 것 같군요. 이렇게 누군가 방에 가까이 온다면 그걸 알려주어 도움이 되는 경우가 많을 것입니다. 엄마 몰래 뭔가를 하고 싶은데 불안하다면 만들어 봅시다.

1 초음파거리센서 연결하기

거리를 알려주는 초음파센서는 연결하는 핀이 여러 개 있습니다. 총 4개의 핀으로 구성되어 있습니다.

맨 왼쪽의 VCC는 아두이노의 5V에 연결합니다. Trig와 Echo는 각각 디지털 12번, 디지털 13번에 연결합니다. GND는 보드의 GND에 연결합니다. 아두이노와 센서를 연결하기 위해 다음과 같이 3가지 경우가 가능합니다. 여러분이 가진 아두이노에 맞게 이 중 1가지 방법으로 연결하도록 합니다. 어느 방법으로 연결하던 결과는 동일합니다. 부저 모듈의 VCC는 3.3V 전원에 연결합니다. GND는 아두이노의 GND에 연결합니다. 부저의 I/O는 부저 모듈에 데이터를 보내는 핀입니다. 이를 디지털 9번에 연결합니다.

❶ 아두이노 + 브레드보드

아두이노와 브레드보드를 연결하여 사용하는 경우에는 다음과 같이 연결합니다.

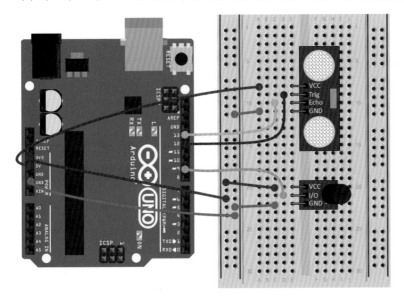

❷ 아두이노 + 브레드쉴드

아두이노 위에 얹어서 브레드쉴드를 사용하는 경우에는 다음과
같이 연결합니다.

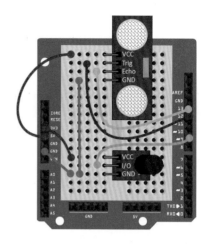

❸ 아두이노 나노 + 브레드보드

소형 아두이노인 아두이노 나노를 이용할 경우 브레드보드에 끼운
후 다음과 같이 연결하여 사용합니다.

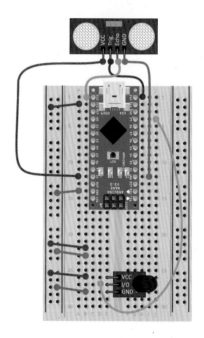

2 거리인식코드 작성하기

코드를 작성합니다

컴퓨터의 ⊞ 버튼을 눌러 ∞를 선택합니다. 메뉴의 [파일]-[새 파일]을 선택합니다. 자동 생성된 코드를
다음과 같이 수정합니다.

```
int trig = 12;                          음파를 보낼 핀을 지정합니다.
int echo = 13;                          음파를 받을 핀을 지정합니다.

void setup()
{
  pinMode(trig, OUTPUT);
  pinMode(echo, INPUT);
}

void loop()
{
  digitalWrite(trig, LOW);              음파 보내기를 중지합니다.
  delayMicroseconds(2);

  digitalWrite(trig, HIGH);             음파를 보냅니다.
  delayMicroseconds(10);

  digitalWrite(echo, LOW);              결과 받을 핀을 LOW로 지정합니다.

  long duration = pulseIn(echo, HIGH);  결과가 올 때까지 기다립니다.

  int dist = duration / 29 / 2;         결과를 거리환산합니다. 센치미터로 바꿉니다.

  if(dist < 100)                        거리가 100cm 보다 작으면 소리를 냅니다.
  {
    tone(9,232);
    delay(1000);
    noTone(9);
  }

  delay(100);
}
```

초음파센서는 소리인 음파를 보내 되돌아오는 시간을 계산하여 거리를 알려주는 센서입니다. pulseIn
에서 지정한 HIGH값이 올 때까지 기다리다가 값이 들어오면 그 간격을 duration에 기록해 줍니다.
duration을 계산하면 센치미터로 값이 만들어 집니다. 100센치미터는 1미터입니다. 1미터 이내에 물체가
오면 부저음이 나오게 됩니다.

작동시켜 봅니다

코드를 작성한 스케치로 프로그램을 실행시켜 봅니다. 아두이노에 프로그램을 업로드해야 합 니다. 그림과 같은 업로드 아이콘을 클릭해서 아두이노로 전송합니다.

이 상태에서 여러분이 만든 프로그램이 동작하는 것을 확인해 봅니다. 초음파센서에 가까이 가서 1미터 이내에 접근하면 부저음이 들릴 것입니다. 이것은 음파를 보내고 되돌아온 시간을 계산하여 1미터 이내 라는 계산이 나온 것입니다.

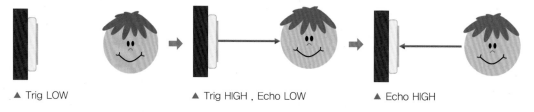

▲ Trig LOW   ▲ Trig HIGH , Echo LOW   ▲ Echo HIGH

음파를 보내는 Trig를 LOW로 하여 보내기를 중지합니다. Trig를 HIGH로 하여 음파를 보냅니다. Echo 를 LOW로 비워둔 후 HIGH가 되는 시간을 가져옵니다.

음파를 보낸 후 되돌아오는 시간이 곧 거리가 되는 것입니다. 가까운 거리는 보낸 신호가 빨리 도달합니 다. 거리가 멀수록 그 시간이 길어지죠. 예를 들어 50미터를 2번 다녀 온 것과 100미터를 1번 다녀 온 것 은 이동한 거리가 같습니다. 그러면 50미터는 100미터보다 2배는 가까이에 있는 것입니다. 초음파는 사 람이 아닌 음파라는 소리가 다녀온 것만 다를 뿐입니다.

04 소곤소곤

우리가 듣는 소리는 아주 작은 소리부터 큰 소리까지 다양합니다. 작은 소리는 주변의 다른 소리 없이 조용해야 들리고 큰 소리는 귀가 아플 정도로 크게 들립니다. 이러한 소리도 높낮이가 있기 때문에 센서를 통해 그 정도를 알수 있으며, 소리를 통해 사람이 있는지 감지해 볼 수 있습니다. 소곤소곤 무슨 얘기를 하는지 알 수 있도록 만들어봅니다.

1 사운드센서 연결하기

소리를 들려주는 센서는 의외로 간단합니다. 마이크 기능을 하는 소형부품을 연결하여 구성합니다. OUT은 사운드가 일정수준 이상되면 신호가 나옵니다. GND는 아두이노의 GND에 연결합니다. VCC는 전원을 의미합니다. 아두이노의 3.3V에 연결합니다. 사운드센서의 VCC는 5V를 사용해도 됩니다. 사운드센서의 OUT은 아두이노의 디지털 6번에 연결합니다.

아두이노와 센서를 연결하기 위해 다음과 같이 3가지 경우가 가능합니다. 여러분이 가진 아두이노에 맞게 이 중 1가지 방법으로 연결하도록 합니다. 어느 방법으로 연결하던 결과는 동일합니다. LED의 긴 다리는 디지털 11번에 연결합니다.

❶ 아두이노 + 브레드보드

아두이노와 브레드보드를 연결하여 사용하는 경우에는 다음과 같이 연결합니다.

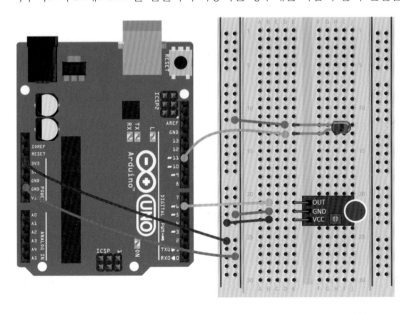

❷ 아두이노 + 브레드쉴드

아두이노 위에 얹어서 브레드쉴드를 사용하는 경우에는 다음과 같
이 연결합니다.

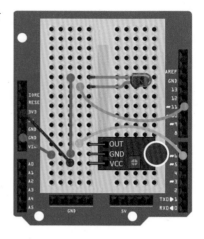

❸ 아두이노 나노 + 브레드보드

소형 아두이노인 아두이노 나노를 이용할 경우 브레드보드에 끼
운 후 다음과 같이 연결하여 사용합니다.

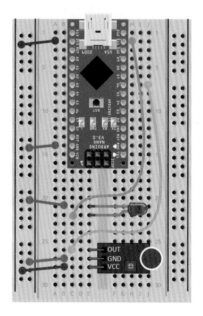

2 소리확인코드 작성하기

코드를 작성합니다

컴퓨터의 ▦ 버튼을 눌러 ∞를 선택합니다. 메뉴의 [파일]-[새 파일]을 선택합니다. 자동 생성된 코드를
다음과 같이 수정합니다.

```
void setup()
{
  pinMode(6, INPUT);          사운드센서의 OUT과 연결된 6번입니다.
}


void loop()
{
  bool S = digitalRead(6);    사운드센서의 OUT과 연결된 데이터를 가져옵니다.

  if(S == false)              소리가 감지된 경우입니다.
  {
    analogWrite(11, 255);     소리가 감지되면 LED를 켭니다.
  }
  else
  {
    analogWrite(11, 0);
  }
  delay(100);
}
```

사운드센서가 소리를 감지하면 false의 값을 반환합니다. 숫자로는 0입니다. 이런 경우 LED에 불을 켜
줍니다.

작동시켜 봅니다

코드를 작성한 스케치로 프로그램을 실행시켜 봅니다. 아두이노에 프로그램을 업로드해야 합
니다. 그림과 같은 업로드 아이콘을 클릭해서 아두이노로 전송합니다.

사운드센서에 소리를 발생시켜보면 연결된 LED에 불이 켜지는 것을 확인할 수 있습니다. 사운드센서의
선을 수미터 연장해도 동일한 결과를 얻을 수 있습니다. 결과가 정확하지 않으면 사운드센서의 VCC를
5V에 연결합니다. 다음과 같이 25포인트 미니브레드보드를 활용하면 편리합니다.

액체 다루기 : 물

물과 관련한 다양한 센서가 있습니다. 비 오는 것을 알 수도 있고, 물이 차거나 부족한 것을 알 수 있습니다. 비나 눈이 오기 시작하면 그 순간에 알람을 주거나 할 수 있습니다. 욕조에 물이 차거나 물고기 어항에 물이 부족해지면 경보를 할 수 있습니다. 이러한 기능은 다양한 물 관련 센서로 경험해 볼 수 있습니다.

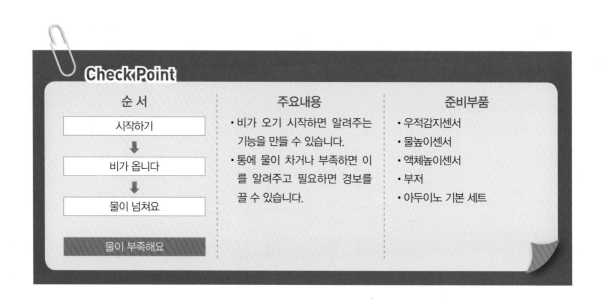

CheckPoint

순 서	주요내용	준비부품
시작하기	• 비가 오기 시작하면 알려주는 기능을 만들 수 있습니다.	• 우적감지센서
↓	• 통에 물이 차거나 부족하면 이를 알려주고 필요하면 경보를 끌 수 있습니다.	• 물높이센서
비가 옵니다		• 액체높이센서
↓		• 부저
물이 넘쳐요		• 아두이노 기본 세트
물이 부족해요		

다음의 부품이 필요합니다.

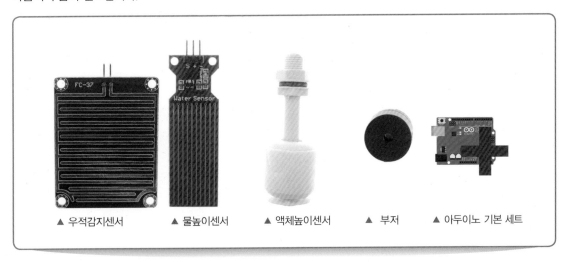

▲ 우적감지센서　　　▲ 물높이센서　　　▲ 액체높이센서　　　▲ 부저　　　▲ 아두이노 기본 세트

1 우적감지센서

우적감지센서는 영어로 'Rain Drop Sensor'라고 합니다. 말 그대로 비가 떨어지는 것을 알려주는 센서입니다. 비뿐 아니라 눈이 내리는 것도 알 수 있습니다. 이 센서는 별다른 부품이 없어 비에 노출이 되어도 파손의 위험이 적습니다. 물이 닿으면 연결되는 전기적인 값이 변동되는 원리를 이용해 비가 닿았는지 확인하는 센서입니다.

물이 닿은 경우 마르기 전까지는 계속 비가 오는 것으로 인식합니다. 그래서 비스듬히 기울여 놓으면 물이 바로바로 흘러내려 정확한 값을 얻을 수 있습니다.

2 물높이센서

물높이센서는 영어로 'Water Level Sensor'라고 합니다. 물이 닿으면 이를 알려줍니다. 물의 높이를 알아야 할 경우에도 사용합니다. 모듈의 형태로 만들어져 있어 물에 잠기면 고장이 날 수 있습니다. 전체적인 기능은 우적감지센서와 유사하지만, 이것은 물의 높이도 알 수 있다는 점이 다릅니다.

3 액체높이센서

액체높이센서는 영어로 'Liquid Water Level Sensor'라고 합니다. 기능적으로는 "물높이센서"와 동일합니다. 차이가 있다면 액체높이센서는 물속에 깊이 넣어두고 사용한다는 점입니다. 그래서 고장이 적고 사용이 간편해서 일반적으로도 사용합니다.

02 비가 옵니다

비가 오는 것은 눈에 보일만큼 많이 와야 알 수 있습니다. 한 방울, 두 방울 떨어진 빗물로는 알아채기 힘들 것입니다. 작은 물방울 하나에도 바로 비가 오는지 알 수 있다면 여러 가지로 도움이 될 것입니다. 눈이 오는 것도 알 수 있다면 편리할 것입니다. 비나 눈이 오는 것을 알 수 있는 센서가 우적감지센서입니다. 우적감지센서를 어떻게 사용하는지 알아보겠습니다.

1 우적감지센서 연결하기 (비/눈 감지센서)

아두이노와 연결하는 우적감지센서는 2개의 핀으로 구성되어 있습니다.

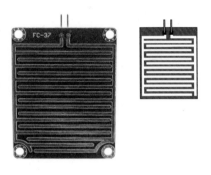

우적감지센서는 아날로그 A3번과 GND에 각각 연결합니다. 아두이노와 센서를 연결하기 위해 다음과 같이 3가지 경우가 가능합니다. 여러분이 가진 아두이노에 맞게 이 중 1가지 방법으로 연결하도록 합니다. 어느 방법으로 연결하던 결과는 동일합니다. 이 장에서는 부저 모듈이 아닌 부저를 사용합니다. 부저의 +부분을 디지털 9번에 연결하고 나머지는 GND로 연결합니다. 버튼의 한쪽은 디지털 7번에 연결하고 나머지 하나는 GND에 연결합니다.

❶ 아두이노 + 브레드보드
아두이노와 브레드보드를 연결하여 사용하는 경우에는 다음과 같이 연결합니다.

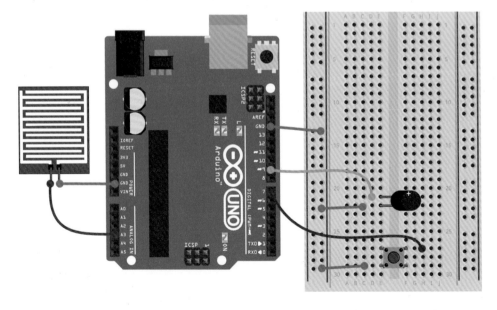

❷ 아두이노 + 브레드쉴드

아두이노 위에 얹어서 브레드쉴드를 사용하는
경우에는 다음과 같이 연결합니다.

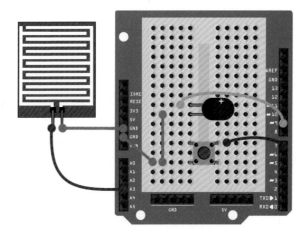

❸ 아두이노 나노 + 브레드보드

소형 아두이노인 아두이노 나노를 이용할 경우
브레드보드에 끼운 후 다음과 같이 연결하여
사용합니다.

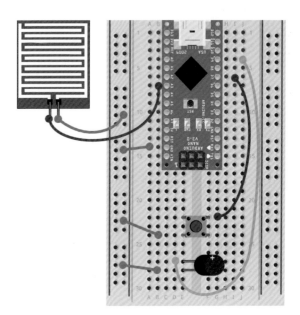

2 비가 내리는지 확인하는 코드 작성하기

코드를 작성합니다

컴퓨터의 ▦ 버튼을 눌러 ∞를 선택합니다. 메뉴의 [파일]-[새 파일]을 선택합니다. 자동 생성된 코드를 다음과 같이 수정합니다.

📁 예제 폴더 Exam0901

```
void setup()
{
    pinMode(7, INPUT_PULLUP);          ◁ 버튼을 연결한 7번입니다.
}


bool flag = true;                      ◁ flag가 true이면 부저 소리를 내도록 합니다.


void loop()
{
  int  rain   = analogRead(A3);        ◁ 우적감지센서로부터 값을 가져옵니다.
  bool button = digitalRead(7);        ◁ 버튼의 상태를 가져옵니다.

  if(rain < 10 && flag == true)        ◁ 물이 닿았고, 부저 소리를 내도 되는 경우입니다.
  {
    if(button == false) flag = false;
          ◁ 버튼을 누른 경우, 다시는 부저가 울리지 않도록 flag를 false로 바꿉니다. 다시는 부저가 눌리지 않습니다.
    tone(9, 262);
    delay(100);
    noTone(9);
  }
  delay(100);
}
```

버튼을 간단히 사용하기 위해 pinMode( )를 INPUT_PULLUP로 지정합니다. button은 버튼이 눌린 것을 알 수 있습니다. button은 항상 true로 있다가 누르면 false가 됩니다. 아날로그 A3번은 우적감지센서가 연결되어 있습니다. rain에는 우적감지센서로부터 전달된 값이 들어 있습니다. 물이 닿으면 0에 가까운 값을 갖게 됩니다. 10보다 작으면 물이 닿은 것입니다. flag가 false가 되면 부저는 소리를 내지 않습니다.

작동시켜 봅니다

코드를 작성한 스케치로 프로그램을 실행시켜 봅니다. 아두이노에 프로그램을 업로드해야 합
니다. 그림과 같은 업로드 아이콘을 클릭해서 아두이노로 전송합니다.

여기까지 했다면 아두이노가 작동을 시작합니다. 보기에는 아무 일도 일어나지 않습니다. 우적감지센서
에 물을 살짝 묻혀 봅니다. 그러면 순식간에 부저음이 납니다. 물을 깨끗이 닦아내면 소리는 나지 않습니
다. 우적감지센서에 물이 묻어 소리가 날 때 버튼을 누릅니다. 그러면 소리는 나지 않습니다.

▲ 물 없음   ▲ 물 묻음   ▲ 부저 소리   ▲ 버튼 누름   ▲ 물 묻어도 소리 없음

아두이노를 리셋(RESET:다시 시작 버튼)하면 처음부터 다시 시작하므로 물이 닿으면 소리가 납니다.

03 물이 넘쳐요

목욕욕조에 물을 받거나 조그만 수영욕조에 물을 채울 때 계속 보고 있지 않으면 물이 넘치는 것을 알 수가 없습니다. 물이 넘치기 전에 자동으로 알려주는 기능을 만들어 보면 쓸모가 있을 것입니다. 간단하게 만들어 보겠습니다.

1 물높이센서 연결하기

물높이를 알려주는 물높이센서는 모듈 형태로 만들어져 있습니다. 우적감지센서와는 다르게 모듈 형태로 만들어져 있고 부품이 연결되어 있어 물속에 넣으면 절대 안 됩니다.

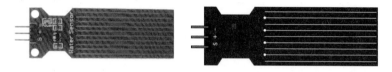

물높이센서는 모듈의 형태이기 때문에 전원이 필요합니다. +는 VCC를 말하는 것으로 5V에 연결합니다. −는 GND에 연결합니다. S는 데이터가 나오는 핀입니다. 이 핀을 아두이노의 아날로그 A2번에 연결합니다.

아두이노와 센서를 연결하기 위해 다음과 같이 3가지 경우가 가능합니다. 여러분이 가진 아두이노에 맞게 이 중 1가지 방법으로 연결하도록 합니다. 어느 방법으로 연결하던 결과는 동일합니다. 부저는 부저 모듈이 아닌 부저 부품을 사용합니다. 부저의 +부분을 디지털 9번에 연결하고 나머지는 GND로 연결합니다. 버튼의 한쪽은 디지털 7번에 연결하고 나머지하나는 GND에 연결합니다.

❶ 아두이노 + 브레드보드

아두이노와 브레드보드를 연결하여 사용하는 경우에는 다음과 같이 연결합니다.

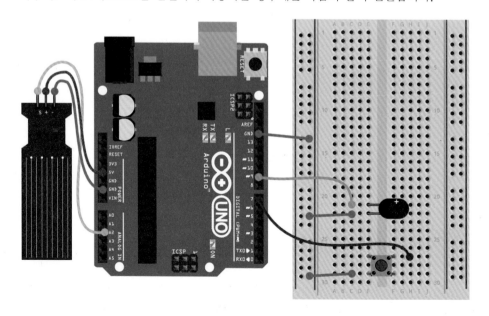

❷ 아두이노 + 브레드쉴드

아두이노 위에 얹어서 브레드쉴드를 사용하는 경우
에는 다음과 같이 연결합니다.

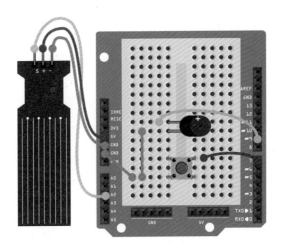

❸ 아두이노 나노 + 브레드보드

소형 아두이노인 아두이노 나노를 이용할 경우 브레
드보드에 끼운 후 다음과 같이 연결하여 사용합니다.

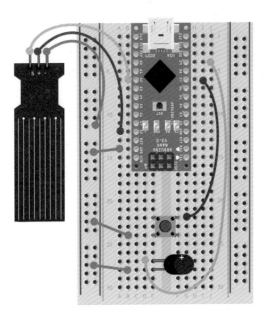

2 물높이 코드 작성하기

코드를 작성합니다

컴퓨터의 ⊞ 버튼을 눌러 ∞를 선택합니다. 메뉴의 [파일]-[새 파일]을 선택합니다. 자동 생성된 코드를
다음과 같이 수정합니다.

```
void setup()
{
    pinMode(7,  INPUT_PULLUP);        // 버튼을 연결한 7번입니다.
    pinMode(A2, INPUT_PULLUP);        // 물높이센서가 A2번에 연결됩니다.
}

bool flag = true;                     // flag가 true이면 부저 소리를 내도록 합니다.

void loop()
{
  bool water  = digitalRead(A2);      // 물높이센서로부터 값을 가져옵니다.
  bool button = digitalRead(7);       // 버튼의 상태를 가져옵니다.

  if(button == false)                 // 버튼을 누른 경우 이 부분 안으로 들어갑니다.
  {
    if(flag == true)                  // 물이 닿을 때 부저 소리를 내도록 설정된 경우입니다.
    {
      flag = false;                   // 물이 닿을 때 부저 소리를 안나게 합니다.
      tone(9, 262); delay(500);       // 바뀐 상태를 알리기 위해 "도미솔" 음이 나옵니다.
      tone(9, 330); delay(500);
      tone(9, 392); delay(500);
      noTone(9);
    }
    else                              // 이 부분은 물이 닿아도 부저 소리가 안 나는 경우입니다.
    {
      flag = true;                    // 물이 닿을 때 부저 소리를 내도록 설정합니다.
      tone(9, 523);                   // 바뀐 상태를 알리기 위해 소리를 냅니다.
      delay(1000);
      noTone(9);
    }
  }

  if(water == true && flag == true)   // water가 true이면 물이 닿은 경우입니다.
  {
    tone(9, 262);                     // 물이 닿은 경우 부저에서 "도" 음이 납니다.
    delay(100);
    noTone(9);
  }
  delay(100);
}
```

물이 물높이센서에 닿으면 부저에서 소리가 납니다. 버튼을 누르면 소리를 안 나게 할 수 있습니다. 다시 누르면 소리가 나도록 설정이 계속 바뀌는 기능이 됩니다. 버튼을 누르면 'button'은 false가 됩니다. 그러면 flag를 true나 false로 바꿔줍니다. 누를 때마다 flag의 값이 true에서 false로, false에서 true로 계속 바뀝니다.

작동시켜 봅니다

코드를 작성한 스케치로 프로그램을 실행시켜 봅니다. 아두이노에 프로그램을 업로드해야 합니다. 그림과 같은 업로드 아이콘을 클릭해서 아두이노로 전송합니다.

❶ 이 상태에서 여러분이 만든 프로그램이 동작하는 것을 확인해 봅니다. 물높이센서에 물을 닿게 하면 다음과 같은 순서로 작동이 됩니다.

▲ 물 없음　　▲ 물 닿음　　▲ 부저 소리　　▲ 버튼 누름　　▲ 물이 닿아도 소리 없음

❷ 버튼은 물이 닿았을 때 소리를 낼 것인지 아닌지를 선택하는 기능입니다. 다음의 순서는 소리가 안나는 경우입니다. 버튼을 누르면 "도미솔" 음이 나옵니다. 이 경우에는 물이 닿아도 소리가 나지 않습니다.

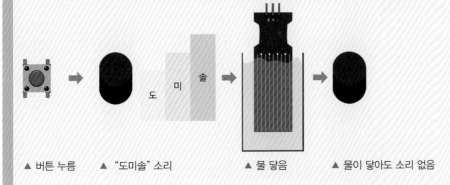

▲ 버튼 누름　　▲ "도미솔" 소리　　▲ 물 닿음　　▲ 물이 닿아도 소리 없음

❸ 다시 이전으로 정상 동작하게 하려면 버튼을 누릅니다. 버튼을 누를 때, 음이 다른 소리보다 약간 길게 나게 됩니다.

04 물이 부족해요

목욕욕조에 물을 받거나 조그만 수영욕조에 물을 채울 때 물이 넘치지 않게 하는 것은 물높이센서를 이용해 알 수 있습니다. 반대로 물이 부족해지는 경우도 발생할 수 있지만, 물높이센서로는 낮은 높이를 확인하기가 매우 어렵습니다. 액체높이센서를 이용해 물에 넣고 높이를 알 수 있도록 만들어 보도록 하겠습니다.

1 액체높이센서 연결하기

액체높이센서를 추가로 구성해서 사용합니다. 앞서 다룬 "물높이센서"의 구성에 액체높이센서를 추가하는 간단한 구성입니다. 액체높이센서의 한 쪽은 아날로그 A3번에 연결하고 나머지는 GND에 연결합니다.

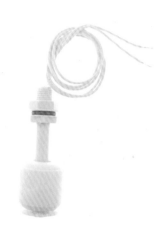

아두이노와 센서를 연결하기 위해 다음과 같이 3가지 경우가 가능합니다. 여러분이 가진 아두이노에 맞게 이 중 1가지 방법으로 연결하도록 합니다. 어느 방법으로 연결하던 결과는 동일합니다. 부저의 +부분을 디지털 9번에 연결하고 나머지는 GND로 연결합니다. 버튼의 한쪽은 디지털 7번에 연결하고 나머지 하나는 GND에 연결합니다. 물높이센서는 모듈의 형태이기 때문에 전원이 필요합니다. +는 VCC를 말하는 것으로 5V에 연결합니다. −는 GND에 연결합니다. S는 데이터가 나오는 핀입니다. 이 핀을 아두이노의 아날로그 A2번에 연결합니다.

❶ 아두이노 + 브레드보드

아두이노와 브레드보드를 연결하여 사용하는 경우에는 다음과 같이 연결합니다.

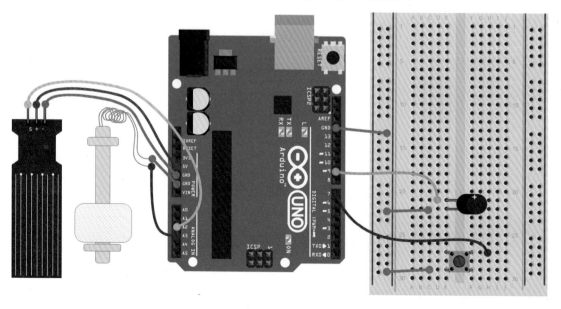

❷ 아두이노 + 브레드쉴드

아두이노 위에 얹어서 브레드쉴드를
사용하는 경우에는 다음과 같이 연결
합니다.

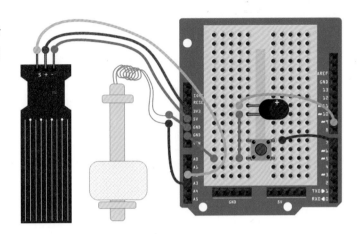

❸ 아두이노 나노 + 브레드보드

소형 아두이노인 아두이노 나노를 이용
할 경우 브레드보드에 끼운 후 다음과 같
이 연결하여 사용합니다.

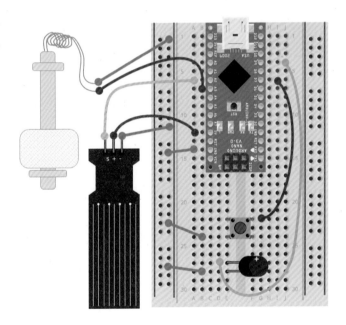

2 물높낮이 코드 작성하기

앞서 작성한 "물높이센서"의 코드를 약간 수정해서 확인이 가능합니다. 아래 코드에서 빨간색 글씨 부분이 "물높이센서"의 코드와 다른 부분입니다.

📁 예제 폴더 Exam0903

```
void setup()
{
    ...
    pinMode(A3, INPUT_PULLUP);          ◁ 액체높이센서를 연결합니다.
}

    ...


void loop()
{
  bool base = digitalRead(A3);          ◁ 액체높이센서의 상태를 가져옵니다.
    ...
    ...

  if(base == false && flag == true)     ◁ 액체높이센서가 내려가면 false가 됩니다.
  {
    tone(9, 330);
    delay(100);
    noTone(9);
  }

  delay(100);
}
```

앞서 작성한 "물높이센서"의 코드와 거의 동일합니다. 추가한 액체높이센서를 아날로그 A3번에 연결하면 base의 값으로 알 수 있습니다. 액체높이센서가 물속에 있으면 base는 true가 됩니다. 물이 모두 빠져서 물이 없어지면 base는 false가 됩니다.

작동시켜 봅니다

코드를 작성한 스케치로 프로그램을 실행시켜 봅니다. 아두이노에 프로그램을 업로드해야 합니다. 그림과 같은 업로드 아이콘을 클릭해서 아두이노로 전송합니다.

❶ 이 상태에서 여러분이 만든 프로그램이 동작하는 것을 확인해 봅니다. 액체높이센서가 물이 들어 있는 통에서 물이 빠지면 다음과 같은 순서로 작동이 됩니다.

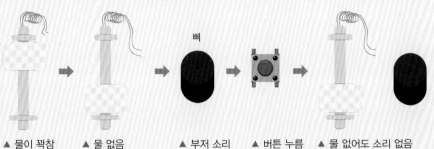

▲ 물이 꽉참　　▲ 물 없음　　　　▲ 부저 소리　　▲ 버튼 누름　　▲ 물 없어도 소리 없음

❷ 버튼은 물이 없어졌을 때 소리를 낼 것인지 아닌지를 선택하는 기능입니다. 다음의 순서는 소리가 안 나는 경우입니다. 버튼을 누르면 "도미솔" 음이 나옵니다. 이 경우에는 물이 없어도 소리가 나지 않습니다.

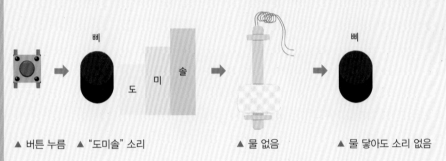

▲ 버튼 누름　▲ "도미솔" 소리　　　　▲ 물 없음　　　▲ 물 닿아도 소리 없음

❸ 다시 이전으로 정상 동작하게 하려면 다음의 순서와 같이 작동됩니다. 버튼을 누를 때, 음이 다를 때 소리보다 약간 길게 나게 됩니다.

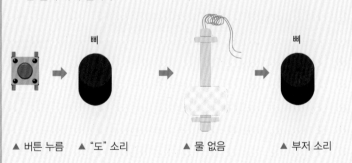

▲ 버튼 누름　▲ "도" 소리　　　▲ 물 없음　　　▲ 부저 소리

❹ 액체높이센서와 아두이노를 연결할 때 다음 그림과 같이 25포인트 미니브레드보드를 이용해 연결하면 간편하게 연결이 됩니다.

10

적외선 리모컨 : IR LED

TV를 켜고 끌 때 자주 사용하는 리모컨은 적외선의 원리를 이용한 것입니다. 눈에 보이지는 않지만 적외선 광선이 TV에 연결된 센서를 통해 전달되어 TV를 켤 수 있습니다. 적외선은 우리 생활에 자주 이용되고 종류도 다양합니다. 이러한 적외선의 기능을 아두이노에 적용해 볼 수 있습니다.

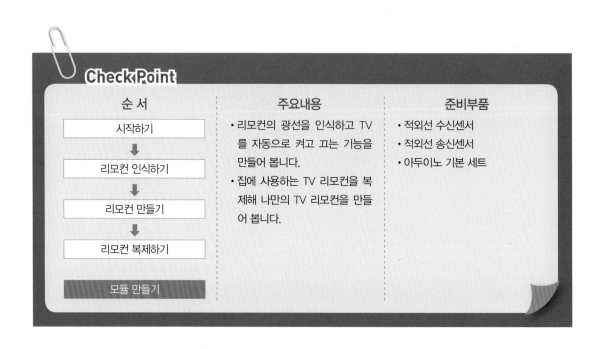

CheckPoint

순 서	주요내용	준비부품
시작하기	• 리모컨의 광선을 인식하고 TV를 자동으로 켜고 끄는 기능을 만들어 봅니다.	• 적외선 수신센서
↓		• 적외선 송신센서
리모컨 인식하기		• 아두이노 기본 세트
↓	• 집에 사용하는 TV 리모컨을 복제해 나만의 TV 리모컨을 만들어 봅니다.	
리모컨 만들기		
↓		
리모컨 복제하기		
모듈 만들기		

01 시작하기

다음의 부품이 필요합니다.

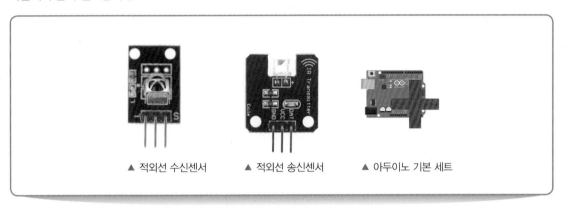

▲ 적외선 수신센서   ▲ 적외선 송신센서   ▲ 아두이노 기본 세트

1 적외선

우리가 눈에 보이는 색은 흔히 RGB(Red, Green, Blue의 약자)라 불리는 빨간색, 초록색, 파란색의 조합으로 표현할 수 있습니다. 이러한 빛 중 눈에 보이지 않는 빛이 있습니다. 그 대표적인 것이 자외선과 적외선입니다. 자외선은 영어로 'Ultraviolet rays'라고 불리며 줄여서 'UV'로 표현합니다. 적외선은 영어로 'Infrared rays'라고 불리며 줄여서 'IR'이라고 표현합니다. 자외선은 우리에게 나쁜 영향을 끼치지만 적외선은 지장이 없기 때문에 많이 사용합니다.

자외선 UV	적외선 IR

우리는 전등을 켜고 끄는 것을 눈으로 볼 수 있습니다. 적외선은 사람의 눈으로 직접 볼 수 없을 뿐이지 전등을 켜고 끄는 것을 볼 수 있는 것처럼 알 수 있습니다. 사람의 눈으로는 직접 볼 수 없기 때문에 센서를 이용해 확인해야 합니다.

그것이 적외선 수신센서와 적외선 송신센서입니다.

② 적외선 수신센서

우리가 자주 사용하는 TV의 하단에 빨간색 불이 켜져 있는 것을 알 수 있습니다. TV 리모컨을 누르면 그 불이 깜박이게 됩니다. 그 옆에 작은 검은색 부분이 적외선 수신센서입니다. 적외선은 눈에 보이지는 않지만 빛입니다. 우리가 빛을 다룰 때 CDS를 사용한 것을 기억합니다.

적외선도 빛이기 때문에 이 빛에 반응하는 부품이 있습니다. 그것으로 만든 것이 적외선 수신센서입니다.

③ 적외선 송신센서

우리가 자주 사용하는 TV의 앞부분을 보면 동그랗고 투명한 플라스틱이 튀어 나온 것을 볼 수 있습니다. 이것이 적외선 송신센서입니다. 적외선 송신센서는 IR LED라고도 불립니다. LED는 눈에 보이는 빛이지만, IR LED는 눈에 보이지 않는 빛이 나옵니다. 실제 연결해보면 아무런 반응이 없어 보이지만 적외선 카메라로 보면 분명 불빛이 나옵니다. 이 빛을 적외선 수신센서가 받아 처리하면 적외선으로 통신이 이루어지는 것입니다.

④ 라이브러리

라이브러리는 코드를 분리해 주고 필요할 때 가져다 쓰도록 하는 기능입니다. 매번 많은 코드를 작성한다면 힘들고 어려운 일입니다. 이것을 미리 만들어서 분리해 두고 필요할 때 간단하게 호출해서 쓴다면 매우 편리하고 간단할 것입니다. 긴 코드가 아닌 짧은 코드만으로 긴 코드와 동일하게 처리할 수 있습니다.

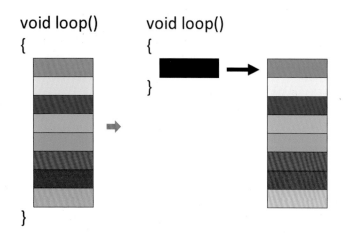

적외선을 사용하기 위해 많은 코드가 필요하므로 IRremote 라이브러리를 사용합니다. 이 라이브러리를 얻으려면 책의 앞부분에서 소개하는 사이트에 접속하여 파일을 다운로드합니다.

Arduino-IRremote-master.zip

이 파일에는 적외선 송신, 적외선 수신을 간편하게 할 수 있는 코드가 들어 있습니다. 이 압축 파일의 압축을 폴더에 해제한 후 다음의 경로에 추가해야 합니다.

C:\Program Files (x86)\Arduino\libraries

여러분이 설치한 PC에 따라 그 위치가 다를 수 있습니다. 설치된 Arduino의 속성창에 있는 "시작 위치"가 설치된 위치입니다.

해당 경로로 가면 [Arduino] 폴더 안에 [libraries]라는 폴더가 있습니다.

RobotIRremote라는 폴더가 그 폴더 안에 있습니다. 이 폴더를 삭제합니다. 이 파일은 사용하려는 IRremote 라이브러리와 중복되기 때문에 반드시 제거해야 합니다.

사용할 라이브러리는 다운로드받은 Arduino-IRremote-master.zip 파일 안에 있습니다. 이 파일을 압축해제한 후 다음의 그림과 같이 "C:₩Program Files (x86)₩Arduino₩libraries" 경로에 복사합니다.

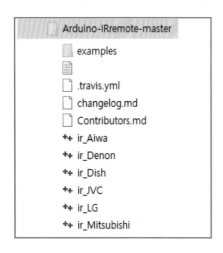

제대로 완료하였다면 샘플코드를 확인할 수 있습니다. 컴퓨터의 ⊞ 버튼을 눌러 ∞를 선택합니다. [파일]-[예제]에서 IRremote 예제를 만들 수 있는지 확인해 봅니다.

02 리모컨 인식하기

적외선 수신센서가 제대로 동작하는지 확인해 봅니다. 적외선 송신은 집에서 사용하는 TV 리모컨을 사용합니다. TV 리모컨을 눌렀을 때 데이터를 수신하는지를 확인해 볼 수 있습니다. TV 리모컨의 데이터가 잘 전달되는지를 직접 만들어 보도록 하겠습니다.

1 적외선 수신센서 연결하기

적외선 수신센서는 모듈의 형태로 사용해도 되고 부품상태 그대로 사용해도 큰 문제가 없습니다. 적외선 수신센서의 −부분은 아두이노의 GND에 연결하고 S는 디지털 4번에 연결합니다. 나머지 핀은 전원을 연결합니다.

아두이노와 센서를 연결하기 위해 다음과 같이 3가지 경우가 가능합니다. 여러분이 가진 아두이노에 맞게 이 중 1가지 방법으로 연결하도록 합니다. 어느 방법으로 연결하던 결과는 동일합니다.

❶ 아두이노 + 브레드보드
아두이노와 브레드보드를 연결하여 사용하는 경우에는 다음과 같이 연결합니다.

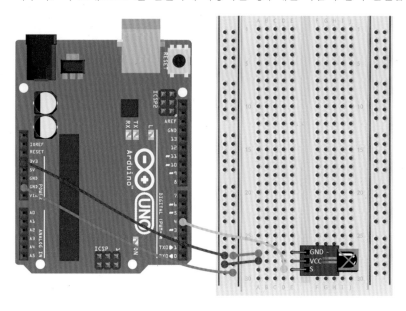

❷ 아두이노 + 브레드쉴드

아두이노 위에 얹어서 브레드쉴드를 사용하는 경우에는 다음과
같이 연결합니다.

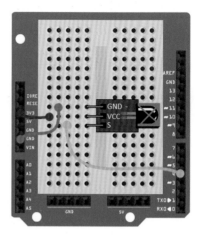

❸ 아두이노 나노 + 브레드보드

소형 아두이노인 아두이노 나노를 이용할 경우 브레드보드에 끼
운 후 다음과 같이 연결하여 사용합니다.

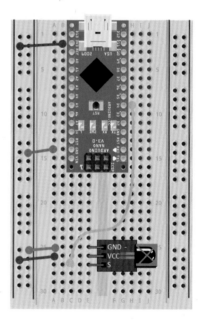

2 적외선 라이브러리 코드 작성하기

코드를 작성합니다

컴퓨터의 🔲 버튼을 눌러 ⬡를 선택합니다. 메뉴의 [파일]-[새 파일]을 선택합니다. 자동 생성된 코드를 다음과 같이 수정합니다.

📁 예제 폴더 Exam1001

```
#include <IRremote.h>                    적외선 라이브러리를 사용한다는 의미입니다.

IRrecv ir(4);                            적외선 수신 기능을 디지털 4번으로 연결합니다.

void setup()
{
  Serial.begin(9600);                    "시리얼 모니터"를 사용하기 위해 작성합니다.

  pinMode(13, OUTPUT);
  ir.enableIRIn();                       적외선 수신 기능을 시작합니다.
}

void loop()
{
  decode_results res;                    결과를 담을 res를 작성합니다.

  if (ir.decode(&res))                   적외선 수신 정보를 가져옵니다.
  {
    if (res.value != -1)                 -1이 아니면 적외선 수신이 된 것입니다.
    {
      unsigned long data = res.value;
      Serial.println(data);              "시리얼 모니터"로 수신한 값을 출력합니다.

      digitalWrite(13, HIGH);
      delay(1000);
      digitalWrite(13, LOW);
    }
    ir.resume();                         적외선 수신을 다시 처리합니다.
  }
}
```

ir은 IRrecv의 기능을 가지고 있습니다. 적외선 수신을 처리해줍니다. ir.decode(&res)를 통해 수신된 적외선 데이터를 가져옵니다. res.value의 값이 −1이라면 수신이 되지 않았거나 오류가 발생한 것입니다. res.value != −1 은 −1이 아니라는 의미입니다. 수신이 되면 아두이노의 LED가 깜박이게 됩니다.

작동시켜 봅니다

코드를 작성한 스케치로 프로그램을 실행시켜 봅니다. 아두이노에 프로그램을 업로드해야 합 니다. 그림과 같은 업로드 아이콘을 클릭해서 아두이노로 전송합니다.

여기까지 했다면 아두이노가 작동을 시작합니다. 적외선 수신센서를 향해 TV 리모컨을 누르면 아두이노의 LED가 깜박이게 됩니다.

다음과 같은 아두이노 개발 도구인 "스케치"의 "시리얼 모니터" 아이콘을 클릭합니다.

TV 리모컨을 누를 때마다 열린 시리얼 모니터 창에 숫자 값이 나타나는 것을 알 수 있습니다.

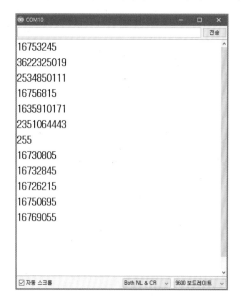

⑬ 리모컨 만들기

적외선 송신센서로 실제 TV 리모컨을 만들어 볼 수 있습니다. TV 종류에 맞게 기능을 설정해서 작동시킬 수 있습니다. 코드를 통해 TV 전원을 켜고 끄는 기능을 하는 적외선 송신센서를 활용해 보도록 합니다.

1 적외선 송신센서 연결하기

적외선 송신센서의 GND는 아두이노의 GND에 연결합니다. VCC는 5V 전원에 연결합니다. 나머지 DAT는 아두이노의 디지털 3번에 연결합니다.

아두이노와 센서를 연결하기 위해 다음과 같이 3가지 경우가 가능합니다. 여러분이 가진 아두이노에 맞게 이 중 1가지 방법으로 연결하도록 합니다. 어느 방법으로 연결하던 결과는 동일합니다.

❶ 아두이노 + 브레드보드

아두이노와 브레드보드를 연결하여 사용하는 경우에는 다음과 같이 연결합니다.

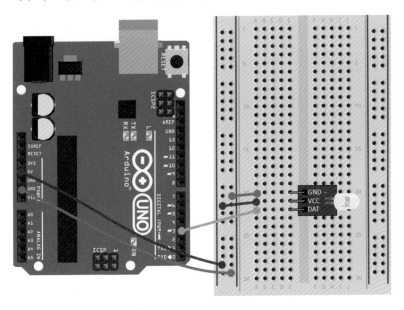

❷ 아두이노 + 브레드쉴드

아두이노 위에 얹어서 브레드쉴드를 사용하는 경우에는 다음과 같이 연결합니다.

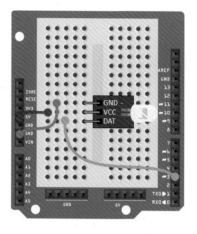

❸ 아두이노 나노 + 브레드보드

소형 아두이노인 아두이노 나노를 이용할 경우 브레드보드에 끼운 후 다음과 같이 연결하여 사용합니다.

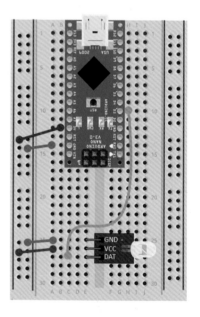

② 적외선 라이브러리 코드 작성하기

코드를 작성합니다

컴퓨터의 ⊞ 버튼을 눌러 ∞를 선택합니다. 메뉴의 [파일]-[새 파일]을 선택합니다. 자동 생성된 코드를 다음과 같이 수정합니다.

예제 폴더 Exam1002

```
#include <IRremote.h>              적외선 라이브러리를 사용한다는 의미입니다.

IRsend ir;                         적외선 송신 기능을 사용합니다. 디지털 3번 핀으로 연결됩니다.

void setup()
{

}

void loop()
{
  ir.sendSAMSUNG(0xF4BA2988, 32);  삼성전자 TV 전원 버튼 기능입니다.
  ir.sendLG(0x20DF10EF, 32);       LG전자 TV 전원 버튼 기능입니다.

  delay(1000);
}
```

ir은 IRsend의 기능을 가지고 있습니다. 적외선 송신을 처리해줍니다. 내부적으로 디지털 3번이 지정되어 있습니다. ir.sendSAMSUNG( )와 ir.sendLG( )는 지정된 방식으로 적외선 송신을 하는 기능을 수행합니다.

작동시켜 봅니다

코드를 작성한 스케치로 프로그램을 실행시켜 봅니다. 아두이노에 프로그램을 업로드해야 합니다. 그림과 같은 업로드 아이콘을 클릭해서 아두이노로 전송합니다.

이 상태에서 여러분이 만든 프로그램이 동작하는 것을 확인해 봅니다. 다음과 같이 건전지를 연결한 후 TV로 가져가 적외선 송신센서가 TV를 향하게 합니다. TV가 켜지는지 꺼지는지 확인합니다.

❸ 다른 TV 연결하기

제대로 만들었는데 작동이 안 된다면 삼성전자/LG전자의 TV가 아니거나 호환되지 않는 TV일 경우입니다. TV 리모컨을 가지고 있다면 앞의 "리모컨 인식하기"의 예제(Exam 1001)를 이용해 다음에 들어갈 A와 B의 값을 알 수 있습니다.

```
ir.sendNEC(Ⓐ, Ⓑ);
```

앞서 다룬 "리모컨 인식하기"의 다음 부분이 있을 것입니다.

```
if (res.value != -1)
{
    digitalWrite(13, HIGH);
    delay(1000);
    digitalWrite(13, LOW);
}
```

이 부분을 다음과 같이 수정하면, 이를 이용해 여러분이 가진 TV 리모컨의 버튼을 알 수 있습니다.

```
if (res.value != -1)
{
    char sTemp[100] = "";
    sprintf(sTemp, "%lu  %d", res.value, res.bits);
    Serial.println(sTemp);

    digitalWrite(13, HIGH);
    delay(1000);
    digitalWrite(13, LOW);
}
```

res.value가 Ⓐ에 들어갈 숫자이고, res.bits가 Ⓑ에 들어갈 숫자입니다.

04 리모컨 복제하기

적외선 수신센서와 적외선 송신센서를 사용해 TV 리모컨을 등록하고 작동하도록 할 수 있습니다. 일종의 TV 리모컨 복제와 같습니다. 적외선 수신센서와 적외선 송신센서를 동시에 사용하여 리모컨 복제 기능을 구현해 볼 수 있습니다. 실제 사용가능하도록 LED와 버튼 등을 이용해 만들어 봅니다.

1 적외선 센서 연결하기

아두이노와 센서를 연결하기 위해 다음과 같이 3가지 경우가 가능합니다. 여러분이 가진 아두이노에 맞게 이 중 1가지 방법으로 연결하도록 합니다. 어느 방법으로 연결하던 결과는 동일합니다. 앞서 다룬 "리모컨 인식하기"와 "리모컨 만들기"의 연결을 그대로 합니다. 이것을 동시에 사용하도록 브레드보드에 구성한 후 LED와 버튼을 배치합니다. 버튼은 디지털 10번~디지털 12번을 사용합니다. 각각의 버튼에 대응하여 상태를 보여줄 LED는 디지털 7번~디지털 9번으로 연결해줍니다.

❶ 아두이노 + 브레드보드
아두이노와 브레드보드를 연결하여 사용하는 경우에는 다음과 같이 연결합니다.

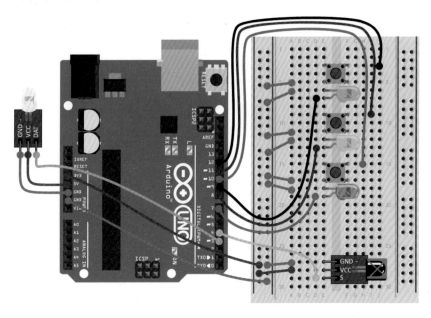

❷ 아두이노 + 브레드쉴드

아두이노 위에 얹어서 브레드쉴드를 사용하는 경우에는 다
음과 같이 연결합니다.

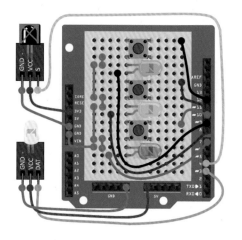

❸ 아두이노 나노 + 브레드보드

소형 아두이노인 아두이노 나노를 이용할 경우 브레
드보드에 끼운 후 다음과 같이 연결하여 사용합니다.

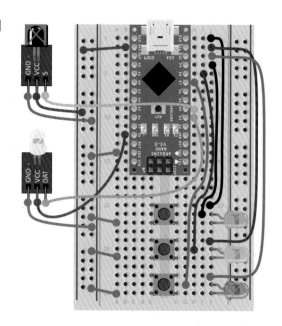

2 복제 코드 작성하기

코드를 작성합니다

컴퓨터의 ⊞ 버튼을 눌러 ∞를 선택합니다. 메뉴의 [파일]–[새 파일]을 선택합니다. 자동 생성된 코드를
다음과 같이 수정합니다.

```
#include <IRremote.h>
IRrecv irrecv(4);                          적외선 수신 기능을 디지털 4번 핀으로 연결합니다.
IRsend irsend;                             적외선 송신 기능을 사용합니다. 디지털 3번 핀으로 연결됩니다.
int          count = 0;                    시작할 때 3개의 버튼으로 TV 리모컨 등록을 확인합니다.
unsigned long data[3] = {0};               시작할 때 등록한 TV 리모컨의 버튼. 총 3개까지 저장됩니다.
int          bits[3] = {0};                시작할 때 등록한 TV 리모컨의 버튼. 총 3개까지 저장됩니다.

void setup()
{
  irrecv.enableIRIn();
  pinMode(10, INPUT_PULLUP);               사용할 버튼을 지정합니다.
  pinMode(11, INPUT_PULLUP);
  pinMode(12, INPUT_PULLUP);
}

void loop()
{
  decode_results res;
  if (irrecv.decode(&res) && count < 3)    버튼이 3개 등록될 때까지 확인합니다.
  {
    if (res.value != -1)
    {
      data[count] = res.value;
      bits[count] = res.bits;
      pinMode(7+count, OUTPUT);            등록된 버튼 상태를 표시할 LED를 지정합니다.
      digitalWrite(7+count, HIGH);         버튼이 등록되어 LED를 켜둡니다.
      count++;
    }
    irrecv.resume();
  }

  bool a = digitalRead(10);                첫 번째 버튼이 눌렸는지 확인합니다.
  bool b = digitalRead(11);                두 번째 버튼이 눌렸는지 확인합니다.
  bool c = digitalRead(12);                세 번째 버튼이 눌렸는지 확인합니다.
  if(a == false) SendIR(0);                눌린 첫 번째 버튼의 등록된 TV 리모컨 값을 전송하라고 지시합니다.
  if(b == false) SendIR(1);                눌린 두 번째 버튼의 등록된 TV 리모컨 값을 전송하라고 지시합니다.
  if(c == false) SendIR(2);                눌린 세 번째 버튼의 등록된 TV 리모컨 값을 전송하라고 지시합니다.

  delay(100);
}

void SendIR(int s)                         등록된 TV 리모컨 값을 전송합니다.
```

```
{
    digitalWrite(7+s, HIGH);
    delay(200);
    digitalWrite(7+s, LOW);

    irsend.sendLG(data[s], bits[s]);
    irsend.sendSAMSUNG(data[s], bits[s]);
    irsend.sendSony(data[s], bits[s]);
    irsend.sendSharp(data[s], bits[s]);
    irsend.sendPanasonic(data[s], bits[s]);
    irsend.sendJVC(data[s], bits[s], 0);

    delay(200);
    digitalWrite(7+s, HIGH);
    delay(200);
    digitalWrite(7+s, LOW);
    delay(200);
    digitalWrite(7+s, HIGH);
}
```

작동중임을 알리기 위해 LED가 깜박이도록 합니다.

적외선 송신센서로 출력을 합니다.

작동시켜 봅니다

코드를 작성한 스케치로 프로그램을 실행시켜 봅니다. 아두이노에 프로그램을 업로드해야 합
니다. 그림과 같은 업로드 아이콘을 클릭해서 아두이노로 전송하여 확인해 봅니다.

다음과 같이 연결한 후 TV 리모컨의 버튼 3개를 누릅니다. 그러면 LED가 순서대로 불이 들어옵니다.
3개가 모두 완료되면 LED에 불이 들어옵니다. 그 상태에서 TV로 가져가 적외선 송신센서가 TV를 향
하게 합니다. TV가 켜지는지 꺼지는지 확인합니다. 또한 등록된 버튼들이 동작하는지 확인합니다. 예를
들어 1개의 버튼은 TV 전원으로 등록했다면 나머지 2개는 각각 볼륨 올리기/내리기로 지정해도 됩니다.

05 모듈 만들기

센서를 쉽게 사용하려면 모듈의 형태로 만들면 편리합니다. 센서만 구입하면 매우 저렴하지만 사용하기 불편합니다. 구입한 센서를 모듈의 형태로 만드는 방법을 알아봅니다.

1 적외선 수신센서

❶ 준비물

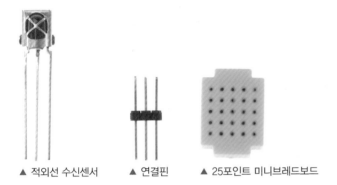

▲ 적외선 수신센서　　▲ 연결핀　　▲ 25포인트 미니브레드보드

❷ 회로 구성

다음의 그림과 같이 회로를 구성합니다.

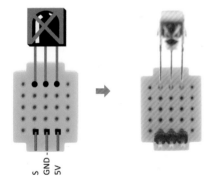

❸ 코드 수정

모듈과 동일하게 사용 가능합니다.

2 적외선 송신센서

❶ 준비물

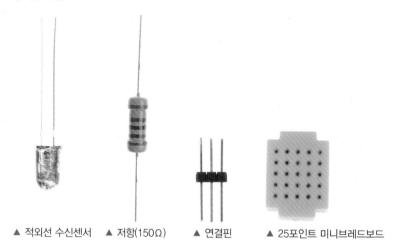

▲ 적외선 수신센서   ▲ 저항(150Ω)   ▲ 연결핀   ▲ 25포인트 미니브레드보드

❷ 회로구성

다음의 그림과 같이 회로를 구성합니다.

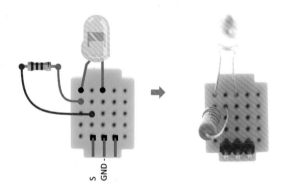

❸ 코드 수정

모듈과 동일하게 사용 가능합니다.

11 무선통신 : RF 트랜시버

떨어진 아두이노 간에 데이터 교환을 신속하고 간편하게 하는 방법 중의 하나가 무선통신입니다. 무선으로 통신하는 방식은 다양하지만 초보자도 쉽게 따라할 수 있는 것이 좋습니다. 사용도 간편하고 배우기도 간편한 무선통신의 방식으로 다양한 기능의 아두이노를 구성해 볼 수 있습니다.

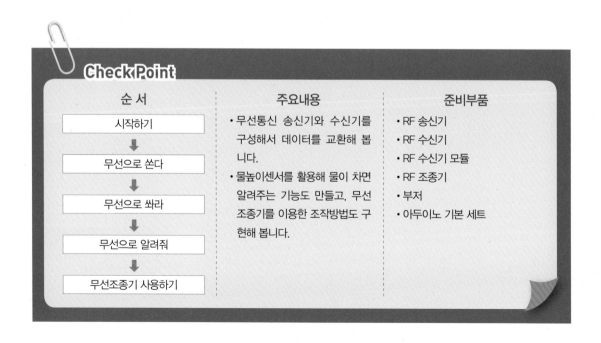

CheckPoint

순 서	주요내용	준비부품
시작하기 ↓ 무선으로 쏜다 ↓ 무선으로 쏴라 ↓ 무선으로 알려줘 ↓ 무선조종기 사용하기	• 무선통신 송신기와 수신기를 구성해서 데이터를 교환해 봅니다. • 물높이센서를 활용해 물이 차면 알려주는 기능도 만들고, 무선 조종기를 이용한 조작방법도 구현해 봅니다.	• RF 송신기 • RF 수신기 • RF 수신기 모듈 • RF 조종기 • 부저 • 아두이노 기본 세트

01 시작하기

다음의 부품이 필요합니다.

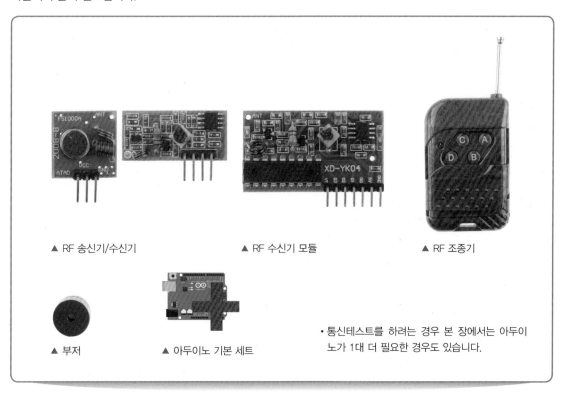

▲ RF 송신기/수신기   ▲ RF 수신기 모듈   ▲ RF 조종기

▲ 부저   ▲ 아두이노 기본 세트

• 통신테스트를 하려는 경우 본 장에서는 아두이노가 1대 더 필요한 경우도 있습니다.

1 RF 송신기/RF 수신기

RF 송신기, RF 수신기는 무선으로 315MHz의 주파수를 갖는 무선통신센서의 명칭입니다. 별도의 무선통신 신청절차 없이 간편하게 사용하는 센서입니다. 무엇보다 간단하게 사용할 수 있으면서 가격이 저렴해 많이 사용합니다. RF는 Radio Frequency라는 말의 약자로 무선주파수를 의미합니다. RF315라고도 표현하는데 "무선주파수 315MHz"라는 말을 의미합니다. 이러한 무선통신센서를 RF 트랜시버(RF transceiver)라고 부릅니다.

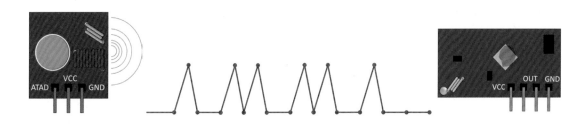

RF315는 신호를 1과 0만 보낼 수 있습니다. 우리가 인터넷을 하면 정말 다양하고 무수히 많은 다양한 데이터를 보낼 수 있습니다. 그에 비한다면 RF315는 매우 간단한 기능만 제공하는 센서로 단순히 LED 를 켜고 끄는 정도의 정보만 전달 가능합니다.

2 RF 조종기

RF 조종기는 RF315와 동일한 기능을 합니다.

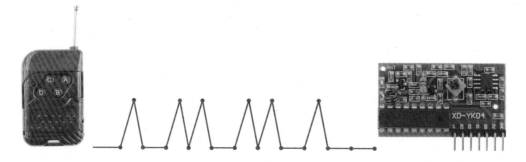

RF 조종기에는 버튼이 있습니다. 긴 안테나도 달렸고 내부에 12V 배터리도 내장하고 있습니다. 4개의 A, B, C, D 버튼을 누르면 RF 수신기 모듈에 이를 알려주는 기능을 합니다.

02 무선으로 쏜다

RF315 통신을 이용해 간단히 신호를 주고받을 수 있습니다. 송신기가 신호를 보내면 수신기가 전기적으로 1과 0으로 구분해서 신호를 줍니다. 우리가 디지털센서를 사용하는 것과 동일한 원리입니다. RF 송신기와 RF 수신기로 간단한 통신기능을 만들어 봅시다.

1 RF 송신기 연결하기

RF 송신기는 정사각형의 3개의 핀을 가지고 있습니다. 필요하면 안테나를 달 수 있도록 공간이 마련되어 있으며 'ANT'라고 씌여진 부분에 안테나를 달거나 납땜을 해서 달면 멀리까지 신호가 전달됩니다.

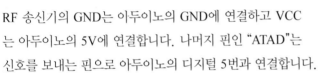

RF 송신기의 GND는 아두이노의 GND에 연결하고 VCC 는 아두이노의 5V에 연결합니다. 나머지 핀인 "ATAD"는 신호를 보내는 핀으로 아두이노의 디지털 5번과 연결합니다.

아두이노와 센서를 연결하기 위해 다음과 같이 3가지 경우가 가능합니다. 여러분이 가진 아두이노에 맞게 이 중 1가지 방법으로 연결하도록 합니다. 어느 방법으로 연결하던 결과는 동일합니다.

❶ 아두이노 + 브레드보드

아두이노와 브레드보드를 연결하여 사용하는 경우에는 다음과 같이 연결합니다.

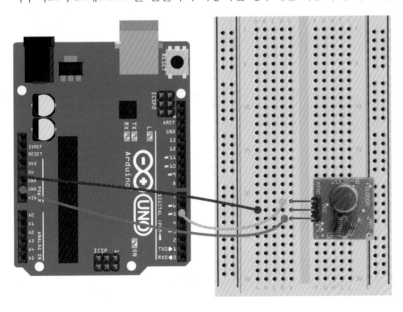

❷ 아두이노 + 브레드쉴드

아두이노 위에 얹어서 브레드쉴드를 사용하는 경우에는 다음과
같이 연결합니다.

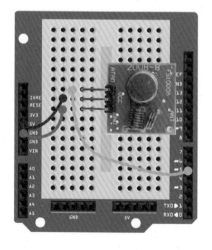

❸ 아두이노 나노 + 브레드보드

소형 아두이노인 아두이노 나노를 이용할 경우 브레드보드에 끼운
후 다음과 같이 연결하여 사용합니다.

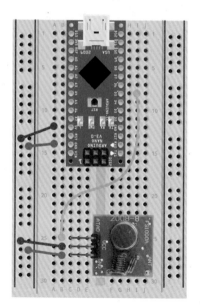

2 무선송신 코드 작성하기

코드를 작성합니다

컴퓨터의 ⊞ 버튼을 눌러 ∞를 선택합니다. 메뉴의 [파일]-[새 파일]을 선택합니다. 자동 생성된 코드를
다음과 같이 수정합니다.

```
void setup()
{
  pinMode(5,  OUTPUT);
  pinMode(13, OUTPUT);
}

void loop()
{
  digitalWrite(5,  HIGH);     ← RF 송신기에 HIGH를 보냅니다.
  digitalWrite(13, HIGH);
  delay(1000);                ← 1초간 유지합니다.
  digitalWrite(5,  LOW);      ← RF 송신기를 LOW로 처리해 동작을 중지합니다.
  digitalWrite(13, LOW);
  delay(1000);                ← 1초간 유지합니다.
}
```

디지털 5번에 1초 간격으로 HIGH를 보내고 LOW를 보내고 하는 코드입니다. 그러면 5번으로는 전원이 1초 동안 나왔다가 1초 동안 나오지 않는 것을 반복합니다.

작동시켜 봅니다

코드를 작성한 스케치로 프로그램을 실행시켜 봅니다. 아두이노에 프로그램을 업로드해야 합
니다. 그림과 같은 업로드 아이콘을 클릭해서 아두이노로 전송합니다.

여기까지 했다면 아두이노가 작동을 시작합니다. 작동이 된다면 아두이노의 LED가 깜박이는 것을 볼 수 있습니다. 송신기만으로는 통신이 실제 이루어지는지 확인하기 어렵습니다. 그래서 수신기도 같이 구성해야 정확히 확인이 가능합니다.

3 RF 수신기 연결하기

RF 송신기가 정상작동이 된다면 LED가 깜박이는 것을 볼 수 있습니다. RF 수신기를 구성하면 송신이 제대로 되는지를 확인할 수 있습니다.

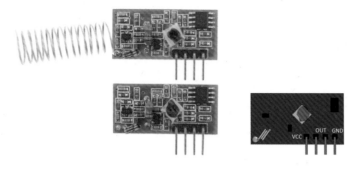

RF 수신기는 총 4개의 핀으로 구성되어 있습니다. 양쪽끝의 핀은 VCC와 GND로 각각 아두이노의 5V 전원과 GND에 연결하면 됩니다. 중앙의 핀은 RF 송신기가 보내준 신호를 출력하는 핀입니다. 2개의 핀이 중앙에 있지만 어느 핀을 연결해도 동일한 핀입니다.

RF 수신기의 구성을 간단히 하려면 다음의 그림과 같이 LED를 연결하고 전원을 연결하면 쉽게 확인이 가능합니다. RF 송신기가 1초 단위로 신호를 보내므로 그림의 LED는 1초 간격으로 불이 켜지고 꺼질 것입니다. 직접 부저를 연결해도 소리를 들을 수 있습니다.

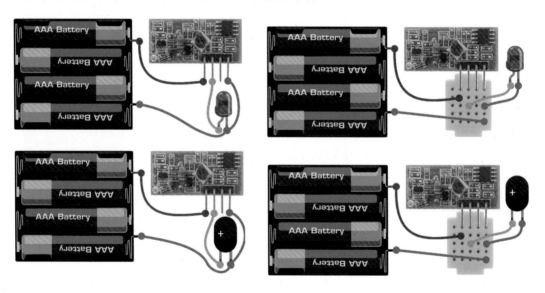

불빛이나 부저의 소리가 정확하지 않다면 RF 송신기와 RF 수신기를 서로 가까이에 두면 매우 정확하게 불빛이나 소리가 나는 것을 알 수 있습니다. 불빛이나 소리가 떨리는 것은 통신상태가 안 좋을수록 심해집니다. 거리가 멀어질수록 통신 상태는 나빠집니다.

03 무선으로 쏴라

RF315 통신을 이용해 간단히 신호를 주고받을 수 있습니다. 송신기가 신호를 보내면 수신기가 전기적으로 1과 0으로 구분해서 신호를 줍니다. 우리가 디지털센서를 사용하는 것과 동일한 원리입니다. RF 송신기와 RF 수신기로 간단한 통신기능을 만들어 봅시다.

1 RF 수신기 연결하기

RF 수신기를 아두이노와 연결해서 사용할 수 있습니다. RF 수신기의 GND는 아두이노의 GND에 연결하고 VCC는 아두이노의 5V에 연결합니다. 나머지핀인 "OUT"은 어느 핀을 사용해도 상관없고 이 핀을 아두이노의 아날로그 A2번에 연결합니다.

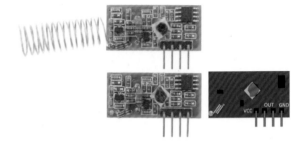

주의 앞서 "Chapter 11. 02 무선으로 쏜다"에서 구성한 아두이노 세트는 그대로 둔 상태에서 새로운 아두이노를 1대 더 추가로 구성해야 합니다. 아두이노가 1대 뿐인 경우라면 아쉽게도 본 섹션의 내용을 만들어 볼 수가 없습니다.

아두이노와 센서를 연결하기 위해 다음과 같이 3가지 경우가 가능합니다. 여러분이 가진 아두이노에 맞게 이 중 1가지 방법으로 연결하도록 합니다. 어느 방법으로 연결하던 결과는 동일합니다. 상태를 확인하기 위해 LED를 11번에 연결합니다.

❶ 아두이노 + 브레드보드

아두이노와 브레드보드를 연결하여 사용하는 경우에는 다음과 같이 연결합니다.

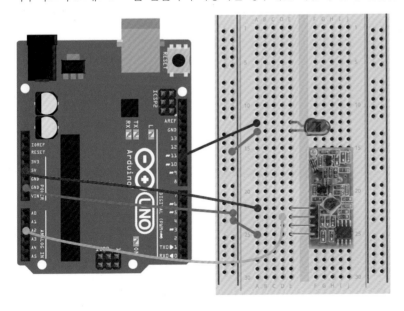

❷ 아두이노 + 브레드쉴드

아두이노 위에 얹어서 브레드쉴드를 사용하는 경우에는 다음과
같이 연결합니다.

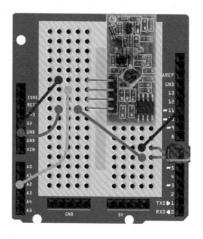

❸ 아두이노 나노 + 브레드보드

소형 아두이노인 아두이노 나노를 이용할 경우 브레드보드에 끼
운 후 다음과 같이 연결하여 사용합니다.

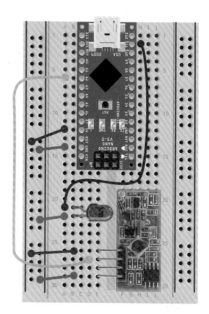

② 무선수신 코드 작성하기

코드를 작성합니다

컴퓨터의 ⊞ 버튼을 눌러 ∞를 선택합니다. 메뉴의 [파일]-[새 파일]을 선택합니다. 자동 생성된 코드를
다음과 같이 수정합니다.

📁 예제 폴더 Exam1102

```
void setup()
{
  pinMode(11, OUTPUT);
}
```

```
void loop()
{
  int rf = analogRead(A2);                    ─< RF 수신기로부터 신호값을 가져옵니다.

  if(rf < 100) digitalWrite(11, LOW);         ─< 신호가 없는 것으로 판단합니다.
  if(rf > 500) digitalWrite(11, HIGH);        ─< 신호가 있는 것으로 판단합니다.

  delay(100);
}
```

RF 송신기가 HIGH 신호를 보낼 때마다 rf의 값은 500이상을 갖습니다.

작동시켜 봅니다

코드를 작성한 스케치로 프로그램을 실행시켜 봅니다. 아두이노에 프로그램을 업로드해야 합니다. 2
대의 아두이노가 있게 됩니다. RF 송신기가 달린 아두이노 1대가 있고 이번에 만든 RF 수신기가 달린
아두이노 1대가 있어서 총 2대가 서로 통신을 하게 됩니다.

사용하려는 아두이노와 케이블로 연결합니다. 기존에 1대만 연결해 놓은 상태라면 다음과 같이 1개의 포
트만이 있습니다. 컴퓨터마다 연결된 포트가 다르며 그림처럼 'COM6'일 수도 있고 다른 이름을 갖고 있
을 수도 있습니다.

새로 연결하면 다음 그림과 같이 새로운 시리얼 포트가 추가되며 이번에 만든 코드를 실행하기 위해 새
로 추가된 포트를 선택합니다. 컴퓨터마다 연결된 포트가 다르며 그림처럼 'COM13'일 수도 있고 다른
이름을 갖고 있을 수도 있습니다.

그림과 같은 업로드 아이콘을 클릭해서 아두이노로 전송합니다.

RF 송신기가 연결된 아두이노에서 신호를 HIGH로 보내면 RF 수신기가 달린 또 다른 아두이노의 LED에 불이 들어옵니다.

▲ RF 송신기   ▲ RF 수신기

RF 송신기가 연결된 아두이노에서 LOW로 신호를 처리하면 RF 수신기가 달린 또 다른 아두이노에는 아무런 신호가 전달되지 않습니다. 그래서 LED도 불이 들어오지 않게 됩니다.

▲ RF 송신기   ▲ RF 수신기

04 무선으로 알려줘

RF 송신기와 RF 수신기를 이용해 실제 사용가능한 기능을 만들어 볼 수 있습니다. 떨어져 있고 전선을 연결해서 확인하기 어려운 공간과 공간 사이에 무선으로 데이터를 전송하는 방법을 살펴보고 직접 만들어 보겠습니다. 통신의 정확도를 높이기 위해 라이브러리를 활용해 보도록 합니다.

1 RF 송신기 달기

물통에 물을 받아두다가 물이 가득 채워졌음을 무선으로 알리는 기능을 만들어 보겠습니다. 물높이센서를 아두이노의 GND와 아날로그 A3번에 연결합니다. 이 연결을 위해 아두이노와 센서를 연결하기 위해 다음과 같이 3가지 경우가 가능합니다.

주의 앞서 "Chapter 11. 02 무선으로 쏜다"에서 구성한 아두이노를 그대로 사용합니다.

❶ 아두이노 + 브레드보드

아두이노와 브레드보드를 연결하여 사용하는 경우에는 다음과 같이 연결합니다.

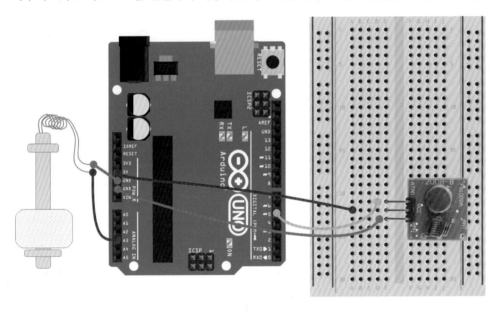

❷ 아두이노 + 브레드쉴드

아두이노 위에 얹어서 브레드쉴드를 사용하는 경
우에는 다음과 같이 연결합니다.

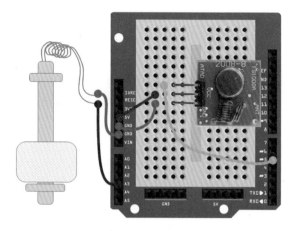

❸ 아두이노 나노 + 브레드보드

소형 아두이노인 아두이노 나노를 이용할 경우
브레드보드에 끼운 후 다음과 같이 연결하여 사
용합니다.

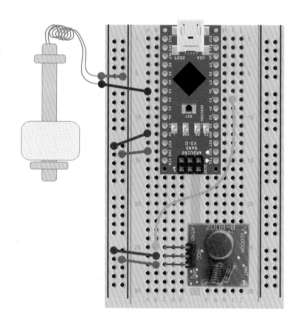

② 무선물높이 송신 코드 작성하기

코드를 작성합니다

컴퓨터의 ⊞ 버튼을 눌러 ∞를 선택합니다. 메뉴의 [파일]-[새 파일]을 선택합니다. 자동 생성된 코드를
다음과 같이 수정합니다.

📁 예제 폴더 Exam1103

```
#include <RCSwitch.h>                                    ◁ RC 라이브러리를 사용합니다.


RCSwitch rcs = RCSwitch( );                              ◁ RC 라이브러리를 rcs라는 이름으로 사용합니다.

void setup( )
{
  rcs.enableTransmit(5);                                 ◁ RF 송신기 5번 핀을 지정합니다.
  pinMode(A3, INPUT_PULLUP);                             ◁ 물높이센서가 연결된 A3번을 지정합니다.
}


void loop( )
{
  int water = digitalRead(A3);                           ◁ 물높이를 가져옵니다.


  if(water == 1)                                         ◁ 물이 가득 차면 값이 1이 됩니다.
  {
    SendRCS(12345);                                      ◁ RF 송신기를 통해 '12345'라는 숫자 값을 보냅니다.
  }
  delay(100);
}


void SendRCS(int nValue)                                 ◁ '12345' 숫자 값을 보내는데 사용한 SendRCS입니다.
{
  String strTemp = String(nValue, BIN);                 ◁ 보낼 값을 이진수 형태의 문자로 만듭니다.
  rcs.send(strTemp.c_str( ));                           ◁ RF 송신기가 전송을 합니다.
}
```

rcs는 라이브러리를 사용하기 위해 RCSwitch로 지정했습니다. RF 송신기가 있는 5번을 'rcs.
enableTransmit(5)'로 지정해야 합니다. 물이 가득 차면 water가 1의 값을 가지게 됩니다. 그러면
SendRCS를 사용해서 12345라는 숫자 값을 보냅니다. 다음의 코드를 통해 SendRCS는 보낼 숫자를 문
자로 만듭니다.

```
String strTemp = String(nValue, BIN);
```

이것은 이진수로 만드는 코드입니다. 만약 nValue가 2라면 '10'이라는 문자가 만들어집니다. 10이라는 값이라면 '1010'이라는 문자가 만들어지고, 100이라는 값이라면 '1100100'이라는 문자가 됩니다. 12345 는 '11000000111001'이라는 문자가 만들어집니다. 여기서 1은 HIGH, 0은 LOW로 RF 송신기 가 처리하게 됩니다. 그림과 같은 업로드 아이콘을 클릭합니다.

오류가 발생합니다.

오류가 발생하는 것은 라이브러리에 포함된 RCSwitch 라는 것이 없기 때문입니다. 사용하려는 라이브 러리는 여러분의 PC 어디에도 없기 때문에 이를 추가해 주어야 합니다.

3 라이브러리

RCSwitch를 사용하려면 라이브러리를 추가해야 합니다. 사용하려는 라이브러리는 RC-Switch라는 라 이브러리입니다 줄여서 'RCS'라고 부릅니다. RCS 라이브러리를 얻으려면 책의 앞부분에서 소개하는 사 이트에 접속하여 파일을 다운로드합니다.

```
rc-switch-master.zip
```

이 파일을 아두이노에서 사용하기 위해서는 라이브러리로 추가해야 합니다. 컴퓨터의 ⊞ 버튼을 눌러 ∞를 선택합니다. 다음 그림과 같이 메뉴에서 [스케치]-[라이브러리 포함하기]-[.ZIP 라이브러리 추가] 를 선택합니다.

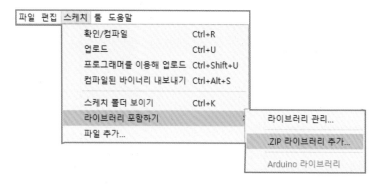

열린 창에서 다운로드 받은 'rc-switch-master.zip' 파일을 선택하고 [열기] 버튼을 클릭합니다.

다음과 같이 나타나면 라이브러리가 정상적으로 추가된 것입니다. 이제는 RCS 라이브러리를 마음껏 사용할 수 있습니다.

라이브러리가 추가되었습니다. "라이브러리 포함하기" 메뉴를 확인하세요

다음과 같이 추가된 라이브러리를 확인할 수 있습니다.

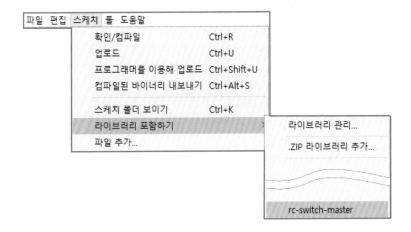

작동시켜 봅니다

라이브러리가 추가되었기 때문에 작성한 코드는 업로드가 될 것입니다. 코드를 작성한 스케치로 프로그램을 실행시켜 봅니다. 아두이노에 프로그램을 업로드 합니다. 그림과 같은 업로드 아이콘을 클릭해서 아두이노로 전송합니다. 이제 RF 송신기의 준비는 끝났습니다.

4 RF 수신기 달기

무선으로 물통에 물을 받아두다가 물이 다 채워지면 RF 송신기에 의해 신호가 전달됩니다. 이 신호가 오면 부저가 울리도록 만들어 봅니다. LED를 제거하고 부저를 디지털 9번과 GND에 각각 연결합니다. 이 연결을 위해 아두이노는 다음과 같이 3가지 경우가 가능합니다.

주의 앞서 "Chapter 11. 02 무선으로 쏜다"에서 구성한 아두이노를 그대로 사용합니다.

❶ 아두이노 + 브레드보드
아두이노와 브레드보드를 연결하여 사용하는 경우에는 다음과 같이 연결합니다.

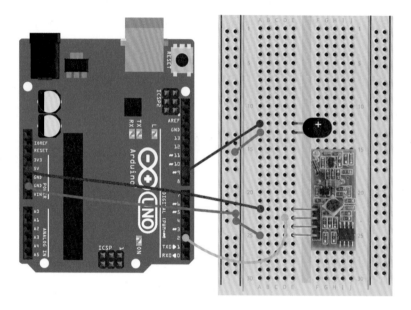

❷ 아두이노 + 브레드쉴드
아두이노 위에 얹어서 브레드쉴드를 사용하는 경우에는 다음과 같이 연결합니다.

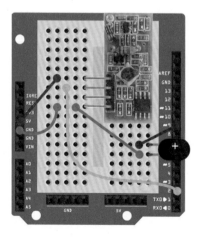

❸ 아두이노 나노 + 브레드보드

소형 아두이노인 아두이노 나노를 이용할 경우 브레드보드에 끼
운 후 다음과 같이 연결하여 사용합니다.

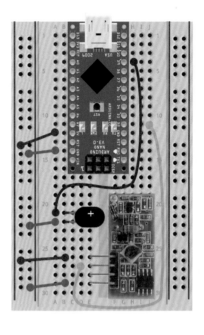

5 무선물높이 수신 코드 작성하기

코드를 작성합니다

컴퓨터의 ⊞ 버튼을 눌러 ∞를 선택합니다. 메뉴의 [파일]−[새 파일]을 선택합니다. 자동 생성된 코드를
다음과 같이 수정합니다.

📁 예제 폴더 Exam1104

```
#include <RCSwitch.h>
RCSwitch rcs = RCSwitch( );

void setup( )
{
  rcs.enableReceive(0);                        ⟨ RF 수신기 인터럽트 0번을 지정합니다. 디지털 2번입니다.
}

void loop( )
{
  if (rcs.available( ))                        ⟨ RF 수신기가 수신한 데이터가 있는 경우입니다.
  {
    int value = rcs.getReceivedValue( );       ⟨ RF 송신기에서 값을 가져옵니다.
```

```
   if(value == 12345)                          가져온 값이 12345인지 확인합니다.
   {
     tone(9, 262);                             12345가 맞는 경우 부저음을 냅니다.
     delay(100);
     noTone(9);
   }
   rcs.resetAvailable();                        RF 수신기가 수신한 데이터를 지우고 다시 확인에 들어갑니다.
  }
}
```

rcs.enableReceive(0)는 RF 수신기가 연결된 포트를 의미합니다. 여기서 0은 핀 번호가 아닌 데이터가 변동하면 알려주는 인터럽트 번호입니다. 인터럽트 번호 0은 디지털 2번으로 연결되어 있습니다. rcs. available( )은 RF 송신기가 보낸 데이터를 받은 경우입니다. rcs.getReceivedValue( )로 12345를 보낸 것이 맞는지 확인하고 맞으면 부저음을 냅니다.

작동시켜 봅니다

코드를 작성한 스케치로 프로그램을 실행시켜 봅니다. 아두이노에 프로그램을 업로드해야 합 니다. 그림과 같은 업로드 아이콘을 클릭해서 아두이노로 전송합니다.

물높이센서로부터 물이 다 채워졌다는 신호가 오면 RF 송신기에 연결된 아두이노에서 신호를 보냅니다. 이 신호를 받은 RF 수신기가 달린 또 다른 아두이노의 부저에 소리가 납니다.

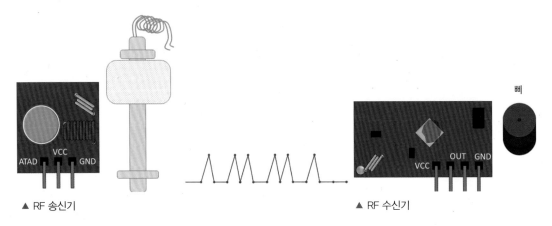

▲ RF 송신기　　　　　　　　　　　　　　　　　　▲ RF 수신기

RF 송신기에 연결된 아두이노에서 물높이센서에 변화가 없으면 RF 수신기가 달린 또 다른 아두이노에는 아무런 신호가 전달되지 않습니다. 그래서 부저도 소리가 나지 않습니다.

RF 송신기와 RF 수신기의 원리를 이용해 원격에서 조정하는 기능을 만들어 볼 수 있습니다. RF 수신기 모듈과 RF 조종기를 어떻게 사용하는지 만들어 보도록 합니다.

1 RF 수신기 모듈 연결하기

RF 수신기 모듈을 작동시켜 보도록 하겠습니다. 아두이노에 연결해서 구성은 하지만 단순히 5V 전원을 사용하기 위한 구성입니다. RF 수신기 모듈의 GND, 5V는 아두이노의 GND와 5V에 연결합니다. RF 수신기 모듈의 D0부터 D3까지는 LED의 긴 다리와 연결합니다. LED의 나머지 다리는 GND와 연결합니다.

❶ 아두이노 + 브레드보드

아두이노와 브레드보드를 연결하여 사용하는 경우에는 다음과 같이 연결합니다.

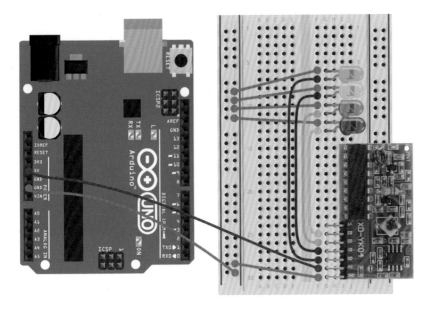

❷ 아두이노 + 브레드쉴드

아두이노 위에 얹어서 브레드쉴드를 사용하는 경우에는
다음과 같이 연결합니다.

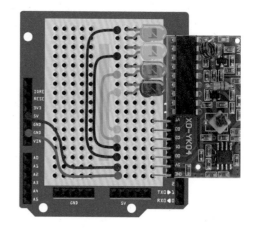

❸ 아두이노 나노 + 브레드보드

소형 아두이노인 아두이노 나노를 이용할 경우 브레드보드
에 끼운 후 다음과 같이 연결하여 사용합니다.

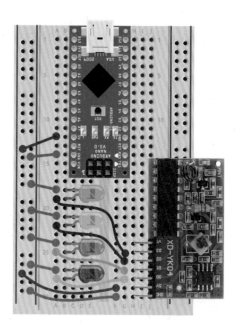

작동시켜 봅니다

코드 없이 작동하도록 구성을 했습니다. RF 조종기의 버튼을 눌러 다음과 같이 확인이 가능합니다.

▲ A 버튼 누름   ▲ 첫 번째 LED만 켜짐

A, B, C, D 버튼을 누르면 해당 위치의 LED가 켜집니다.

② 원격신호기 코드 활용하기

RF 수신기 모듈은 별도의 코드로 구성하지는 않았지만 아두이노에서 코드 작성을 통해 활용할 수 있습니다. 다음 그림처럼 아두이노의 디지털 8번부터 디지털 11번까지를 RF 수신기 모듈의 D0부터 D3까지와 연결합니다.

다음과 같이 코드를 작성해서 사용할 수 있습니다.

📁 예제 폴더 Exam1105

```
void setup()
{
  pinMode(8,  INPUT);
  pinMode(9,  INPUT);
  pinMode(10, INPUT);
  pinMode(11, INPUT);
}

void loop()
{
  bool a = digitalRead(8);
  bool b = digitalRead(9);
  bool c = digitalRead(10);
  bool d = digitalRead(11);
    여기에 코드를 추가하여 사용할 수 있습니다.
}
```

코드의 a, b, c, d는 평상시 false였다가 RF 조종기의 버튼을 누르면 true로 변경됩니다. 이것을 이용해 문의 소리를 내거나, 문을 열거나 하는 기능으로 응용해 볼 수 있습니다.

화면에 그려보자 : OLED 디스플레이

아두이노는 LED, 부저 같이 단순한 것 외에 OLED로 구성된 화면을 연결할 수 있습니다. 이 화면에는 다양한 글자와 그림을 출력할 수 있습니다. 디지털 온도계도 만들 수 있고 불꽃도 감지하여 화재상태도 알려 줄 수 있습니다.

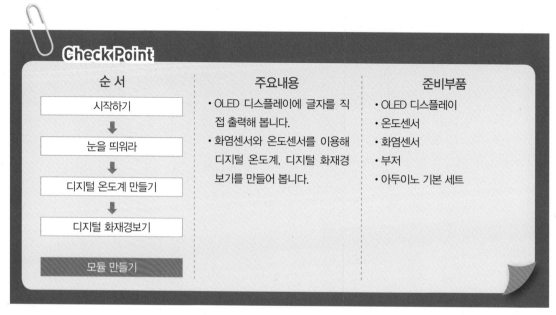

CheckPoint

순 서	주요내용	준비부품
시작하기	• OLED 디스플레이에 글자를 직접 출력해 봅니다. • 화염센서와 온도센서를 이용해 디지털 온도계, 디지털 화재경보기를 만들어 봅니다.	• OLED 디스플레이 • 온도센서 • 화염센서 • 부저 • 아두이노 기본 세트
↓		
눈을 띄워라		
↓		
디지털 온도계 만들기		
↓		
디지털 화재경보기		
모듈 만들기		

01 시작하기

다음의 부품이 필요합니다.

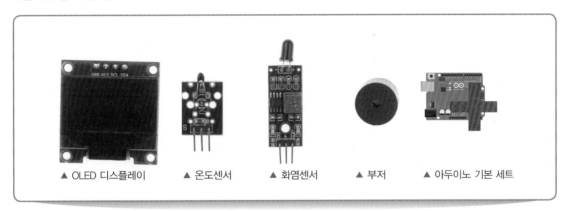

▲ OLED 디스플레이　　▲ 온도센서　　▲ 화염센서　　▲ 부저　　▲ 아두이노 기본 세트

1 OLED 디스플레이

OLED는 영어로 'Organic Light Emitting Diode'라는 말의 약자입니다. 전기가 흐르면 빛을 내는 유기물로 구성된 화면입니다. LCD(Liquid Crystal Display)와 유사하지만 스스로 빛을 내지 못하는 LCD에 비해 OLED는 스스로 빛을 내는 방식입니다.

크기는 다양해서 0.96인치, 1.3인치, 1.44인치, 1.77인치 등 다양한 크기가 있습니다. 화면에 표시할 수 있는 점의 개수를 의미하는 해상도는 60×32, 128×64, 240×128 등 다양한 크기가 존재합니다. 다른 센서들과는 달리 OLED 디스플레이는 여러 개의 핀을 사용합니다. 방식도 여러 가지가 있어서 여러분이 사용하려는 OLED 디스플레이가 어떤 방식인지 알아야 합니다.

핀이 GND, VCC, SCL, SDA로 구성된 I2C라는 방식이 있습니다. IIC라는 이름인데 알파벳 I가 두 번 들어가서 I2C라고 표현합니다. 이 방식은 아두이노의 아날로그 A4번에 SDA, 아날로그 A5번에 SCL 핀을 연결해서 사용하는 것으로 핀이 몇 개 없고 간단한 방식입니다.

핀이 GND, VCC, D0, D1, RST, DC, CS로 구성된 SPI라는 방식이 있습니다. RST는 Reset을 의미하는 것으로 아두이노의 Reset과 연결합니다. 이것은 자동으로 리셋(RESET:다시 시작 버튼)을 누른 것과 동일하게 처리됩니다. 이 방식은 자주 리셋을 해주어야 하고, 핀이 많아 연결하기에는 어려움이 많은 방식입니다. I2C 방식에 비해 속도가 2배 이상 빠른 장점이 있습니다.

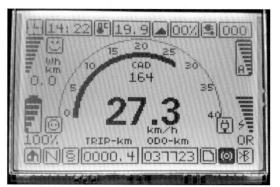

출처 : https://github.com/olikraus/u8glib/wiki/gallery

2 온도센서

온도센서는 다양한 종류가 있습니다. 코드가 비교적 간단하려면 NTC 방식의 온도계를 사용합니다. 이것은 일종의 가변저항과 같아서 온도에 따라 그 저항 값이 달라지는 것입니다. 측정할 수 있는 온도는 영하 50도에서 영상 300도입니다.

3 화염센서

화염센서는 불꽃을 감지하는 센서입니다. 검은색인데다 LED와 동일한 모양을 하고 있기 때문에 적외선 수신센서 부품과 혼동하기도 합니다. 이 센서는 빛의 수준이 매우 높은 불꽃에 반응을 합니다.

02 눈을 띄워라

OLED 디스플레이를 작동해서 무엇인가가 출력이 되면 우리는 그때 "눈을 떴다"고 표현합니다. 작동이 시작되고 반응을 보인다는 의미입니다. 이제 눈을 띄워봅시다.

1 OLED 디스플레이 연결하기

OLED 디스플레이의 SDA는 아날로그 A4번에 연결하고, SCL은 아날로그 A5번에 연결합니다. GND와 VCC는 각각 아두이노의 GND와 5V전원에 연결합니다. 연결한 A4, A5번은 I2C 통신에 미리 지정된 핀으로 변경할 수 없습니다.

아두이노와 연결하기 위해 다음과 같이 3가지 경우가 가능합니다. 여러분이 가진 아두이노에 맞게 이 중 1가지 방법으로 연결하도록 합니다. 이느 방법으로 연결하던 결과는 동일합니다.

❶ 아두이노 + 브레드보드

아두이노와 브레드보드를 연결하여 사용하는 경우에는 다음과 같이 연결합니다.

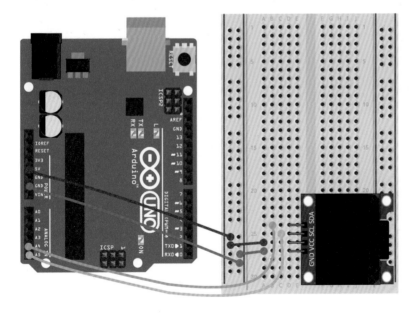

❷ 아두이노 + 브레드쉴드

아두이노 위에 얹어서 브레드쉴드를 사용하는 경우에는 다음과
같이 연결합니다.

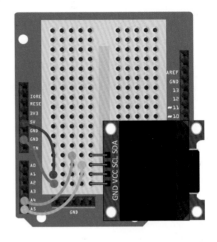

❸ 아두이노 나노 + 브레드보드

소형 아두이노인 아두이노 나노를 이용할 경우 브레드보드에 끼
운 후 다음과 같이 연결하여 사용합니다.

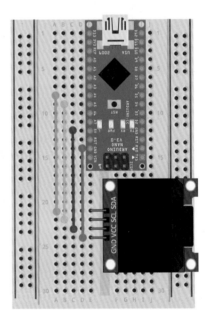

② 화면 작동 코드 작성하기

코드를 작성합니다

컴퓨터의 ▦ 버튼을 눌러 ◉를 선택합니다. 메뉴의 [파일]−[새 파일]을 선택합니다. 자동 생성된 코드를
다음과 같이 수정합니다.

```
#include "U8glib.h"

U8GLIB_SSD1306_128X64 u8g(U8G_I2C_OPT_NONE|U8G_I2C_OPT_DEV_0);
```
OLED 라이브러리를 사용합니다.
```
void setup()
{
}

void loop()
{
  u8g.firstPage();
```
OLED 출력을 시작합니다.
```
  do
  {
    u8g.setFont(u8g_font_unifont);
```
OLED에 출력할 글자의 폰트를 정합니다.
```
    u8g.drawStr(0, 10, "qwertyqwertyqwertyqwerty");
```
글자를 출력합니다.
```
    u8g.drawStr(0, 22, "ABCDEFGHIJKLMNOPQRSTUVWXYZ");
    u8g.drawStr(0, 34, "ABCDEFGHIJKLMNOPQRSTUVWXYZ");
    u8g.drawStr(0, 46, "ABCDEFGHIJKLMNOPQRSTUVWXYZ");
    u8g.drawStr(0, 58, "abcdefghijklmnopqrstuvwxyz");
    u8g.drawStr(0, 70, "12345678901234567890");
  }
  while (u8g.nextPage());
```
OLED 출력을 다시 해야 하는지 확인합니다.
```
}
```

코드의 U8GLIB_SSD1306_128X64는 사용하려는 OLED 디스플레이의 종류를 의미합니다. 이름을 풀어보면 U8GLIB는 사용하는 OLED 디스플레이 라이브러리의 이름이고, SSD1306은 OLED 디스플레이 제품을 의미합니다. 128x64는 해상도를 의미하는 것으로 가로 128개, 세로 64개의 점으로 표현할 수 있음을 의미합니다. u8g로 그러한 제품에 맞게 설정된 OLED 디스플레이 라이브러리를 사용할 수 있습니다. u8g.firstPage()는 OLED 디스플레이로 출력을 시작하는 것을 의미합니다. OLED 디스플레이를 여러 번 출력하거나 출력에 실패한 경우 u8g.nextPage()를 통해 다시 출력을 시도합니다. u8g.drawStr()는 글자를 출력하게 해줍니다. 숫자는 출력될 위치를 의미하고 지정된 "ABCDEF..."는 출력될 문자입니다. 주의할 것은 사용 전 반드시 u8g.setFont()를 통해 폰트를 지정해 주어야 하는 것입니다. 폰트를 지정하지 않으면 글자가 나오지 않습니다.

작동시켜 봅니다

코드를 작성한 스케치로 프로그램을 실행시켜 봅니다. 아두이노에 프로그램을 업로드해야 합니다. 그림과 같은 업로드 아이콘을 클릭해서 아두이노로 전송합니다.

오류가 발생합니다.

오류가 발생하는 것은 OLED 디스플레이 라이브러리가 없기 때문입니다. 코드에서 사용된 #include "U8glib.h"에 지정한 U8glib가 없기 때문입니다. 사용하려는 라이브러리는 여러분의 PC 어디에도 없기 때문에 이를 추가해 주어야 합니다.

3 U8glib 라이브러리

OLED 디스플레이를 사용하기 위한 다양한 OLED 디스플레이 라이브러리가 있습니다. 그중 일반적으로 많이 사용하는 것이 Universal Graphics Library for 8 Bit Embedded Systems입니다. 줄여서 'U8glib'라고 부릅니다.

U8glib를 얻으려면 책의 앞부분에서 소개하는 사이트에 접속하여 최신버전을 다운로드합니다. 그러면 다음 파일명처럼 파일이 다운로드됩니다. 파일명이 다를 수 있습니다.

```
u8glib_arduino_v1.18.1.zip
```

이 파일을 아두이노에서 사용하기 위해서는 라이브러리로 추가해야 합니다. 컴퓨터의 ▦ 버튼을 눌러 ⊚ 를 선택합니다. 다음 그림과 같이 [스케치]-[라이브러리 포함하기]-[.ZIP 라이브러리 추가]를 선택합니다.

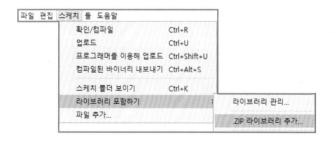

열린 창에서 다운로드 받은 'u8glib_arduino_v1.18.1.zip' 파일을 선택하고 [열기] 버튼을 클릭합니다.

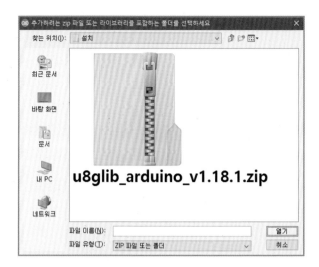

다음과 같이 나타나면 라이브러리가 정상적으로 추가된 것입니다. 이제는 OLED 디스플레이를 사용하기 위한 U8glib를 마음껏 사용할 수 있습니다.

라이브러리가 추가되었습니다. "라이브러리 포함하기" 메뉴를 확인하세요

다음과 같이 추가된 라이브러리를 확인할 수 있습니다.

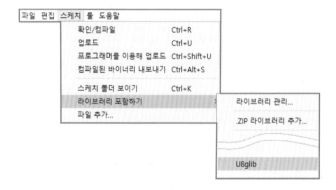

4 I2C 라이브러리

선택한 OLED 디스플레이가 I2C 방식을 사용하는 경우 I2C를 사용하기 위한 라이브러리도 필요합니다. I2C 방식으로 연결되는 센서는 다양하므로 이 라이브러리도 추가해 두는 것이 좋습니다. 사용하려는 OLED 디스플레이가 I2C 방식이므로 I2C 라이브러리를 당연히 추가해야 합니다. I2C 라이브러리를 얻으려면 책의 앞부분에서 소개하는 사이트에 접속하여 다운로드합니다.

```
SoftI2CMaster-master.zip
```

이 파일을 아두이노에서 사용하기 위해서는 라이브러리로 추가해야 합니다. 컴퓨터의 ▦ 버튼을 눌러 ◉ 를 선택합니다. 다음 그림과 같이 [스케치]-[라이브러리 포함하기]-[.ZIP 라이브러리 추가]를 선택합니다.

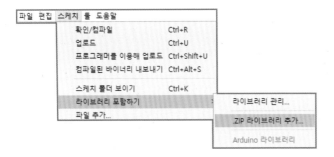

열린 창에서 다운로드 받은 'SoftI2CMaster-master.zip' 파일을 선택하고 [열기] 버튼을 클릭합니다.

다음과 같이 나타나면 라이브러리가 정상적으로 추가된 것입니다. 이제는 I2C 방식의 센서를 편리하게 사용가능합니다.

> **라이브러리가 추가되었습니다. "라이브러리 포함하기" 메뉴를 확인하세요**

작동시켜 봅니다

코드를 작성한 스케치로 프로그램을 실행시켜 봅니다. 아두이노에 프로그램을 업로드해야 합니다. 그림과 같은 업로드 아이콘을 클릭해서 아두이노로 전송합니다.

여기까지 했다면 아두이노에 연결된 OLED 디스플레이에 다음과 같이 글자가 출력될 것입니다. 보통 OLED 디스플레이의 색상은 흑백이기는 하나 흰색 이외의 파란색이나 노란색으로 표현하는 OLED 디스플레이도 있습니다. 2가지 색상이 나오는 것도 있는데 이것도 1가지 색상이며 일정 부분만 다른 색으로 나오도록 한 것이니 오해가 없기를 바랍니다.

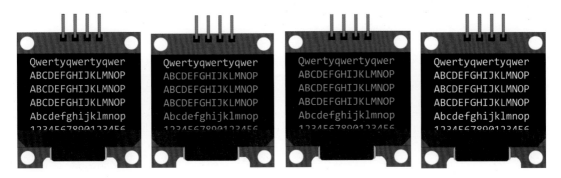

03 디지털 온도계 만들기

다른 센서와는 달리 온도는 자세한 숫자 값으로 이루어져 있습니다. 온도는 LED로 표현하기도 어렵고 쉽지 않습니다. OLED 디스플레이를 이용해 표현한다면 현재의 온도 변화를 쉽게 알 수 있을 것입니다.

1 온도센서 연결하기

온도센서의 S는 아두이노의 아날로그 A0번에 연결합니다. GND는 아두이노의 GND와 연결합니다. VCC는 아두이노의 5V에 연결합니다. 5V에 연결하지 않으면 정확한 온도 값을 알 수 없습니다.

아두이노와 센서를 연결하기 위해 다음과 같이 3가지 경우가 가능합니다. 여러분이 가진 아두이노에 맞게 이 중 1가지 방법으로 연결하도록 합니다. 어느 방법으로 연결하던 결과는 동일합니다.

❶ 아두이노 + 브레드보드

아두이노와 브레드보드를 연결하여 사용하는 경우에는 다음과 같이 연결합니다.

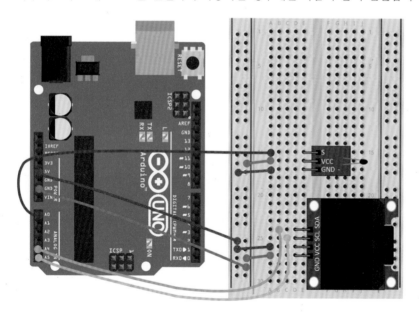

❷ 아두이노 + 브레드쉴드

아두이노 위에 얹어서 브레드쉴드를 사용하는 경우에는 다음과
같이 연결합니다.

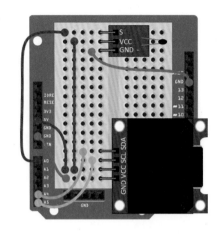

❸ 아두이노 나노 + 브레드보드

소형 아두이노인 아두이노 나노를 이용할 경우 브레드보
드에 끼운 후 다음과 같이 연결하여 사용합니다.

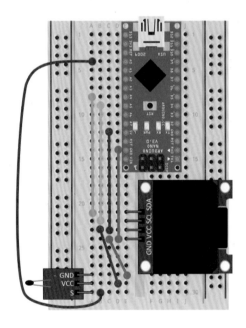

2 실내온도 코드 작성하기

코드를 작성합니다

컴퓨터의 ⊞ 버튼을 눌러 ⊗를 선택합니다. 메뉴의 [파일]-[새 파일]을 선택합니다. 자동 생성된 코드를
다음과 같이 수정합니다.

```
#include "U8glib.h"                                    OLED 라이브러리를 사용합니다.
#include <math.h>                                      수학의 log를 사용하기 위해 추가합니다.

double GetTemp(int data)                               data의 값을 실제 온도로 변환해줍니다.
{
  double Temp;
  Temp = log(10000.0*((1024.0/data-1)));

  double i;
  i = 0.0000000876741 * Temp * Temp;
  i = (0.000234125 + i) * Temp;
  i = i + 0.001129148;
  i = 1 / i;
  Temp = i - 273.15;
  return Temp;
}


U8GLIB_SSD1306_128X64 u8g(U8G_I2C_OPT_NONE|U8G_I2C_OPT_DEV_0);

void setup()
{

}

void loop()
{
  int    a = analogRead(A0);                           온도센서의 값을 가져옵니다.
  double t = GetTemp(a);                               a의 값을 실제 온도로 변환해줍니다.

  u8g.firstPage();
  do
  {
    u8g.setFont(u8g_font_unifont);
    u8g.drawStr(0, 10, "Temp");                        OLED에 온도를 의미하는 temp를 출력합니다.

    String s = String(t);                              OLED에 구해진 온도 t를 문자열 s로 바꿔줍니다.
    u8g.drawStr(0, 30, s.c_str());                     온도가 들어있는 문자열 s로 출력합니다.
  }
  while (u8g.nextPage());

  delay(500);
}
```

사용한 GetTemp( )는 아날로그로 들어온 온도센서의 값을 수학적으로 계산하는 기능의 함수입니다. 이것을 통해 실제 온도를 구할 수 있습니다. s.c_str( )는 String 형태로 들어있는 문자를 u8g.drawStr( )로 출력하기 위해 변환하는 부분입니다.

작동시켜 봅니다

코드를 작성한 스케치로 프로그램을 실행시켜 봅니다. 아두이노에 프로그램을 업로드해야 합 니다. 그림과 같은 업로드 아이콘을 클릭해서 아두이노로 전송합니다.

이 상태에서 여러분이 만든 프로그램이 동작하는 것을 확인해 봅니다. 온도센서에서 가져온 온도가 OLED 디스플레이에 출력되는 것을 알 수 있습니다.

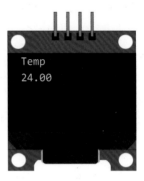

화재를 감지하기 위해서는 불꽃이 발생하는지를 봐야 합니다. 온도의 변화도 크게 작용하고 불꽃이 생긴다면 화재가 발생한 것으로 볼 수 있습니다. 간단한 센서 연결만으로 디지털로 온도도 표시하고 화재도 감시하는 기능을 만들어 볼 수 있습니다.

1 화염센서 연결하기

화염센서는 디지털센서입니다. VCC를 아두이노의 5V에 연결하고 DO는 아날로그 A1번에 연결합니다. 중간의 GND는 표시가 없을 것입니다. 이 부분은 아두이노의 GND에 연결합니다. 부저의 +부분인 긴 다리는 아두이노의 디지털 9번에 연결하고 나머지 다리는 GND에 연결합니다.

아두이노와 센서를 연결하기 위해 다음과 같이 3가지 경우가 가능합니다. 여러분이 가진 아두이노에 맞게 이 중 1가지 방법으로 연결하도록 합니다. 어느 방법으로 연결하던 결과는 동일합니다. 앞서 사용한 상태 그대로 한다면 화염센서와 부저만 연결하면 됩니다.

❶ 아두이노 + 브레드보드

아두이노와 브레드보드를 연결하여 사용하는 경우에는 다음과 같이 연결합니다.

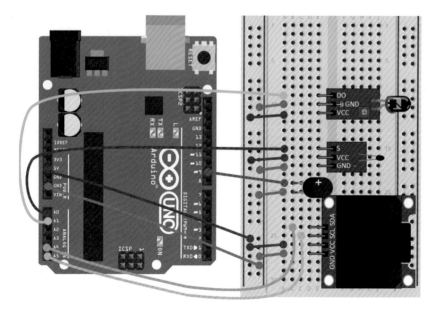

❷ 아두이노 + 브레드쉴드

아두이노 위에 얹어서 브레드쉴드를 사용하는 경우에는 다음과
같이 연결합니다.

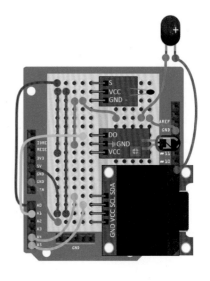

❸ 아두이노 나노 + 브레드보드

소형 아두이노인 아두이노 나노를 이용할 경우 브
레드보드에 끼운 후 다음과 같이 연결하여 사용합
니다.

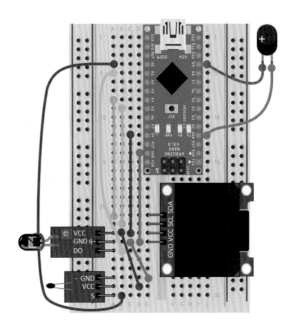

2 화재감지코드 작성하기

코드를 작성합니다

컴퓨터의 ⊞ 버튼을 눌러 ∞를 선택합니다. 메뉴의 [파일]−[새 파일]을 선택합니다. 자동 생성된 코드를
다음과 같이 수정합니다.

📁 예제 폴더 Exam1203

```
#include "U8glib.h"
#include <math.h>

double GetTemp(int data)
{
  double Temp;
  Temp = log(10000.0*((1024.0/data-1)));

  double i;
  i = 0.0000000876741 * Temp * Temp;
  i = (0.000234125 + i) * Temp;
  i = i + 0.001129148;
  i = 1 / i;
  Temp = i - 273.15;
  return Temp;
}


U8GLIB_SSD1306_128X64 u8g(U8G_I2C_OPT_NONE|U8G_I2C_OPT_DEV_0);

void setup()
{
  pinMode(A1, INPUT_PULLUP);          화염센서를 사용하기 위해 A1을 지정합니다.
}


void loop()
{
  int    a = analogRead(A0);
  int    b = digitalRead(A1);          화염센서의 값을 가지고 옵니다.
  double t = GetTemp(a);

  u8g.firstPage();
  do
  {
    u8g.setFont(u8g_font_unifont);
```

```
    u8g.drawStr(0, 10, "Temp");
    String s1 = String(t);
    u8g.drawStr(60, 10, s1.c_str());

    if(b == 0) u8g.drawStr(60, 30, "********");   ← 불꽃이 생긴 경우입니다.
    if(b == 1) u8g.drawStr(60, 30, "--------");   ← 이상이 없는 경우입니다.
  }
  while (u8g.nextPage());

  if(b == 0)                                      ← 불꽃이 생긴 경우 부저음을 냅니다.
  {
    tone(9, 262);
    delay(100);
    noTone(9);
  }

  delay(100);
}
```

아날로그 A1번에 연결한 화염센서로부터 값을 가지고 옵니다. b의 값이 0이면 불꽃을 감지한 경우입니다. b의 값이 1이면 아무 이상이 없는 상태입니다.

작동시켜 봅니다

코드를 작성한 스케치로 프로그램을 실행시켜 봅니다. 아두이노에 프로그램을 업로드해야 합니다. 그림과 같은 업로드 아이콘을 클릭해서 아두이노로 전송합니다.

이 상태에서 여러분이 만든 프로그램이 동작하는 것을 확인해 봅니다. 온도센서에서 가져온 온도가 표시되는 것을 볼 수 있습니다. 평상시에는 --------로 표시되던 것이 화염센서에 불꽃을 가져가면 ********로 표시되는 것을 볼 수 있습니다.

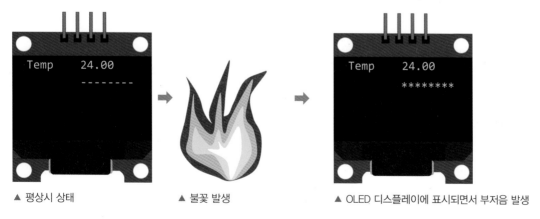

▲ 평상시 상태　　　　　　　▲ 불꽃 발생　　　　　　　▲ OLED 디스플레이에 표시되면서 부저음 발생

05 모듈 만들기

센서를 쉽게 사용하려면 모듈의 형태로 만들면 편리합니다. 센서만 구입하면 매우 저렴하지만 사용하기 불편합니다. 구입한 센서를 모듈의 형태로 만드는 방법을 알아봅니다.

1 온도센서

❶ 준비물

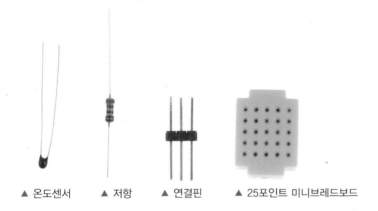

▲ 온도센서　　▲ 저항　　▲ 연결핀　　▲ 25포인트 미니브레드보드

❷ 회로 구성

다음의 그림과 같이 회로를 구성합니다.

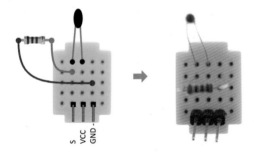

❸ 코드 수정

모듈과 동일하게 사용 가능합니다.

2 화염센서

❶ 준비물

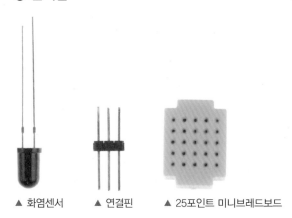

▲ 화염센서　　　▲ 연결핀　　　▲ 25포인트 미니브레드보드

❷ 회로 구성

다음의 그림과 같이 회로를 구성합니다.

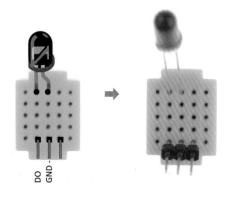

DO
GND

❸ 코드 수정

모듈과 동일하게 사용 가능합니다.

이제까지 다뤄본 아두이노와 센서로 여러분은 무엇이든
만들 수 있습니다.
몇 가지 센서와 모터 등을 이용해 재미있는 기능의
아두이노 프로젝트를 시작해 봅시다.

PART

03

응용편

공 던지기 게임 : 서보모터

아두이노의 센서기능과 서보모터를 이용해 게임을 만들어 볼 수 있습니다. 모터는 움직이는 기능을 수행하기 때문에 움직임이 있는 기능을 활용하여 만들어 볼 수 있습니다. 여기에 다양한 센서를 더한다면 더 재미있는 기능으로 만들어 볼 수 있을 것입니다.

※ 13장의 아두이노 구성은 MDS 테크놀러지 김재형 팀장의 아이디어입니다.

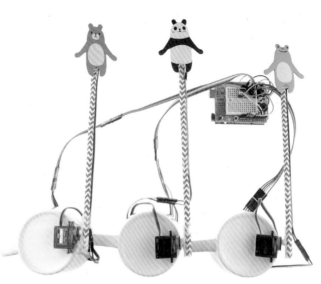

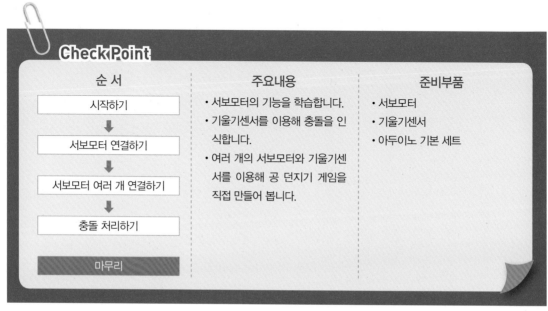

CheckPoint

순 서	주요내용	준비부품
시작하기 ↓ 서보모터 연결하기 ↓ 서보모터 여러 개 연결하기 ↓ 충돌 처리하기 ↓ 마무리	• 서보모터의 기능을 학습합니다. • 기울기센서를 이용해 충돌을 인식합니다. • 여러 개의 서보모터와 기울기센서를 이용해 공 던지기 게임을 직접 만들어 봅니다.	• 서보모터 • 기울기센서 • 아두이노 기본 세트

01 시작하기

서보모터는 일정한 각도로 움직이는 모터입니다. 비교적 사용이 간단하고 정확해서 움직이는 것을 다양하게 만들어
볼 수 있습니다. 서보모터의 움직임도 기울기센서를 이용하여 여러분만의 재미있는 게임기를 만들어 보겠습니다.

1 필요한 부품

다음의 부품이 필요합니다.

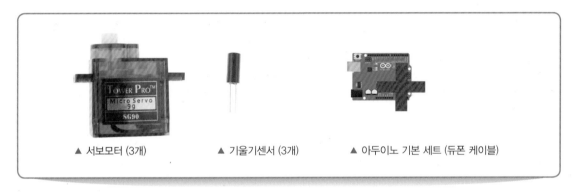

▲ 서보모터 (3개)   ▲ 기울기센서 (3개)   ▲ 아두이노 기본 세트 (듀폰 케이블)

2 서보모터

서보모터는 영어로 'Servo Motor'라고 씁니다.
서보모터는 일정한 각도만 움직이도록 고정되
어 있다는 것이 특징입니다. 보통 모터는 계속
회전하지만 서보모터는 회전이 정해져 있습니
다. 그래서 서보모터는 정확한 움직임이 필요한
경우 사용하는 모터입니다.

서보모터는 별도로 존재하는 모터가 있는 것이 아닙니다. 서보(Servo)라는 기술이 적용된 것입니다. 이를
통해 정확한 각도로 움직임이 가능한 서보모터를 만들어 낸 것입니다. 우리가 흔히 사용하는 서보모터는
SG90이라는 모터입니다. 이 모터는 수많은 제조사가 제작하고 있어 많이 사용되고 저렴합니다. SG90서보
모터는 움직이는 각도가 180도로 고정되어 있어 0도부터 180도까지만 움직일 수 있습니다. 서보모터에는
고리를 달 수 있도록 되어 있는데 이를 이용해 문을 열거나 방향을 조정하는 등의 일을 할 수 있습니다.
서보모터와 비슷한 모터로는 스테퍼모터(Stepper Moter)라고 있습니다. 비교적 고가이지만 이 스테퍼모
터는 일반모터처럼 무한히 회전이 가능하면서도 각도를 조절할 수 있다는 장점이 있습니다. 다만 속도가
너무 느려서 게임과 같은 갑작스런 움직임을 주기에는 어렵습니다.

주의 기울기센서는 "Chapter 07. 알림 만들기"를 참고하세요.

02 서보모터 연결하기

일정한 움직임이 가능한 서보모터를 사용해 보겠습니다.

1 서보모터 연결하기

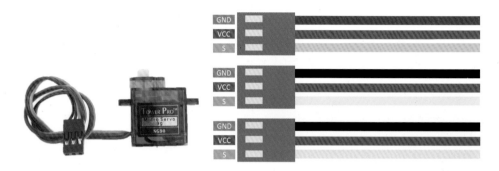

연결하고자 하는 서보모터는 3개의 핀을 가지고 있습니다. 여러 종류의 서보모터가 있어 그림과 같이 선의 색상을 보고 연결해야 합니다.

아두이노와 연결하기 위해 다음과 같이 3가지 경우가 가능합니다. 여러분이 가진 아두이노에 맞게 이 중 1가지 방법으로 연결하도록 합니다. 어느 방법으로 연결하던 결과는 동일합니다. GND는 아두이노의 GND와 연결하고 VCC는 아두이노의 5V 전원과 연결합니다. 움직이는 데이터가 연결되는 S위치의 선은 디지털 4번에 연결합니다.

❶ 아두이노 + 브레드보드
아두이노와 브레드보드를 연결하여 사용하는 경우에는 다음과 같이 연결합니다.

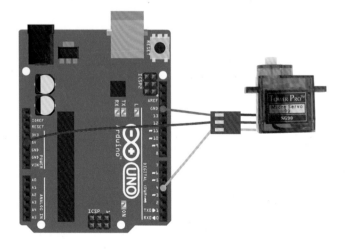

❷ 아두이노 + 브레드쉴드

아두이노 위에 얹어서 브레드쉴드를 사용하
는 경우에는 다음과 같이 연결합니다.

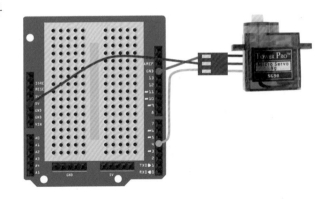

❸ 아두이노 나노 + 브레드보드

소형 아두이노인 아두이노 나노를 이용할 경우
브레드보드에 끼운 후 다음과 같이 연결하여
사용합니다.

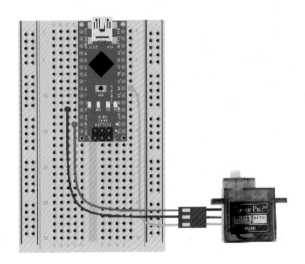

2 서보모터 작동하기

코드를 작성합니다

컴퓨터의 ⊞ 버튼을 눌러 ∞를 선택합니다. 메뉴의 [파일]-[새 파일]을 선택합니다. 자동 생성된 코드를
다음과 같이 수정합니다.

📁 예제 폴더 Exam1301

```
#include "Servo.h"        ← 사용할 서보모터를 나타냅니다.
Servo servo;              ← 서보모터를 소문자 servo라는 이름으로 사용합니다.


void setup()
```

```
{
  servo.attach(4);          서보모터를 디지털 4번에 연결합니다.
}


void loop()
{
  servo.write(180);         서보모터를 180도 움직입니다.
  delay(500);
  servo.write(90);          서보모터를 90도 움직입니다.
  delay(500);
  servo.write( 0);          서보모터를 0도로 되돌아갑니다.
  delay(500);
}
```

아두이노 개발도구를 설치하면 서보모터를 사용할 수 있습니다. #include "Servo.h"를 하면 사용이 가능
합니다. Servo servo는 서보모터를 사용하겠다고 지정한 것으로 servo.attach(4)와 같은 형태로 사용할
디지털 4번을 지정합니다. servo.write(0)는 원래 서보모터의 위치를 의미하며 servo.write(90)는 90도로
꺾어지라는 의미가 됩니다. servo.write(180)는 180도로 정반대로 움직이게 됩니다.

작동시켜 봅니다

코드를 작성한 스케치로 프로그램을 실행시켜 봅니다. 아두이노에 프로그램을 업로드해야 합
니다. 그림과 같은 업로드 아이콘을 클릭해서 아두이노로 전송합니다.

서보혼(Servo Horn)을 서보모터에 끼웁니다. 더 단단히 끼우려면 같이 포장된 볼트를 중앙에 넣고 조
이면 아주 단단히 고정됩니다. 이 상태에서 다시 작동시켜 보면 다음 그림의 순서대로 움직이는 것을
알 수 있습니다.

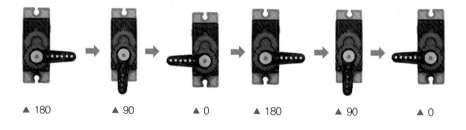

▲ 180   ▲ 90   ▲ 0   ▲ 180   ▲ 90   ▲ 0

처음에 180도로 움직였다가 다시 90도로 움직이고 다시 0도로 복귀합니다. 그리고는 다시 180도로 움직
이는 것이 반복되는 것을 알 수 있습니다. 서보모터에 끼우는 서보혼은 위치를 마음대로 할 수 있습니다.

ⓞ③ 서보모터 여러 개 연결하기

1 서보모터 연결하기

앞서 아두이노와 연결한 구성을 그대로 둔 상태에서 다음의 연결을 추가해야 합니다. 여러분이 가진 아두이노에 맞게 이 중 1가지 방법을 추가로 연결하여 구성하도록 합니다. 어느 방법으로 연결하던 결과는 동일합니다. 서보모터 3개가 필요하며 가능하면 듀폰 케이블로 직접 연결할 것을 권합니다.

❶ 아두이노 + 브레드보드

아두이노와 브레드보드를 연결하여 사용하는 경우에는 다음과 같이 연결합니다.

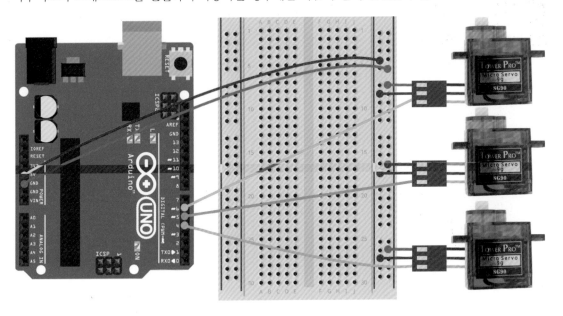

❷ 아두이노 + 브레드쉴드

아두이노 위에 얹어서 브레드쉴드를 사용하는 경우에는 다음과 같이 연결합니다.

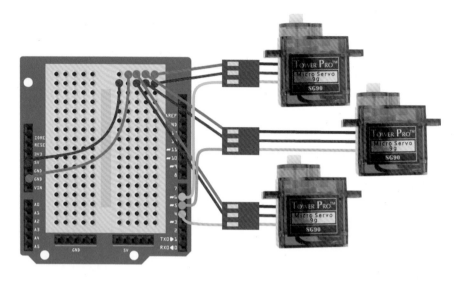

❸ 아두이노 나노 + 브레드보드

소형 아두이노인 아두이노 나노를 이용할 경우 브레드보드에 끼운 후 다음과 같이 연결하여 사용합니다.

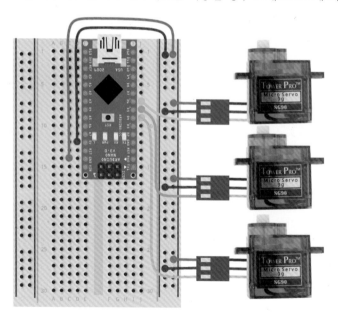

2 서보모터 작동하기

코드를 작성합니다

컴퓨터의 ⊞ 버튼을 눌러 ∞를 선택합니다. 메뉴의 [파일]-[새 파일]을 선택합니다. 자동 생성된 코드를 다음과 같이 수정합니다.

📁 예제 폴더 Exam1302

```
#include "Servo.h"

Servo  servo1;        디지털 4번에 연결된 서보모터는 'servo1'이라고 사용합니다.
Servo  servo2;        디지털 5번에 연결된 서보모터는 'servo2'이라고 사용합니다.
Servo  servo3;        디지털 6번에 연결된 서보모터는 'servo3'이라고 사용합니다.

void setup()
{
  servo1.attach(4);   첫 번째 서보모터를 디지털 4번에 연결합니다.
  servo2.attach(5);   두 번째 서보모터를 디지털 5번에 연결합니다.
  servo3.attach(6);   세 번째 서보모터를 디지털 6번에 연결합니다.
}

void loop()
{
  servo1.write(0);    첫 번째 서보모터를 0도로 되돌립니다.
  servo2.write(0);    두 번째 서보모터를 0도로 되돌립니다.
  servo3.write(0);    세 번째 서보모터를 0도로 되돌립니다.
  delay(500);
  servo1.write(90);   첫 번째 서보모터만 90도로 움직입니다.
  servo2.write(0);
  servo3.write(0);
  delay(500);
  servo1.write(0);
  servo2.write(90);   두 번째 서보모터만 90도로 움직입니다.
  servo3.write(0);
  delay(500);
  servo1.write(0);
  servo2.write(0);
  servo3.write(90);   세 번째 서보모터만 90도로 움직입니다.
  delay(500);
}
```

여러 개의 서보모터를 사용하는 경우 servo1, servo2, servo3과 같이 이름을 추가해서 사용 가능합니다. 사용하는 단자의 번호만 겹치지 않으면 전혀 문제없습니다.

작동시켜 봅니다

코드를 작성한 스케치로 프로그램을 실행시켜 봅니다. 아두이노에 프로그램을 업로드해야 합 니다. 그림과 같은 업로드 아이콘을 클릭해서 아두이노로 전송합니다.

이 상태에서 여러분이 만든 프로그램이 동작하는 것을 확인해 봅니다. 여러 개의 서보모터 중 1개씩 순서대로 움직이는 것을 알 수 있습니다.

▲ 모두 0도 　▲ 첫 번째만 90도 　▲ 두 번째만 90도 　▲ 세 번째만 90도 　▲ 모두 0도

❸ 서보모터 자동 추가하기

서보모터가 늘어나면 코드도 같이 늘어나야 합니다. 코드가 계속 길어지게 됩니다. 코드가 길어지지 않도록 코드를 수정해 보겠습니다. 간단히 수정해서 늘어나는 서보모터를 모두 사용해 보도록 하겠습니다. 여기에서는 배열이라는 것을 이용합니다.

코드를 작성합니다

컴퓨터의 ⊞ 버튼을 눌러 ∞를 선택합니다. 메뉴의 [파일]-[새 파일]을 선택합니다. 자동 생성된 코드를 다음과 같이 수정합니다.

📁 예제 폴더 Exam1303

```
#include "Servo.h"

#define MAX 3                        ← 사용할 서보모터 개수를 지정합니다.

int      motor[MAX] = { 4, 5, 6 };   ← 사용할 서보모터의 디지털 단자를 지정합니다.
Servo    servo[MAX];                 ← 모든 서보모터를 다룰 servo를 만듭니다.

void setup()
{
```

```
  for( int i = 0 ; i < MAX ; i++ )        i를 0부터 MAX 값까지 순서대로 바꿔주면서 반복합니다.
  {
    servo[i].attach(motor[i]);            서보모터에서 사용할 디지털 단자를 순서대로 지정합니다.
  }
}

void loop()
{
  for(int i=0;i<MAX;i++) servo[i].write(0);    모든 서보모터를 0도로 이동합니다.
  delay(500);

  for(int i=0;i<MAX;i++) servo[i].write(0);
  servo[0].write(90);                     첫 번째 서보모터만 90도로 움직입니다.
  delay(500);

  for(int i=0;i<MAX;i++) servo[i].write(0);
  servo[1].write(90);                     두 번째 서보모터만 90도로 움직입니다.
  delay(500);

  for(int i=0;i<MAX;i++) servo[i].write(0);
  servo[2].write(90);                     세 번째 서보모터만 90도로 움직입니다.
  delay(500);
}
```

MAX는 사용할 모터의 개수를 의미합니다. motor와 servo는 MAX가 지정한 개수만큼의 공간을 만듭니다. 만들어진 공간을 배열이라고 합니다. 코드에서는 3개를 지정했습니다. 그러므로 motor와 servo는 3개씩 지정 가능합니다. motor는 첫 번째, 두 번째, 세 번째에 각각 4, 5, 6이라는 값을 지정했습니다. motor[0]에는 4를, motor[1]에는 5를, motor[2]에는 6이 지정되었습니다. 이것은 motor[0]은 4라는 숫자와 동일합니다. motor[1]은 5와 motor[2]는 6이라는 숫자와 동일합니다. servo도 3개가 만들어졌습니다. servo[i].attach(motor[i])를 통해 motor에서 지정한 번호를 자동으로 지정합니다. 서보모터에 디지털 4번부터 6번까지 지정된 것입니다. for(int i=0;i<MAX;i++) servo[i].write(0)는 모든 서보모터를 한 번에 0도로 이동시킵니다. servo[0].write(90)는 첫 번째 서보모터만 90도로 이동시키게 됩니다.

사용한 코드 중 다음의 코드는 축소시켜 작성한 코드입니다.

```
for( int i = 0 ; i < MAX ; i++ ) servo[i].write(0);
```

원래의 코드는 다음과 같으며 동일합니다.

```
for( int i = 0 ; i < MAX ; i++ )
{
    servo[i].write(0);
}
```

한 줄로 코드를 작성해도 상관없습니다. ;와 }로 끝나는 부분만 주의하면 됩니다.

작동시켜 봅니다

코드를 작성한 스케치로 프로그램을 실행시켜 봅니다. 아두이노에 프로그램을 업로드해야 합
니다. 그림과 같은 업로드 아이콘을 클릭해서 아두이노로 전송합니다.

이 상태에서 여러분이 만든 프로그램이 동작하는 것을 확인해 봅니다. 다음과 같이 앞서 작동한 것과 동
일하게 작동되는 것을 볼 수 있습니다.

▲ 모두 0도　　　　▲ 첫 번째만 90도　　▲ 두 번째만 90도　　▲ 세 번째만 90도　　▲ 모두 0도

작성한 코드를 응용해 모든 서보모터를 한 번에 내리고 올릴 수 있습니다. 다음의 코드를 이용하면 간단
히 가능합니다.

```
for(int i=0;i<MAX;i++) servo[i].write(0);
delay(500);
for(int i=0;i<MAX;i++) servo[i].write(90);
delay(500);
```

앞의 코드는 몇 개의 서보모터가 있더라도 동일하게 작동합니다. 100개의 모터를 연결했다 하더라도 코
드는 동일합니다. 이것은 MAX에서 지정한 값이 그 역할을 하게 됩니다. MAX가 지정한 값으로 배열을
늘리고 여기에 사용할 단자를 지정하면 끝입니다. 이 섹션에서 배열이라는 것을 이용한 것은 코드도 간
단하게 하고 서보모터를 쉽게 더 늘릴 수 있는 방법을 알려주기 위함입니다.

4 제멋대로 움직이기

이제 게임처럼 작동되도록 만들어 보겠습니다. 서보모터가 제멋대로 올라온다면 재미있는 게임이 될 수 있을 것입니다. 여러분도 알 수 없게 서보모터를 제멋대로 움직이게 해 보겠습니다. 제멋대로는 어느 서보모터가 움직일지 모른다는 의미이지, 어느 각도로 움직일지 모른다는 뜻이 아닙니다.

코드를 작성합니다

컴퓨터의 ⊞ 버튼을 눌러 ∞를 선택합니다. 메뉴의 [파일]-[새 파일]을 선택합니다. 자동 생성된 코드를 다음과 같이 수정합니다.

📁 예제 홀더 Exam1304

```
#include "Servo.h"

#define MAX 3

int motor[MAX] = { 4, 5, 6 };
Servo servo[MAX];

void setup()
{
  for(int i=0;i<MAX;i++)
  {
    servo[i].attach(motor[i]);
  }
}

void loop()
{
  for(int i=0;i<MAX;i++) servo[i].write(0);

  int s = random(0, MAX);        ◁ 0에서 MAX 사이에 아무 값을 만듭니다. s에 들어갑니다.
  servo[s].write(90);            ◁ s에 해당하는 서보모터가 움직입니다.
  delay(500);
}
```

random( )은 어떤 값을 마음대로 만들어주는 기능을 합니다. 아무 값이나 주기는 하지만 숫자가 커지면 위험하니 그 범위를 지정해 줍니다. 0부터 MAX미만까지입니다. MAX미만이니 MAX에서 1을 빼준 값까지만 해당됩니다. 여기서는 MAX가 3이기 때문에 random( )은 0, 1, 2의 값만 만들어 줘서 s에 전달합니다. servo[s]는 어느 서보모터를 말하는 것인지는 그때그때 다릅니다.

코드를 작성한 스케치로 프로그램을 실행시켜 봅니다. 아두이노에 프로그램을 업로드해야 합
니다. 그림과 같은 업로드 아이콘을 클릭해서 아두이노로 전송합니다.

이 상태에서 여러분이 만든 프로그램이 동작하는 것을 확인해 봅니다. 작동되는 순서가 제 멋대로인 것
을 알 수 있을 것입니다. 이것은 다음의 그림과 같이 random에 들어간 0, 1, 2의 값이 어떤 값으로 나올
지 모르기 때문입니다.

04 충돌 처리하기

충돌을 알 수 있는 센서는 많이 있습니다. 기울기센서는 기울어진 것을 알 수도 있지만 일시적으로 기울림이 생긴 것도 알 수 있습니다. 이 기울기센서를 활용해 보겠습니다.

1 기울기센서 연결하기

기울기센서는 모듈의 형태가 아닌 부품만 사용합니다. 가격과 크기 등을 고려해서 부품만 사용합니다.

앞서 아두이노와 연결한 구성을 그대로 둔 상태에서 다음의 연결을 추가로 해야 합니다. 여러분이 가진 아두이노에 맞게 이 중 1가지 방법을 추가로 연결하여 구성하도록 합니다. 이느 방법으로 연결하던 결과는 동일합니다. 기울기센서의 한쪽은 아두이노의 GND와 연결하고 나머지는 아날로그 A0번부터 A2번까지 연결합니다. 아날로그 A0번에 연결된 기울기 센서는 디지털 6번에 연결되어 서보모터와 짝을 이룹니다. 아날로그 A1번은 디지털 5번 서보모터, 아날로그 A2번은 디지털 4번 서보모터와 각각 짝을 이루게 됩니다.

❶ 아두이노 + 브레드보드
아두이노와 브레드보드를 연결하여 사용하는 경우에는 다음과 같이 연결합니다.

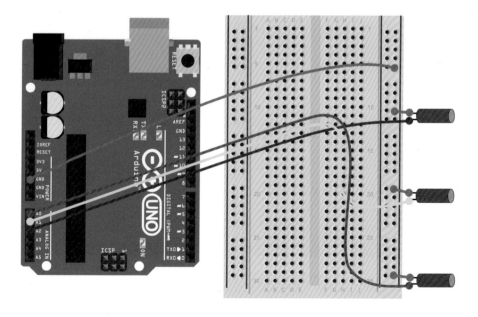

❷ 아두이노 + 브레드쉴드

아두이노 위에 얹어서 브레드쉴드를 사용하는 경우
에는 다음과 같이 연결합니다.

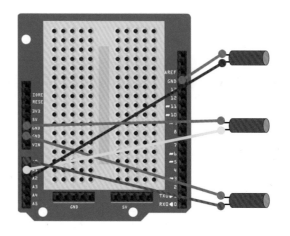

❸ 아두이노 나노 + 브레드보드

소형 아두이노인 아두이노 나노를 이용할 경우 브레드
보드에 끼운 후 다음과 같이 연결하여 사용합니다.

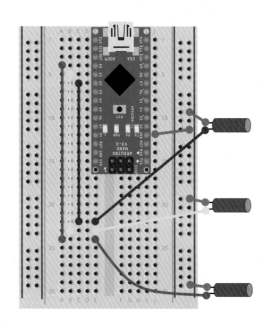

2 충돌을 코드로 처리하기

코드를 작성합니다

컴퓨터의 ⊞ 버튼을 눌러 ∞를 선택합니다. 메뉴의 [파일]-[새 파일]을 선택합니다. 자동 생성된 코드를
다음과 같이 수정합니다.

📂 예제 폴더 Exam1305

```
#include "Servo.h"
#define MAX 3
int motor[MAX] = { 4,   5,  6 };
```

```
int tilts[MAX] = { A0, A1, A2 };          ◁ 사용할 기울기센서의 아날로그 단자를 지정합니다.
Servo servo[MAX];

void setup()
{
  for( int i = 0 ; i < MAX ; i++ )
  {
    servo[i].attach(motor[i]);
  }
}

void loop()
{
  for(int i=0;i<MAX;i++) servo[i].write( 0 );    ◁ 모든 서보모터를 0으로 이동시킵니다.

  int s = random(0, MAX);        ◁ 0에서 MAX 사이에 아무 값을 만듭니다. s에 들어갑니다.
  servo[s].write(90);            ◁ s에 해당하는 서보모터가 움직입니다.
  delay(500);

  for(int j=0;j<30;j++)          ◁ 기다립니다. delay(100)을 30번 합니다. 총 3초를 기다립니다.
  {
    int r = analogRead(tilts[s]);   ◁ 모든 서보모터와 짝을 이루는 기울기센서를 가져옵니다.

    if(r >= 50)                 ◁ 기울기센서 값이 50이 넘으면 움직임이 큰 경우입니다.
    {
      break;                    ◁ 더 이상 기다리지 않고 for( )를 나갑니다.
    }
    delay(100);
  }
}
```

tilts는 사용하는 기울기센서를 의미합니다. 서보모터와 짝을 이루므로 디지털 4번과는 아날로그 A0번이 짝을 이루는 식입니다. r에는 서보모터와 짝을 이루는 기울기센서의 값이 있습니다. 기울기센서가 조금이라도 움직이면 값이 올라갑니다. if(r >= 50)를 통해 값이 50을 넘으면 충돌이 있는 것으로 생각할 수 있습니다.

작동시켜 봅니다

코드를 작성한 스케치로 프로그램을 실행시켜 봅니다. 아두이노에 프로그램을 업로드해야 합
니다. 그림과 같은 업로드 아이콘을 클릭해서 아두이노로 전송합니다.

이 상태에서 여러분이 만든 프로그램이 동작하는 것을 확인해 봅니다. 서보모터가 움직일 때 짝을 이루
는 기울기 센서를 움직이면 서보모터가 바로 원래 위치로 돌아갑니다. 하지만 기울기센서를 건드리지 않
고 가만히 두면 3초간 가만히 있다가 원래 위치로 돌아갑니다. 이것을 무한히 반복하게 됩니다.

05 마무리

만들어본 기능을 정리해서 진짜 게임을 해 보겠습니다. 앞의 과정을 빠짐없이 구성해야 게임을 만들 수 있습니다.

1 전체 구성

앞의 구성에 부저를 추가해야 합니다. 게임의 진행 상태를 알릴 방법이 필요하기
때문입니다.

앞서 아두이노와 연결한 구성을 그대로 둔 상태에서 다음의 연결을 추가해야 합니다. 여러분이 가진 아두이노에 맞게 이 중 1가지 방법을 추가로 연결하여 구성하도록 합니다. 어느 방법으로 연결하던 결과는 동일합니다. 부저의 +부분인 긴 다리를 아두이노의 디지털 9번에 연결하고 나머지를 아두이노의 GND와 연결합니다.

❶ 아두이노 + 브레드보드
아두이노와 브레드보드를 연결하여 사용하는 경우에는 다음과 같이 연결합니다.

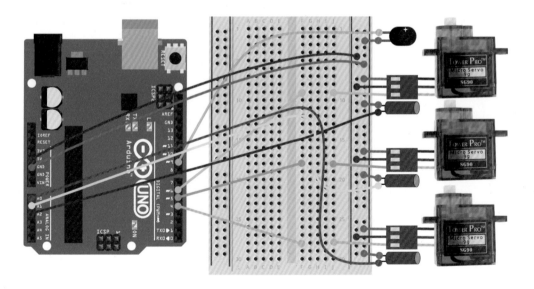

❷ 아두이노 + 브레드쉴드

아두이노 위에 얹어서 브레드쉴드를 사용하는 경우에는 다음과 같이 연결합니다.

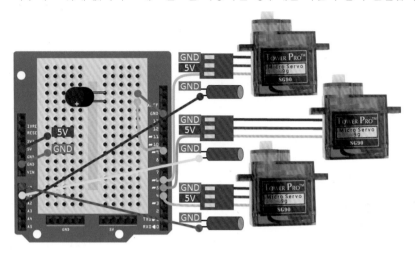

❸ 아두이노 나노 + 브레드보드

소형 아두이노인 아두이노 나노를 이
용할 경우 브레드보드에 끼운 후 다음
과 같이 연결하여 사용합니다.

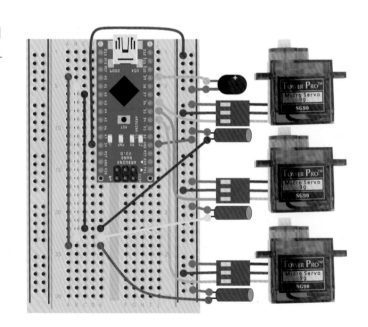

2 게임 요소 코드 추가하기

코드를 작성합니다

컴퓨터의 ▦ 버튼을 눌러 ∞를 선택합니다. 메뉴의 [파일]–[새 파일]을 선택합니다. 자동 생성된 코드를
다음과 같이 수정합니다.

```
#include "Servo.h"
#define MAX 3
int motor[MAX] = {  4,   5,   6 };
int tilts[MAX] = {  A0,  A1,  A2 };
Servo servo[MAX];

void setup()
{
  for(int i=0;i<MAX;i++)
  {
    servo[i].attach(motor[i]);
  }
}

int big   = 0;
int count = 0;
int succ  = 0;

void loop()
{
  for(int i=0;i<MAX;i++) servo[i].write(0);
  delay(500);

  int s = random(0, MAX);
  servo[s].write(90);
  delay(1000);

  for(int j=0;j<30;j++)
  {
    int r = analogRead(tilts[s]);

    if(r >= 50)
    {
      succ++;
      tone(9, 292);
      delay(1000);
      noTone(9);
      break;
    }
    delay(100);
  }
```

가장 높이 게임한 점수를 기록합니다.

10번만 진행하도록 작동될 때마다 1씩 증가합니다.

게임한 점수를 기록합니다.

게임 점수를 추가합니다.

소리를 냅니다.

더 이상 기다리지 않습니다.

```
  servo[s].write(0);
  delay(1000);

  count++;                                    10번을 했는지를 확인하기 위해 1씩 추가합니다.

  if(count >= 10)                             10번을 다 했는지 확인합니다.
  {
    tone(9, 262);   delay(500);               끝났다는 의미로 소리를 냅니다.
    noTone(9);      delay(500);
    tone(9, 262);   delay(500);
    noTone(9);      delay(500);
    tone(9, 262);   delay(500);
    noTone(9);      delay(500);
    tone(9, 262);   delay(500);
    noTone(9);      delay(500);

    if(big < succ)                            새로운 최고 점수인지 확인합니다.
    {
      big = succ;                             현재 점수를 최고 점수로 변경합니다.

      tone(9, 262);   delay(1000);            새로운 최고 점수를 알리는 "도미솔" 음을 냅니다.
      tone(9, 330);   delay(1000);
      tone(9, 392);   delay(1000);
      noTone(9);
    }

    count = 0;                                10번을 새로 시작하기 위해 0으로 바꿔줍니다.
    succ = 0;                                 현재 점수도 새로 기록하기 위해 0으로 바꿔줍니다.
  }
}
```

이 코드는 계속 게임을 하도록 되어 있습니다. 10번 진행하면 다시 처음부터 시작을 합니다. 점수는 최대 10점이고 큰 점수가 되면 big에 새로운 점수를 기록하게 됩니다. 10번 진행되는지 확인하기 위해 count 를 사용합니다. 처음에 0부터 9까지 기록하고 10이 되면 11번째이므로 다시 0으로 바꾸게 됩니다. 이 부분에서 big의 값을 변경하게 됩니다.

작동시켜 봅니다

코드를 작성한 스케치로 프로그램을 실행시켜 봅니다. 아두이노에 프로그램을 업로드해야 합니다. 그림과 같은 업로드 아이콘을 클릭해서 아두이노로 전송합니다.

3 만들어보기

❶ 앞의 과정으로 실제 아두이노로 구성하면 다음과
같이 만들어 집니다. 부품을 브레드보드에 직접
연결하지 않고 듀폰 케이블을 이용해 길게 연결
합니다.

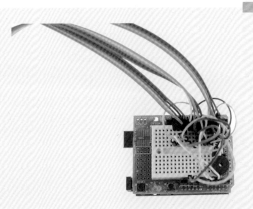

❷ 재료를 준비합니다. "다이소"라는 생활용품할인점에 가면 매우 저렴하게 구할 수 있습니다. 서보모터에 연결할
빨대와 같은 긴 대롱이 필요합니다. 대롱이나 케이블을 붙일 양면테이프가 필요합니다. 투명테이프도 사용하면
편리합니다.

❸ 앞의 과정으로 실제 아두이노로 구성하면 다음과 같이 만들어 집니다. 부품을
브레드보드에 직접 연결하지 않고 듀폰 케이블을 이용해 길게 연결합니다.

❹ 빨대의 끝에 충돌을 감지할 기울기센서를 연
결합니다. 듀폰 케이블을 빨대에 붙이고 거기
에 기울기센서를 연결합니다.

❺ 준비한 컵을 뒤집습니다. 그 위에 서보모터를 붙이고 빨대를 붙입니다. 양면테이프나 투명테이프를 이용하면 됩니다.

❻ 케이블까지 연결되어 완성된 모습입니다.

❼ 기울기센서가 달린 곳에 종이를 던져서 맞출 판을 붙입니다. 동물이 그려진 작은 집게를 붙이도록 하겠습니다.

❽ 옆에서 보면 다음과 같습니다.

❾ 완성된 모습은 다음과 같습니다.

❿ 옆에서 보면 다음과 같습니다.

⓫ 다음과 같이 종이를 뭉쳐서 던지면 게임을 할 수 있습니다.

⓬ 다음은 완성된 모습을 위에서 본 것입니다.

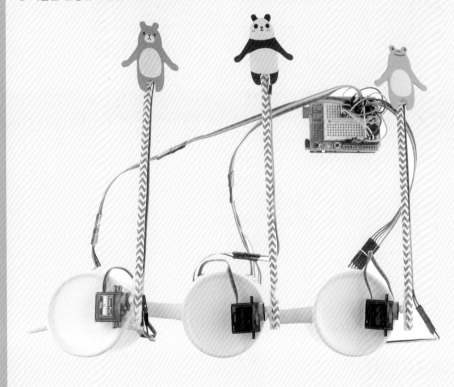

화분 기르기 : 온도/습도/토양수분

다양한 센서를 가지고 우리 일상에서 자주 보는 화분을 길러 볼 수 있습니다. 화분을 관리하기 위해 햇빛, 물, 온도 등이 중요할 것입니다. 그동안 다뤄본 다양한 센서를 통해 화분을 길러 보도록 합시다.

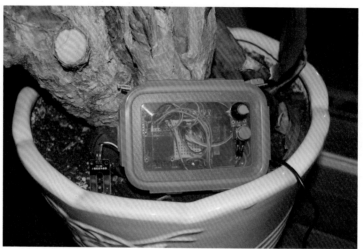

CheckPoint

순 서	주요내용	준비부품
시작하기	• 빛감지, 땅속부분감지, 온도, 습도의 정보를 사용합니다.	• OLED 디스플레이
↓		• 빛감지센서
화면 연결하기	• OLED 디스플레이를 통해 정보를 그래프로 출력해서 쉽게 알기 쉽도록 합니다.	• 토양수분센서
↓		• 온습도센서
토양센서 연결하기	• 가변저항과 버튼을 이용해 값을 조절합니다.	• 가변저항
↓		• 아두이노 기본 세트
온습도센서 연결하기		
↓		
설정 기능 추가하기		
마무리		

01 시작하기

식물을 길러주는데 중요한 것은 햇빛과 물입니다. 더불어 식물이 있는 환경의 온도와 습도도 영향이 큽니다. 이러한 정보를 수집해서 식물을 길러주는데 유용한 정보를 제공하면 식물이 죽지 않고 오래 살 수 있을 것입니다. 지정한 값에서 벗어나 식물이 위험하면 그것을 알려주는 아두이노를 구성해 보도록 하겠습니다.

1 필요한 부품

다음의 부품이 필요합니다.

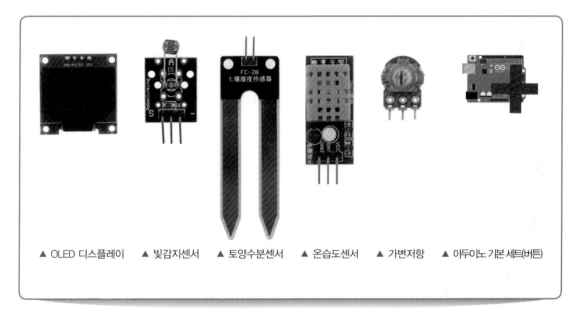

▲ OLED 디스플레이   ▲ 빛감지센서   ▲ 토양수분센서   ▲ 온습도센서   ▲ 가변저항   ▲ 아두이노 기본 세트(버튼)

2 온습도센서

온도와 습도를 동시에 알려주는 매우 저렴한 센서로 'DHT11'라고 있습니다. 이 센서는 사용이 다소 까다롭지만 온도와 습도를 모두 알려주기 때문에 편리하며 가격도 저렴합니다. 2가지 정보를 모두 주기 때문에 코드가 다소 복잡하지만 라이브러리로 간단히 사용하도록 제공합니다. 초보자도 어렵지 않게 사용이 가능합니다.

3 토양수분센서

토양의 수분을 알려주는 센서입니다. 센서를 땅속에 박아 넣고 사용을 합니다. 수분이 증가하면 센서가 주는 값도 변화하여 수분에 변화가 있는 것을 알 수 있습니다.

02 화면 연결하기

조용히 다양한 정보를 알려주기에는 OLED 디스플레이가 좋습니다. OLED 디스플레이를 연결합니다.

1 OLED 디스플레이 연결하기

아두이노와 연결하기 위해 다음과 같이 3가지 경우가 가능합니다. 여러분이 가진 아두이노에 맞게 이 중 1가지 방법으로 연결하도록 합니다. 어느 방법으로 연결하던 결과는 동일합니다. OLED 디스플레이의 SDA는 아날로그 A4번 핀에 연결하고, SCL은 아날로그 A5번 핀에 연결합니다. GND와 VCC는 각각 아두이노의 GND와 5V 전원에 연결합니다.

❶ 아두이노 + 브레드보드

아두이노와 브레드보드를 연결하여 사용하는 경우에는 다음과 같이 연결합니다.

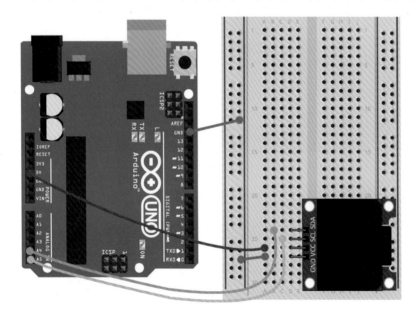

❷ 아두이노 + 브레드쉴드

아두이노 위에 얹어서 브레드쉴드를 사용하는 경우에는 다음
과 같이 연결합니다.

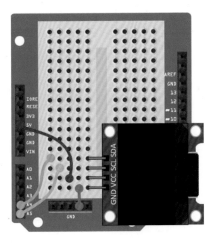

❸ 아두이노 나노 + 브레드보드

소형 아두이노인 아두이노 나노를 이용할
경우 브레드보드에 끼운 후 다음과 같이 연
결하여 사용합니다.

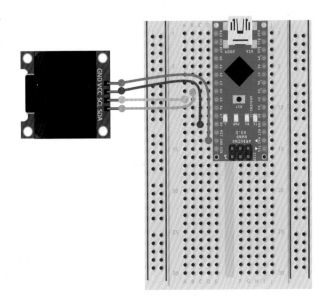

참조

OLED 디스플레이에 대한 자세한 사용은 Chapter 12를 반드시 참조하세요.

② U8glib 코드 작성하기

코드를 작성합니다

컴퓨터의 ▦ 버튼을 눌러 ◉를 선택합니다. 메뉴의 [파일]−[새 파일]을 선택합니다. 자동 생성된 코드를 다음과 같이 수정합니다.

📁 예제 폴더 Exam1401

```
#include "U8glib.h"

U8GLIB_SSD1306_128X64 u8g(U8G_I2C_OPT_NONE|U8G_I2C_OPT_DEV_0);
```
┤ OLED 라이브러리를 사용합니다.

```
void setup()
{

}
```
┤ 아무런 코드를 작성하지 않습니다.

```
void loop()
{
  u8g.firstPage();
  do
  {
    draw();
  }
  while (u8g.nextPage());

  delay(1000);
}
```
┤ 화면에 그릴 내용을 draw( )에 모두 모아두었습니다.

```
void draw()
```
┤ 화면에 그릴 내용이 모두 여기에 들어 있습니다.
```
{
  u8g.setFont(u8g_font_6x12);
```
┤ 폰트를 지정해야 글자가 나타납니다.

```
  u8g.drawStr(0, 10, "A");
```
┤ 화면 앞에 글자 한 개씩 출력합니다.
```
  u8g.drawStr(0, 22, "B");
  u8g.drawStr(0, 34, "C");
  u8g.drawStr(0, 46, "D");
  u8g.drawStr(0, 58, "E");

  u8g.drawStr(10, 10, "ABCDE");
```
┤ 화면에서 약간 떨어져서 글자를 출력합니다.
```
  u8g.drawStr(10, 22, "ABCDE");
```

```
  u8g.drawStr(10, 34, "ABCDE");
  u8g.drawStr(10, 46, "ABCDE");
  u8g.drawStr(10, 58, "ABCDE");
}
```

draw( )라는 것에 그려질 코드를 작성합니다.

작동시켜 봅니다

코드를 작성한 스케치로 프로그램을 실행시켜 봅니다. 아두이노에 프로그램을 업로드해야 합
니다. 그림과 같은 업로드 아이콘을 클릭해서 아두이노로 전송합니다.

오류가 발생하면 "Chapter 12. 02 눈을 띄워라" 부분의 내용을 반드시 먼저 해 주세요.

여기까지 했다면 다음의 그림과 같이 OLED 디스플레이에 글자가 나타나는
것을 확인할 수 있습니다.

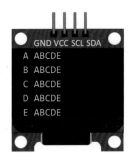

03 토양센서 연결하기

화분의 식물에게 물을 주면 화분안의 흙이 젖게 됩니다. 시간이 지나면 흙이 마르고 계속 마르면 식물이 위험해집니다. 그 화분 속 습도를 알아보겠습니다.

1 토양수분센서와 빛감지센서 연결하기

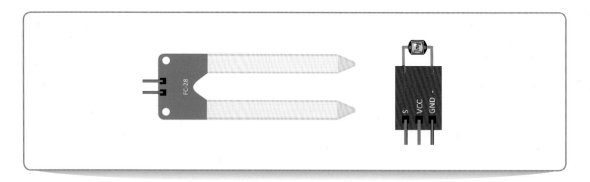

앞서 아두이노와 연결한 구성을 그대로 둔 상태에서 다음의 연결을 추가로 해야 합니다. 여러분이 가진 아두이노에 맞게 이 중 1가지 방법을 추가로 연결하여 구성하도록 합니다. 어느 방법으로 연결하던 결과는 동일합니다. 토양수분감지센서는 아날로그 A1번과 GND에 연결합니다. 빛감지센서는 아날로그 A0번에 연결합니다.

❶ 아두이노 + 브레드보드

아두이노와 브레드보드를 연결하여 사용하는 경우에는 다음과 같이 연결합니다.

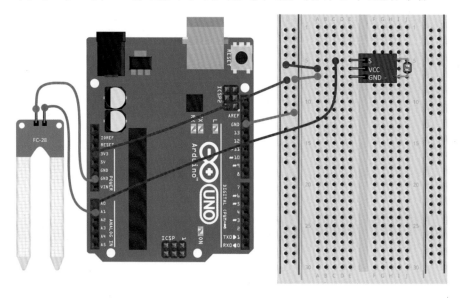

❷ 아두이노 + 브레드쉴드

아두이노 위에 얹어서 브레드쉴드를 사용하는 경우에
는 다음과 같이 연결합니다.

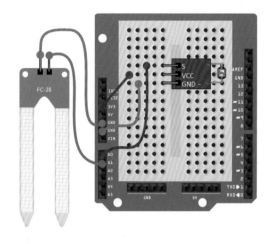

❸ 아두이노 나노 + 브레드보드

소형 아두이노인 아두이노 나노를 이용할 경우
브레드보드에 끼운 후 다음과 같이 연결하여 사
용합니다.

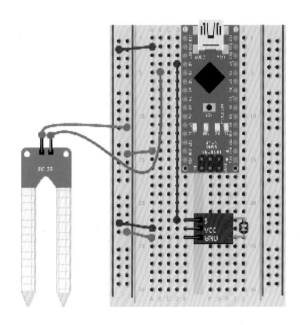

② 센서데이터 가져오기

코드를 작성합니다

컴퓨터의 ⊞ 버튼을 눌러 ∞를 선택합니다. 메뉴의 [파일]-[새 파일]을 선택합니다. 자동 생성된 코드를
다음과 같이 수정합니다.

📁 예제 폴더 Exam1402

```
#include "U8glib.h"

U8GLIB_SSD1306_128X64 u8g(U8G_I2C_OPT_NONE|U8G_I2C_OPT_DEV_0);
```

```
void setup()
{
}

int c = 0;                                        ← 빛감지 정보를 여기에 저장합니다.
int s = 0;                                        ← 토양수분센서 정보를 여기에 저장합니다.

void loop()
{
  c = analogRead(A0);                             ← 빛감지 정보를 가져옵니다.
  s = analogRead(A1);                             ← 토양수분센서 정보를 가져옵니다.

  u8g.firstPage();
  do
  {
    draw();
  }
  while (u8g.nextPage());

  delay(1000);
}

void draw()
{
  u8g.setFont(u8g_font_6x12);

  u8g.drawStr(0, 10, "C");                        ← 빛감지센서를 의미하는 CDS의 약자 'C'입니다.
  u8g.drawStr(0, 22, "S");                        ← 토양을 의미하는 Soil의 약자 'S'입니다.

  String cc = String(c);                          ← 문자로 처리하기 위해 String을 사용합니다.
  String ss = String(s);

  u8g.drawStr(10, 10, cc.c_str());                ← 빛감지 정보를 화면에 보여줍니다.
  u8g.drawStr(10, 22, ss.c_str());                ← 토양수분센서 정보를 화면에 보여줍니다.
}
```

빛감지센서와 토양수분센서로부터 얻어온 정보를 c와 s에 저장합니다. c는 빛감지센서를 의미하는 CDS의 약자이고, s는 땅을 의미하는 Soil의 약자입니다. 여기에 담긴 정보는 가장 최근의 빛과 땅속수분을 의미합니다.

작동시켜 봅니다

코드를 작성한 스케치로 프로그램을 실행시켜 봅니다. 아두이노에 프로그램을 업로드해야 합
니다. 그림과 같은 업로드 아이콘을 클릭해서 아두이노로 전송합니다.

이 상태에서 여러분이 만든 프로그램이 동작하는 것을 확인해 봅니다.

04 온습도센서 연결하기

화분 주변의 온도와 습도를 알아보겠습니다. 습도는 땅속의 습도도 중요하지만 공기 중의 습도도 중요합니다. 그것을 매번 확인하기 어려우니 아두이노를 통해 확인해 보겠습니다.

1 온습도센서 연결하기

앞서 아두이노와 연결한 구성을 그대로 둔 상태에서 다음의 연결을 추가로 해야 합니다. 여러분이 가진 아두이노에 맞게 이 중 1가지 방법을 추가로 연결하여 구성하도록 합니다. 어느 방법으로 연결하던 결과는 동일합니다. 온습도센서의 DAT를 아두이노의 디지털 13번에 연결합니다.

❶ 아두이노 + 브레드보드

아두이노와 브레드보드를 연결하여 사용하는 경우에는 다음과 같이 연결합니다.

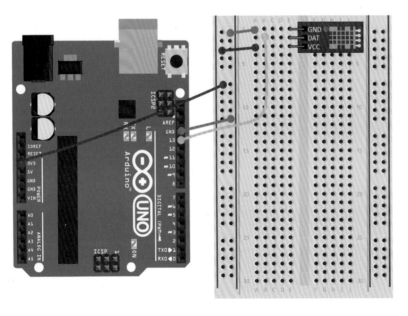

❷ 아두이노 + 브레드쉴드

아두이노 위에 얹어서 브레드쉴드를 사용하는 경우에는 다음과 같
이 연결합니다.

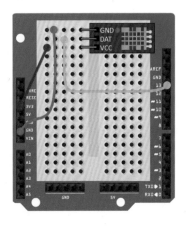

❸ 아두이노 나노 + 브레드보드

소형 아두이노인 아두이노 나노를 이용할 경우 브레드보드에 끼
운 후 다음과 같이 연결하여 사용합니다.

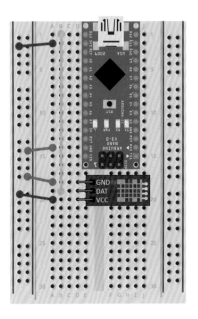

2 온습도 라이브러리 사용하기

코드를 작성합니다

컴퓨터의 ⊞ 버튼을 눌러 ⊗를 선택합니다. 메뉴의 [파일]-[새 파일]을 선택합니다. 자동 생성된 코드를
다음과 같이 수정합니다.

📁 예제 폴더 Exam1403

```
#include "U8glib.h"
#include "DHT.h"            온습도센서를 사용하기 위해 지정합니다.
```

```
U8GLIB_SSD1306_128X64 u8g(U8G_I2C_OPT_NONE|U8G_I2C_OPT_DEV_0);
DHT dht(13, DHT11);                         온습도센서를 디지털 13번으로 사용합니다.

void setup()
{
  dht.begin();                              온습도센서를 작동시키기 위한 초기화를 시작합니다.
}

int c = 0;
int s = 0;
int h = 0;                                  습도를 여기에 저장합니다.
int t = 0;                                  온도를 여기에 저장합니다.

void loop()
{
  c = analogRead(A0);
  s = analogRead(A1);
  h = (int)dht.readHumidity();              습도를 가져옵니다.
  t = (int)dht.readTemperature();           온도를 가져옵니다.

  u8g.firstPage();
  do
  {
    draw();
  }
  while (u8g.nextPage());

  delay(1000);
}

void draw()
{
  u8g.setFont(u8g_font_6x12);

  u8g.drawStr(0, 10, "C");
  u8g.drawStr(0, 24, "S");
  u8g.drawStr(0, 38, "H");                  습도를 의미하는 Humidity의 약자 'H'입니다.
  u8g.drawStr(0, 52, "T");                  온도를 의미하는 Temperature의 약자 'T'입니다.

  String cc = String(c);
  String ss = String(s);
  String hh = String(h);
  String tt = String(t);
```

```
    u8g.drawStr(10, 10, cc.c_str());
    u8g.drawStr(10, 24, ss.c_str());
    u8g.drawStr(10, 38, hh.c_str());    < 습도를 화면에 보여줍니다.
    u8g.drawStr(10, 52, tt.c_str());    < 온도를 화면에 보여줍니다.
}
```

온습도를 라이브러리로 사용하기 위해서는 'DHT.h'라는 것을 추가해야 합니다. DHT dht(13, DHT11)은 DHT라는 라이브러리를 사용한다는 의미로 지정한 13은 디지털 13번에 연결되었다는 것을 의미하고 DHT11은 센서의 종류를 의미합니다. 습도를 가져오는 h = (int)dht.readHumidity( )에 int라는 것을 한 것은 float라는 소수점이 있는 형태로 전달되는 정보를 소수점 없는 숫자로 바꾸기 위함입니다. 습도는 h에 온도는 t에 저장됩니다.

작동시켜 봅니다

코드를 작성한 스케치로 프로그램을 실행시켜 봅니다. 아두이노에 프로그램을 업로드해야 합
니다. 그림과 같은 업로드 아이콘을 클릭해서 아두이노로 전송합니다. 다음과 같이 오류가 발
생합니다.

```
컴파일 오류 발생.                                      복사 오류 메시지

compilation terminated.

exit status 1
컴파일 오류 발생.
```

이것은 코드에서 사용한 다음 부분이 만들어 내는 오류입니다.

```
#include "DHT.h"
DHT dht(13, DHT11);
```

책의 앞부분에서 소개하는 사이트에 접속하여 파일을 다운로드합니다. 다운받은 파일을 라이브러리로
추가해야 사용이 가능합니다.

DHT-Sensor-library-master.Zip

 참 조
──

라이브러리를 추가하는 방법은 Chapter 11. 무선통신 212쪽 이후의 내용을 참고해서 추가합니다.

라이브러리를 추가한 후 프로그램을 실행시켜 봅니다. 아두이노에 프로그램을 업로드해야 합
니다. 그림과 같은 업로드 아이콘을 클릭합니다.

이 상태에서 여러분이 만든 프로그램이 동작하는 것을 확인해 봅니다.

③ 그래프로 나타내기

보여지는 정보가 숫자로 되어 있어서 쉽게 파악이 안 될 수 있습니다. 이것을 한 번에 알아 볼 수 있게 그
래프로 나타내 보도록 하겠습니다. 앞의 코드에 다음의 코드를 추가하면 됩니다.

```
...
drawBar(40, 3,  ((float)c)/1024.0);     빛 정보를 그리도록 백분율(%)로 정보를 줍니다.
drawBar(40, 17, ((float)s)/1024.0);     토양수분 정보를 백분율(%)로 바꿉니다.
drawBar(40, 31, ((float)h)/100.0);      습도를 백분율(%)로 바꿉니다.
drawBar(40, 45, ((float)t+50)/100.0);   온도는 –50∼50을 기준으로 백분율(%)로 합니다.
}

void drawBar(int x, int y, float f)     그래프를 그려주는 drawBar를 만듭니다.
{
  int n = (128 - x) * f;                화면을 넘어가지 않도록 크기를 계산합니다.
  u8g.drawBox(x, y+1, n, 4);            네모난 사각형을 만들어 줍니다.
}
```

추가된 전체 코드는 다음과 같습니다.

📁 예제 폴더 Exam1404

```
#include "U8glib.h"
#include "DHT.h"

U8GLIB_SSD1306_128X64 u8g(U8G_I2C_OPT_NONE|U8G_I2C_OPT_DEV_0);
DHT dht(13, DHT11);
void setup()
{
  dht.begin();
```

```
}

int c = 0;
int s = 0;
int h = 0;
int t = 0;

void loop()
{
  c = analogRead(A0);
  s = analogRead(A1);
  h = (int)dht.readHumidity();
  t = (int)dht.readTemperature();

  u8g.firstPage();
  do
  {
    draw();
  }
  while (u8g.nextPage());

  delay(1000);
}

void draw()
{
  u8g.setFont(u8g_font_6x12);

  u8g.drawStr(0, 10, "C");
  u8g.drawStr(0, 24, "S");
  u8g.drawStr(0, 38, "H");
  u8g.drawStr(0, 52, "T");

  String cc = String(c);
  String ss = String(s);
  String hh = String(h);
  String tt = String(t);

  u8g.drawStr(10, 10, cc.c_str());
  u8g.drawStr(10, 24, ss.c_str());
  u8g.drawStr(10, 38, hh.c_str());
  u8g.drawStr(10, 52, tt.c_str());

  drawBar(40, 3, ((float)c)/1024.0);
```

```
  drawBar(40, 17, ((float)s)/1024.0);
  drawBar(40, 31, ((float)h)/100.0);
  drawBar(40, 45, ((float)t+50)/100.0);
}

void drawBar(int x, int y, float f)
{
  int n = (128 - x) * f;
  u8g.drawBox(x, y+1, n, 4);
}
```

drawBar( )는 센서의 값을 보여주는 기능을 합니다. 사각형을 그려줍니다. drawBar(int x, int y, float f)에서 x와 y는 사각형을 그려줄 시작위치를 의미합니다. f는 그려지는 폭을 의미합니다. 이 값은 0에서 1사이의 소수점으로만 사용됩니다. 화면의 폭이 총 128개의 점으로 되어 있으므로 시작위치 값인 x를 128에서 빼주면 실제 그려줄 크기가 나옵니다. f는 그 범위 내에서 그려줄 비율입니다. 예를 들어 x가 28이라면 실제 그려줄 수 있는 크기는 100이 됩니다. f의 값이 0.5라면 x가 지정한 28위치에서 50만 그려줍니다. 이렇게 그래프가 그려지는 것입니다.

빛감지센서와 토양수분센서는 0부터 1023을 최대값으로 보고 비율을 만들었습니다. 습도는 백분율의 형태로 전달되는 값으로 0에서 100사이 값을 갖습니다. 온도는 범위가 넓지만 영하 50도에서 영상 50도를 기준으로 영하 50도는 '0'으로 영상 50도는 '100'으로 하여 백분율로 만들었습니다.

이제 아두이노에 프로그램을 업로드해야 합니다. 그림과 같은 업로드 아이콘을 클릭합니다.

이 상태에서 여러분이 만든 프로그램이 동작하는 것을 확인해 봅니다. 그림과 같은 숫자 옆에 긴 사각형이 생긴 것을 알 수 있습니다. 값이 변할 때마다 사각형도 같이 변합니다.

05 설정 기능 추가하기

앞의 과정을 통해 아두이노가 센서의 정보를 보여주고 이것만으로도 화분을 관리하는데 유용합니다. 여기에 값을 미리 지정하여 변화된 것을 알려준다면 매우 유용합니다. 이러한 설정 기능이 추가된 기능을 만들어 보겠습니다.

1 가변저항과 버튼 연결하기

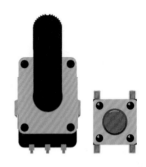

앞서 아두이노와 연결한 구성을 그대로 둔 상태에서 다음의 연결을 추가로 해야 합니다. 여러분이 가진 아두이노에 맞게 이 중 1가지 방법을 추가로 연결하여 구성하도록 합니다. 어느 방법으로 연결하던 결과는 동일합니다. 가변저항의 중앙핀을 아두이노의 아날로그 A2번에 연결하고 나머지 양쪽의 핀을 아두이노의 3.3V 전원과 GND와 연결합니다. 버튼은 디지털 10번과 GND에 각각 연결합니다. 여기까지 구성하다보면 공간이 부족해서 버튼이나 가변저항을 꽂기 어려울 수 있을 정도로 공간이 부족할 것입니다. 듀폰 케이블을 이용해 외부로 연결하면 부족한 공간에 도움이 될 것입니다.

❶ 아두이노 + 브레드보드

아두이노와 브레드보드를 연결하여 사용하는 경우에는 다음과 같이 연결합니다.

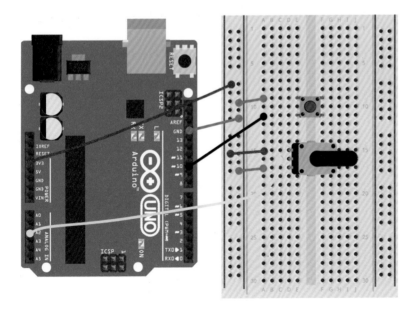

❷ 아두이노 + 브레드쉴드

아두이노 위에 얹어서 브레드쉴드를 사용하는 경우에는 다음과
같이 연결합니다.

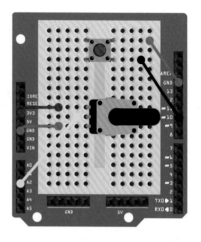

❸ 아두이노 나노 + 브레드보드

소형 아두이노인 아두이노 나노를 이용할 경우 브레드보드에 끼
운 후 다음과 같이 연결하여 사용합니다.

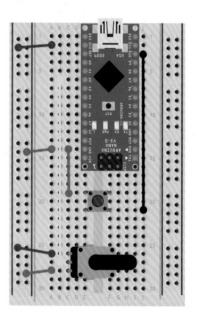

② 설정 그래프 만들기

코드를 작성합니다

컴퓨터의 ⊞ 버튼을 눌러 ⊚를 선택합니다. 메뉴의 [파일]-[새 파일]을 선택합니다. 자동 생성된 코드를
다음과 같이 수정합니다.

📁 예제 폴더 Exam1405

```
#include "U8glib.h"
#include "DHT.h"

U8GLIB_SSD1306_128X64 u8g(U8G_I2C_OPT_NONE|U8G_I2C_OPT_DEV_0);
```

```
DHT dht(13, DHT11);

void setup()
{
  dht.begin();
  pinMode(10, INPUT_PULLUP);        ◁ 버튼으로 10번을 사용합니다.
}

int c = 0;
int s = 0;
int h = 0;
int t = 0;

int   count = 0;                    ◁ 조절할 센서를 지정합니다. 0에서 3사이로 저장됩니다.
float p     = 0;                    ◁ 가변저항으로 조절할 값이 저장됩니다.

bool error = false;                 ◁ 가변저항으로 조절한 값에서 벗어나면 오류로 처리합니다.
bool flag  = false;                 ◁ 화면의 깜박임을 구분하는 값을 저장해 사용합니다.

void loop()
{
  c = analogRead(A0);
  s = analogRead(A1);
  h = (int)dht.readHumidity();
  t = (int)dht.readTemperature();

  if(digitalRead(10) == 0)          ◁ 버튼이 눌렸는지 확인합니다.
  {
    count++;                        ◁ 설정을 확인할 위치를 다음으로 이동시킵니다.
    if(count >= 4) count = 0;       ◁ 0에서 3사이의 값만 갖도록 확인합니다.
  }

  p = (float)analogRead(A2);        ◁ 가변저항의 값을 가져옵니다.

  if(count == 0)                    ◁ 버튼을 눌러 빛감지센서에 위치한 경우입니다.
  {
    float fc = c/1024.0;            ◁ 현재 센서의 값을 백분율(%)로 바꿉니다.
    float fp = p/1024.0;            ◁ 가변저항으로 조절한 값을 백분율(%)로 바꿉니다.
    error = false;                  ◁ 일단은 정상이라고 값을 지정합니다.
    if(fc < fp * 0.9 || fc > fp * 1.1) error = true;
                                    ◁ 가변저항으로 조절한 값에서 10% 이내에 있는지 확인하고 벗어나면 오류로 값을 지정합니다.
  }
  if(count == 1)                    ◁ 버튼을 눌러 토양수분센서에 위치한 경우입니다.
  {
```

```
      float fs = s/1024.0;
      float fp = p/1024.0;
      error = false;
      if(fs < fp * 0.9 || fs > fp * 1.1) error = true;
   }
   if(count == 2)                        버튼을 눌러 습도에 위치한 경우입니다.
   {
      float fh = h/100.0;
      float fp = p/1024.0;
      error = false;
      if(fh < fp * 0.9 || fh > fp * 1.1) error = true;
   }
   if(count == 3)                        버튼을 눌러 온도에 위치한 경우입니다.
   {
      float ft = (t+50)/100.0;
      float fp = p/1024.0;
      error = false;
      if(ft < fp * 0.9 || ft > fp * 1.1) error = true;
   }

   if(error == true)      가변저항으로 조절한 값에서 10%를 넘으면 오류로 지정하여 처리하는 부분입니다.
   {
      flag = !flag;       화면이 깜박이도록 flag의 값을 뒤집어 줍니다.
   }
   else
   {
      flag = false;       화면이 깜박이지 않도록 지정합니다.
   }

   u8g.firstPage();
   do
   {
      draw();
   }
   while (u8g.nextPage());

   delay(100);
}

void draw()
{
   u8g.setFont(u8g_font_6x12);

   u8g.setColorIndex(1);   화면을 검은 배경에 밝은 글자가 나오도록 지정합니다.
```

```
    if(flag == true)                                  flag가 true인 경우에만 화면을 뒤집어 보이게 합니다.
    {
        u8g.drawBox(0,0,128,64);                       화면을 밝은 배경으로 만듭니다.
        u8g.setColorIndex(0);                          화면을 밝은 배경에 검은 글자로 처리하는 것으로 지정합니다.
    }

    u8g.drawStr(0, 10, "C");
    u8g.drawStr(0, 24, "S");
    u8g.drawStr(0, 38, "H");
    u8g.drawStr(0, 52, "T");

    String cc = String(c);
    String ss = String(s);
    String hh = String(h);
    String tt = String(t);

    u8g.drawStr(10, 10, cc.c_str());
    u8g.drawStr(10, 24, ss.c_str());
    u8g.drawStr(10, 38, hh.c_str());
    u8g.drawStr(10, 52, tt.c_str());

    drawBar(40, 3,  ((float)c)/1024.0);
    drawBar(40, 17, ((float)s)/1024.0);
    drawBar(40, 31, ((float)h)/100.0);
    drawBar(40, 45, ((float)t+50)/100.0);

    if(count == 0) drawBox(40, 3,  p/1024.0);          가변저항을 움직이면 상자가 그려집니다.
    if(count == 1) drawBox(40, 17, p/1024.0);          가변저항을 움직이면 상자가 그려집니다.
    if(count == 2) drawBox(40, 31, p/1024.0);          가변저항을 움직이면 상자가 그려집니다.
    if(count == 3) drawBox(40, 45, p/1024.0);          가변저항을 움직이면 상자가 그려집니다.
}

void drawBar(int x, int y, float f)
{
    int n = (128 - x) * f;
    u8g.drawBox(x, y+1, n, 4);
}


void drawBox(int x, int y, float f)                    가변저항을 움직이면 보여줄 상자를 그립니다.
{
    int n = (128 - x) * f;
    u8g.drawFrame(x, y, n, 6);                          사각형을 칠하지 않고 선만 그립니다.
}
```

10번에 버튼을 연결합니다. 이 버튼은 if(digitalRead(10) == 0)를 통해 눌렀는지 확인합니다. 버튼을 누르면 count를 바꿉니다. count는 어느 것을 설정할지를 알려주는 위치 값입니다. 0이면 빛감지센서, 1이면 토양수분센서, 2면 습도, 3이면 온도를 의미합니다. 가변저항을 돌리면 이 값이 p에 들어가는데 count에서 지정한 위치에서 값을 비교해 10%를 넘어가면 error를 true로 해서 화면을 깜박이도록 합니다. 빛감지센서를 기준으로 계산식을 보면 if(fc 〈 fp * 0.9 || fc 〉 fp * 1.1)인데 fc는 빛감지센서의 값입니다.

가변저항으로 돌린 값을 백분율(%)로 변경한 것이 fp입니다. 이 값의 90%~110% 사이가 아니면 error를 true로 변경하게 됩니다. error가 true이면 flag라는 값을 true에서 false로 다시 false에서 true로 바꾸는 일을 합니다. 이 flag의 값은 draw( )에서 flag가 true인 경우 역상(글자와 배경의 색이 바뀌는 것)으로 출력하는 역할을 하게 됩니다.

이제 아두이노에 프로그램을 업로드해야 합니다. 그림과 같은 업로드 아이콘을 클릭합니다.

이 상태에서 여러분이 만든 프로그램이 동작하는 것을 확인해 봅니다. 숫자 옆에 긴 사각형은 센서의 값이 변하면 나타나는 사각형입니다. 가변저항을 움직이면 채워지지 않은 사각형이 움직이는 것을 알 수 있습니다.

- 센서의 값을 보일 때는 다음과 같이 채워진 사각형이 그려집니다.

- 가변저항을 돌리면 다음과 같이 채워지지 않은 큰 사각형이 그려집니다.

- 센서의 값보다 큰 경우 다음의 그림처럼 빈 공간이 보입니다.

- 센서의 값보다 작게 움직인 경우 도톰한 부분이 생기는 것을 볼 수 있습니다.

지정한 값을 벗어나면 다음의 그림들이 교차해서 나타나면서 깜박이는 것을 볼 수 있습니다.

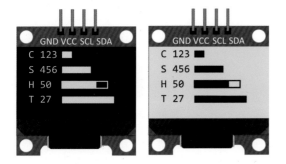

화면을 깜박이는 형태로 구성한 것은 지정한 값을 벗어난 상태라는 것을 알리는 용도입니다.

06 마무리

만들어본 기능을 정리해 봅니다.

1 전체 구성

아두이노와 브레드보드를 연결하여 사용하는 경우에는 다음과 같이 연결이 됩니다.

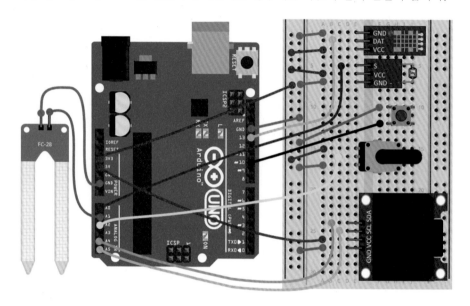

아두이노 위에 얹어서 브레드쉴드를 사용하는 경우에는 다음과 같이 연결이 됩니다.

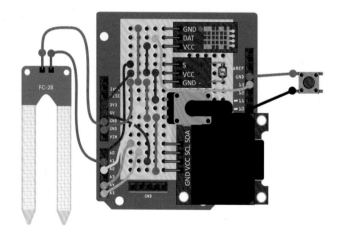

소형 아두이노인 아두이노 나노를 이용할 경우 브레드보드에 끼운 후 다음과 같이 연결이 됩니다.

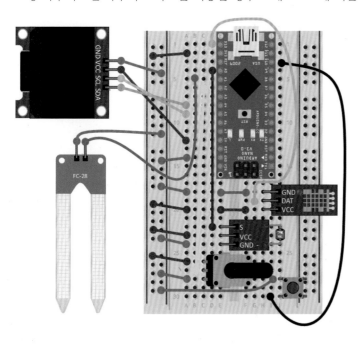

2 실제 사용하기

앞의 과정을 실제 아두이노로 구성하면 다음과 같이 만들어 집니다. 부품을 브레드보드에 직접 연결하지 않고 듀폰 케이블을 이용해 길게 연결합니다.

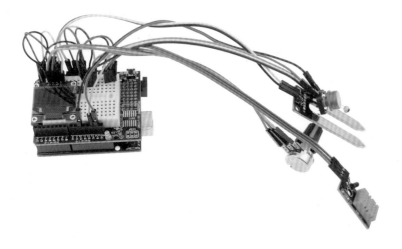

❶ 만들어진 아두이노를 실제 사용하기 위해 상자를 만들어 봅니다. 집에서 흔히 볼 수 있는 플라스틱 상자를 이용합니다.

❷ 선을 연결하기 위해 구멍을 냅니다.

❸ 다음 그림과 같이 구멍으로 센서가 연결된 선을 빼서 연결합니다.

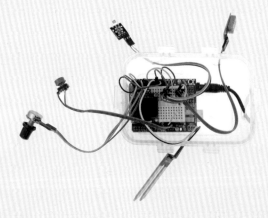

❹ 조절을 하기 위한 용도로 사용하는 가변저항과 버튼도 사용하기 편하게 밖으로 꺼냅니다. 뚜껑에 구멍을 뚫어 버튼을 누르고 가변저항을 돌리도록 합니다.

❺ 이제 모두 연결하고 뚜껑을 닫아 봅니다.

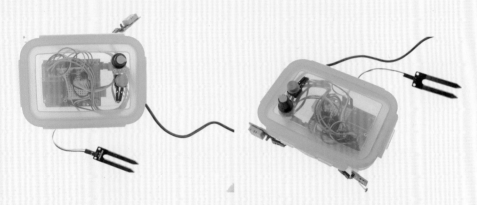

❻ 실제 화분에 사용해 봅니다. 토양수분센서를 화분의 흙속에 박아 넣습니다. 전원을 연결하면 화분의 상태를 알려줍니다.

15

자동차 : 모터드라이브

모터를 이용해 자동차를 만들 수 있습니다. 몇 가지 센서를 이용해 자동으로 작동 가능한 자동차로 만들어 볼 수 있습니다. 자동차를 키트의 형태가 아닌 집에서 사용하는 작은 상자 등을 이용해 얼마든지 재미있게 아두이노를 다뤄 볼 수 있습니다.

CheckPoint

순 서	주요내용	준비부품
시작하기 ↓ 모터드라이브 ↓ 장애물감지 기능 ↓ 마무리	• 모터드라이브로 모터를 다룰 수 있습니다. • 초음파센서와 인체감지센서로 주변을 감지하여 자동으로 자동차를 동작시킬 수 있습니다. • 플라스틱 상자를 이용해 자동차를 조립해 볼 수 있습니다.	• 모터드라이브 • 모터 • 바퀴 • 보조바퀴 • 초음파센서 • 인체감지센서 • 아두이노 기본 세트

다양한 응용기술을 좀 더 최적화해서 자동차를 만들어 봅니다. 자동차는 소형이고 돌아다니기 때문에 배터리를 이용하게 되고 그래서 더 재미있는 아두이노를 경험할 수 있습니다. 다양한 부품을 사용해서 움직이는 자동차를 만들어 봅시다.

1 필요한 부품

다음의 부품이 필요합니다.

▲ 모터드라이브(L9110)   ▲ 모터(2개)   ▲ 바퀴(2개)

▲ 보조바퀴   ▲ 초음파센서   ▲ 인체감지센서   ▲ 아두이노 기본 세트 (듀폰 케이블)

② 모터드라이브

아두이노 디지털 단자나 아날로그 단자로 LED를
켜고 부저 소리를 내고 하는 데는 문제가 없습니
다. 보다 많은 전원을 필요로 하는 경우에는 다른
부품의 도움이 필요합니다. 모터는 전원뿐 아니라
전류도 필요합니다. 전류는 일종의 힘과 같습니
다. 1Kg짜리 물체가 달리는 것과 100Kg의 물체
가 달리는 속도는 같지만 그 힘은 다릅니다. 그 물
체가 어딘가 충돌한다면 1Kg의 물체가 받는 충격
보다 100Kg의 물체가 받는 충격이 더 클 것입니

다. 전기에도 이러한 특성이 있는데 이것이 전류입니다. 모터를 사용하는 데에는 많은 전류가 필요합
니다. 아두이노의 전류로는 부족합니다. 그 부족한 전류를 만들어주는 부품이 바로 모터드라이브입니다.
모터드라이브(Motor Drive)는 다양한 크기와 모양이 있습니다. 적은 용량은 L9110을 주로 사용하고 보
다 많은 전류가 필요한 경우 L298N을 사용합니다. 두 모터드라이브의 사용법은 동일합니다. 크기와 가
격이 다릅니다. 핀을 꽂는 단자는 아두이노와 연결하고 파란색의 볼트로 조이는 단자는 모터와 직접 연
결되는 부분입니다.

③ DC모터

모터(Motor)는 교류모터(AC Motor)와 직류모터(DC Motor)가 있습니다. 교류모
터(AC Motor)는 냉장고나 세탁기 등에 교류인 가정용 전원에 주로 사용합니다.
직류모터(DC Motor)는 +전극과 −전극으로 이루어진 모터로 작은 건전지로도
동작합니다. 직류모터는 보통 'DC모터'라고 표현합니다. 조그마한 구리로 된 전
극 2개가 있으며, 작은 구멍이 뚫린 것을 볼 수 있습니다.

자동차를 만들 때 보통 모터를 연결해서 바퀴를 달기가
다소 불편합니다. 시중에 DC모터와 결합하여 자동차 등
을 쉽게 만드는 다음의 DC모터를 사용합니다.

02 모터드라이브

모터드라이브는 사용이 간편하고 별도의 전원을 연결하지 않으면서, 아두이노의 전원으로 사용이 가능한 L9110을 사용하겠습니다. L298N을 사용해도 전혀 상관없습니다.

1 모터드라이브 연결

아두이노와 연결하기 위해 다음과 같이 3가지 경우가 가능합니다. 여러분이 가진 아두이노에 맞게 이 중 1가지 방법으로 연결하도록 합니다. 어느 방법으로 연결하던 결과는 동일합니다. 모터를 직접 아두이노와 연결하지 않습니다. 모터드라이브를 이용해서 연결합니다. 모터드라이브마다 인쇄된 글자가 모두 달

라 혼동이 되지만, 통상 GND와 VCC는 아두이노의 GND와 5V를 연결하면 됩니다. 외부진원을 이용한다면 GND와 VCC에 외부전원을 연결해주세요. 주의할 것은 모터드라이브의 GND는 아두이노와도 연결해 주어야 한다는 점입니다. 그 다음 1B1, 1A1, 1B2, 1A2를 각각 아두이노의 디지털 6번, 7번, 8번, 9번에 연결합니다. 1B1, 1A1, 1B2, 1A2는 IN1, IN2, IN3, IN4로 인쇄된 경우도 있습니다.

❶ 아두이노 + 브레드보드

아두이노와 브레드보드를 연결하여 사용하는 경우에는 다음과 같이 연결합니다.

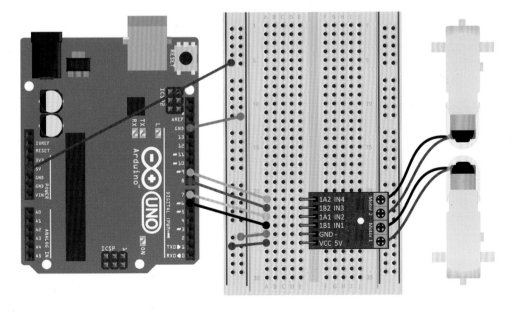

❷ 아두이노 + 브레드쉴드

아두이노 위에 얹어서 브레드쉴드를 사용하는 경우에는 다음과 같이 연결합니다.

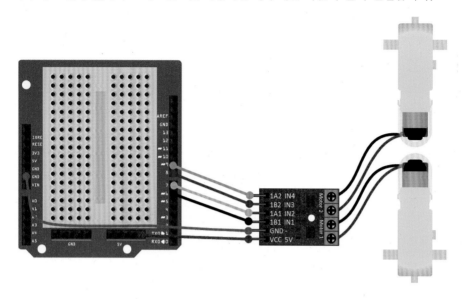

❸ 아두이노 나노 + 브레드보드

소형 아두이노인 아두이노 나노를 이용할 경우 브레드보드에 끼운 후 다음과 같이 연결하여 사용합니다.

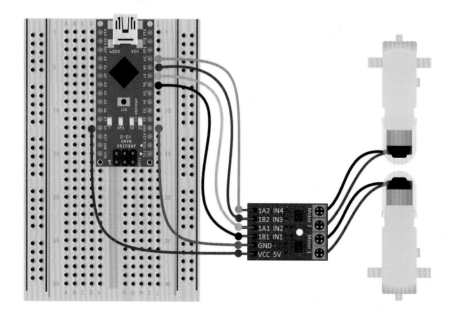

2 모터 제어하기

코드를 작성합니다

컴퓨터의 ⊞ 버튼을 눌러 ∞를 선택합니다. 메뉴의 [파일]—[새 파일]을 선택합니다. 자동 생성된 코드를 다음과 같이 수정합니다.

📁 예제 폴더 Exam1501

```
int IN1 = 6;                          모터드라이브의 첫 번째 단자를 의미합니다.
int IN2 = 7;                          모터드라이브의 두 번째 단자를 의미합니다.
int IN3 = 8;                          모터드라이브의 세 번째 단자를 의미합니다.
int IN4 = 9;                          모터드라이브의 네 번째 단자를 의미합니다.

void setup()
{
  pinMode(IN1, OUTPUT);               첫 번째 단자를 출력 단자로 지정합니다.
  pinMode(IN2, OUTPUT);               두 번째 단자를 출력 단자로 지정합니다.
  pinMode(IN3, OUTPUT);               세 번째 단자를 출력 단자로 지정합니다.
  pinMode(IN4, OUTPUT);               네 번째 단자를 출력 단자로 지정합니다.
}

void loop()
{
  digitalWrite(IN1, LOW);            모터 2개가 앞으로 회전합니다.
  digitalWrite(IN2, HIGH);
  digitalWrite(IN3, LOW);
  digitalWrite(IN4, HIGH);
  delay(1000);
  digitalWrite(IN1, HIGH);           모터 2개가 회전을 멈춥니다.
  digitalWrite(IN2, HIGH);
  digitalWrite(IN3, HIGH);
  digitalWrite(IN4, HIGH);
  delay(1000);
  digitalWrite(IN1, HIGH);           모터 2개가 반대 방향으로 회전합니다.
  digitalWrite(IN2, LOW);
  digitalWrite(IN3, HIGH);
  digitalWrite(IN4, LOW);
  delay(1000);
}
```

IN1, IN2, IN3, IN4에 각각 지정한 HIGH와 LOW는 4개 단자에 각각 디지털 출력을 의미합니다. 이것을 이용해 모터의 회전을 결정합니다. IN1과 IN2는 연결된 1개의 모터를 의미하고 IN3과 IN4는 나머지 모터 하나를 의미합니다. HIGH와 LOW를 조합하면 모터의 전원을 조정할 수 있습니다.

작동시켜 봅니다

코드를 작성한 스케치로 프로그램을 실행시켜 봅니다. 아두이노에 프로그램을 업로드해야 합니다. 그림과 같은 업로드 아이콘을 클릭해서 아두이노로 전송합니다.

여기까지 했다면 모터가 2초간 회전한 후 2초간 정지했다가 다시 2초간 반대 방향으로 회전할 것입니다. IN1과 IN3에 해당하는 디지털 6번과 디지털 8번만 HIGH로 지정하면 다음과 같이 Motor1과 Motor2로 표시된 부분의 전원이 출력됩니다.

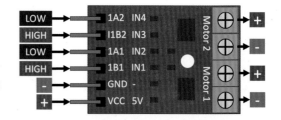

IN1, IN2, IN3, IN4를 모두 HIGH로 하면 모터드라이브는 전원을 출력하지 않습니다.

IN2와 IN4에 해당하는 디지털 7번과 디지털 9번만 HIGH로 지정하면 다음과 같이 Motor1과 Motor2로 표시된 부분의 전원이 반대로 출력됩니다. 그래서 모터는 반대 방향으로 회전하게 됩니다.

03 장애물감지 기능

정면에 벽이 있거나 장애물이 있으면 이를 피할 수 있습니다. 또 사람이 다가가면 도망가지 않도록 만들어 볼 수 있습니다. 몇 가지 센서를 이용해 이를 만들어 봅니다.

1 센서 연결하기

앞서 아두이노와 연결한 구성을 그대로 둔 상태에서 다음의 연결을 추가로 해야 합니다. 여러분이 가진 아두이노에 맞게 이 중 1가지 방법을 추가로 연결하여 구성하도록 합니다. 어느 방법으로 연결하던 결과는 동일합니다. 초음파센서의 Trig는 디지털 12번에 Echo는 디지털 13번에 연결합니다. VCC는 5V에 연결해야 합니다. 인체감지센서의 VCC와

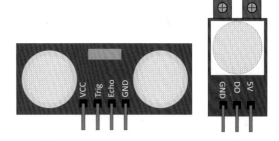

GND는 각각 아두이노의 5V 전원과 GND에 연결합니다. 나머지 단자는 아두이노 디지털 10번에 연결합니다.

❶ 아두이노 + 브레드보드

아두이노와 브레드보드를 연결하여 사용하는 경우에는 다음과 같이 연결합니다.

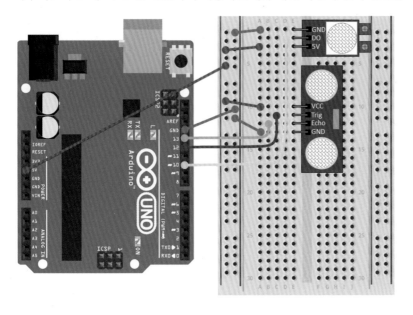

❷ 아두이노 + 브레드쉴드

아두이노 위에 얹어서 브레드쉴드를 사용하는 경우에는 다음과
같이 연결합니다.

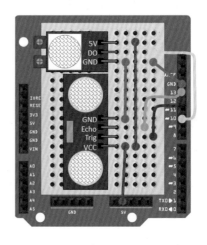

❸ 아두이노 나노 + 브레드보드

소형 아두이노인 아두이노 나노를 이용할 경우 브레드보드에 끼운 후 다음과 같이 연결하여 사용합니다.

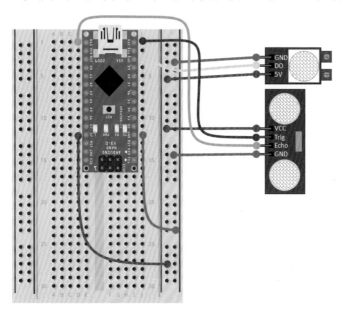

② 충돌 피하기

코드를 작성합니다

컴퓨터의 ⊞ 버튼을 눌러 ∞를 선택합니다. 메뉴의 [파일]−[새 파일]을 선택합니다. 자동 생성된 코드를
다음과 같이 수정합니다.

```
int IN1 = 6;
int IN2 = 7;
int IN3 = 8;
int IN4 = 9;

int trig = 12;                                    초음파센서의 Trig를 디지털 12번에 연결합니다.
int echo = 13;                                    초음파센서의 Echo를 디지털 13번에 연결합니다.

void setup()
{
  pinMode(IN1, OUTPUT);
  pinMode(IN2, OUTPUT);
  pinMode(IN3, OUTPUT);
  pinMode(IN4, OUTPUT);

  pinMode(trig, OUTPUT);                          초음파센서의 Trig를 출력으로 지정합니다.
  pinMode(echo, INPUT);                           초음파센서의 Echo를 입력으로 지정합니다.
}

void loop()
{
  digitalWrite(trig, LOW);
  delayMicroseconds(2);
  digitalWrite(trig, HIGH);
  delayMicroseconds(10);
  digitalWrite(echo, LOW);
  long duration = pulseIn(echo, HIGH);
  int  dist     = duration / 29 / 2;              초음파센서로부터 거리를 dist에 가져옵니다.

  if(dist > 30)                                   30cm 앞에 장애물이 없는 경우입니다.
  {
    digitalWrite(IN1, LOW);                       앞으로 전진합니다.
    digitalWrite(IN2, HIGH);
    digitalWrite(IN3, LOW);
    digitalWrite(IN4, HIGH);
  }
  else                                            30cm 앞에 장애물이 있는 경우입니다.
  {
    digitalWrite(IN1, HIGH);                      뒤로 후진합니다.
    digitalWrite(IN2, LOW);
```

```
    digitalWrite(IN3, HIGH);
    digitalWrite(IN4, LOW);
    delay(500);                          ◁ 0.5초간만 후진합니다.
    digitalWrite(IN1, LOW);              ◁ 제자리에서 회전합니다.
    digitalWrite(IN2, HIGH);
    digitalWrite(IN3, HIGH);
    digitalWrite(IN4, LOW);
    delay(500);                          ◁ 0.5초간만 회전합니다.
    digitalWrite(IN1, HIGH);             ◁ 정지합니다.
    digitalWrite(IN2, HIGH);
    digitalWrite(IN3, HIGH);
    digitalWrite(IN4, HIGH);
    delay(2000);                         ◁ 2초간 정지 상태를 유지합니다.
  }

  delay(100);
}
```

dist에는 거리가 센치미터로 들어 있습니다. 30센치미터 앞에 장애물이 없으면 IN2, IN4를 HIGH로 해서 전진합니다. 장애물이 있으면 IN1, IN3만 HIGH로 해서 후진합니다. 그런 다음 IN2, IN3만 HIGH로 합니다. 그러면 IN1, IN2로 지정한 모터는 전진, IN3, IN4로 지정한 모터는 후진을 하게 됩니다. 결국 제자리에서 회전을 하게 됩니다. IN1, IN2, IN3, IN4를 모두 HIGH로 2초간 지속해 정지합니다. 2초가 지나면 다시 장애물과의 거리를 dist가 알려주므로 다시 움직이게 될 것입니다.

작동시켜 봅니다

코드를 작성한 스케치로 프로그램을 실행시켜 봅니다. 아두이노에 프로그램을 업로드해야 합니다. 그림과 같은 업로드 아이콘을 클릭해서 아두이노로 전송합니다.

이 상태에서 여러분이 만든 프로그램이 동작하는 것을 확인해 봅니다. 앞으로 전진하다 장애물을 만나면 후진한 후 제자리에서 회전하는 것을 알 수 있습니다. 그런 다음 다시 이동을 시작합니다.

③ 사람이 다가가면 서 있기

자동차를 만든 후 근처에 다가가면 장애물로 인식하고 피하기를 반복해서 좀처럼 잡는 것이 쉽지 않을 때가 있습니다. 인체감지센서를 이용하면 다가갈 때 자동차를 서 있게 할 수 있습니다.
앞의 코드를 다음과 같이 약간만 수정하면 됩니다.

```
int IN1 = 6;
int IN2 = 7;
int IN3 = 8;
int IN4 = 9;

int trig = 12;
int echo = 13;

int human= 10;
```
> 인체감지센서가 연결된 디지털 10번입니다.

```
void setup()
{
  pinMode(IN1, OUTPUT);
  pinMode(IN2, OUTPUT);
  pinMode(IN3, OUTPUT);
  pinMode(IN4, OUTPUT);

  pinMode(trig, OUTPUT);
  pinMode(echo, INPUT);

  pinMode(human, INPUT);
}
```
> 인체감지센서를 입력으로 지정합니다.

```
void loop()
{
  digitalWrite(trig, LOW);
  delayMicroseconds(2);
  digitalWrite(trig, HIGH);
  delayMicroseconds(10);
  digitalWrite(echo, LOW);
  long duration = pulseIn(echo, HIGH);
  int  dist     = duration / 29 / 2;

  int  h        = digitalRead(human);
```
> 인체감지센서로부터 현재 상태를 가져옵니다.

```
  if(h == LOW)
```
> 값이 LOW이면 주변에 사람이 없는 경우입니다.

```
  {
    if(dist > 30)
    {
      digitalWrite(IN1, LOW);
```

```
      digitalWrite(IN2, HIGH);
      digitalWrite(IN3, LOW);
      digitalWrite(IN4, HIGH);
    }
    else
    {
      digitalWrite(IN1, HIGH);
      digitalWrite(IN2, LOW);
      digitalWrite(IN3, HIGH);
      digitalWrite(IN4, LOW);
      delay(500);
      digitalWrite(IN1, LOW);
      digitalWrite(IN2, HIGH);
      digitalWrite(IN3, HIGH);
      digitalWrite(IN4, LOW);
      delay(500);
      digitalWrite(IN1, HIGH);
      digitalWrite(IN2, HIGH);
      digitalWrite(IN3, HIGH);
      digitalWrite(IN4, HIGH);
      delay(2000);
    }
  }
  else
  {
    digitalWrite(IN1, HIGH);
    digitalWrite(IN2, HIGH);
    digitalWrite(IN3, HIGH);
    digitalWrite(IN4, HIGH);
  }

  delay(100);
}
```

값이 HIGH인 경우입니다. 가만히 서 있습니다.

h에는 사람이 있는지 알 수 있는 정보가 있습니다. HIGH면 사람이 주변에 있는 경우입니다. 없으면 LOW가 됩니다. 사람이 있는 HIGH이면 바로 서도록 IN1, IN2, IN3, IN4를 모두 HIGH로 해줍니다.

작동시켜 봅니다

코드를 작성한 스케치로 프로그램을 실행시켜 봅니다. 아두이노에 프로그램을 업로드해야 합
니다. 그림과 같은 업로드 아이콘을 클릭해서 아두이노로 전송합니다.

이 상태에서 여러분이 만든 프로그램이 동작하는 것을 확인해 봅니다. 움직이다 사람을 만나면 바로 서
는 것을 알 수 있습니다.

04 마무리

만들어본 기능을 정리해 봅니다.

1 전체 구성

완성을 하면 다음과 같은 형태가 됩니다. 자동차를 만들기 쉽게 듀폰 케이블로 연결했습니다.

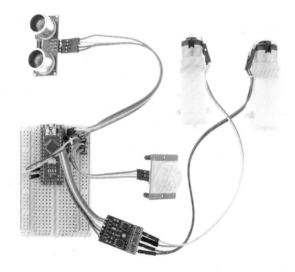

아두이노와 브레드보드를 연결하여 사용하는 경우에는 다음과 같이 연결이 됩니다. 추가로 전원을 연결한 모습입니다.

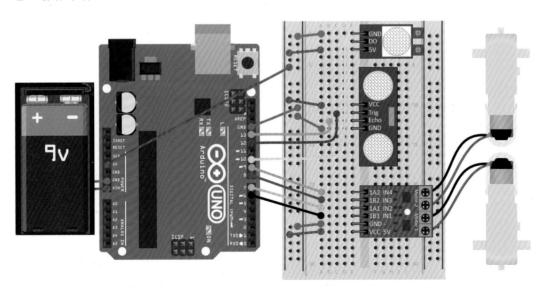

아두이노 위에 얹어서 브레드쉴드를 사용하는 경우에는 다음과 같이 연결이 됩니다.

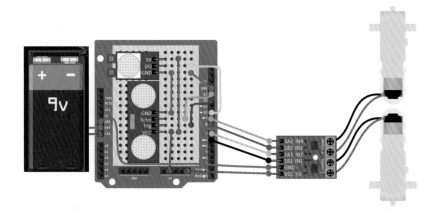

소형 아두이노인 아두이노 나노를 이용할 경우 브레드보드에 끼운 후 다음과 같이 연결이 됩니다.

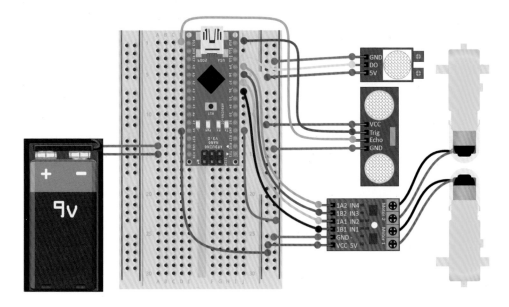

2 만들어보기

이제 플라스틱 상자를 이용해 진짜 자동차처럼 만들어 보도록 합니다. 부품을 브레드보드에 직접 연결하지 않고 듀폰 케이블을 이용해 길게 연결합니다. 특히 모터의 경우 연결이 쉽지 않습니다.

❶ 다음 그림과 같이 듀폰 케이블을 모터의
   구멍이 있는 단자에 끼워 넣습니다.

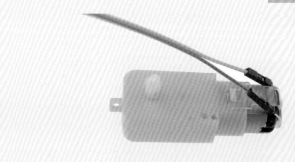

❷ 이대로 사용하면 좋지만 잘 빠집니다. 잘
   안 빠지게 하고 싶다면 다음과 같이 고무
   줄로 묶어주면 더 이상 빠지지 않습니다. 여
   건이 허락된다면 인두를 이용해 납땜을 해서
   완전히 고정하면 절대 빠지지 않습니다.

❸ 플라스틱 상자를 준비합니다. 다음 그림은 뒤집어 놓은 모습입니다.

❹ 양면테이프를 이용해서 보조바퀴와 모터 2개를 연결합니다. 플라스틱
   상자의 중앙에 구멍을 뚫어 선을 넣어 줍니다.

❺ 바퀴까지 모두 연결하면 자동차처럼 보일 겁니다.

❻ 상자를 뒤집고 뚜껑을 엽니다. 다음과 같이 배터리까지 연결되어
완성된 아두이노를 상자 안에 넣습니다.

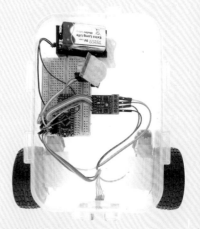

❼ 초음파센서는 양면테이프를 이용해 밖에 붙여 줍니다.

❽ 완성된 모습입니다.

❾ 뚜껑을 씌우고 달려봅니다.

16

원격조정 배 만들기

물속에 모터를 넣지는 못하지만 공기를 이용해 배를 움직이게 할 수 있습니다. 적외선이나 블루투스 통신을 이용해 원격으로 운전해 볼 수도 있습니다. 집에서 사용하는 상자를 이용해 간단하게 배를 만들어 볼 수 있습니다.

CheckPoint

순 서	주요내용	준비부품
시작하기	• DC모터로 프로펠러를 돌릴 수 있습니다.	• DC모터 (소형)
↓		• 프로펠러
방향타 만들기	• 적외선을 이용해 무선조정을 할 수 있습니다.	• 서보모터
↓		• 아두이노 기본 세트
리모컨 연결하기	• 스마트폰의 블루투스와 연결하여 무선조정을 할 수 있습니다.	• 적외선 수신센서/적외선 리모컨 또는 블루투스/안드로이드 스마트폰
↓		
블루투스 연결하기	• 플라스틱 상자를 이용해 배를 만들 수 있습니다.	
마무리		

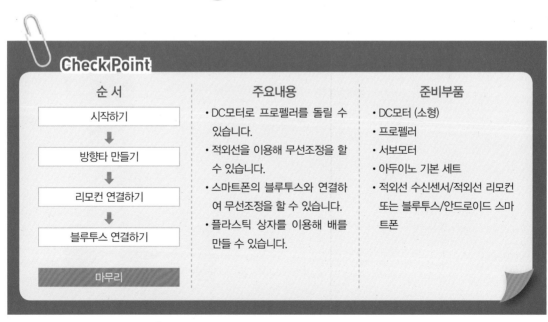

01 시작하기

공기를 이용해 물 위에 떠 있는 배를 움직일 수 있습니다. 원리는 자동차와 매우 비슷하지만 모터를 물속에 넣지 않는 다는 것이 특징입니다. 비교적 간단한 부품을 이용해 배를 만들어 보겠습니다. 멀리 도망가지 않도록 무선 조정 기능을 넣어서 만들어야 합니다.

1 필요한 부품

다음의 부품이 필요합니다.

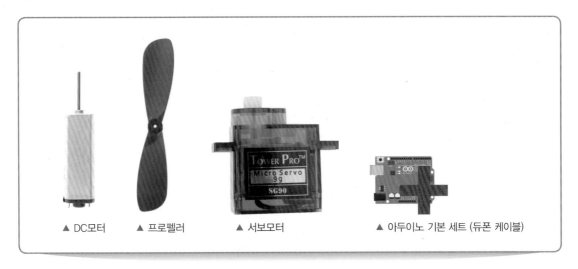

▲ DC모터   ▲ 프로펠러   ▲ 서보모터   ▲ 아두이노 기본 세트 (듀폰 케이블)

적외선 리모컨을 사용하려는 경우 다음의 부품이 추가로 필요합니다. 적외선 수신센서는 1개만 있어도 문제없으며 리모컨은 집에서 사용하는 리모컨을 사용해도 됩니다.

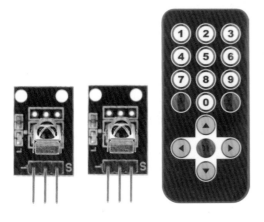

블루투스를 이용하려는 경우 블루투스를 연결할 안드로이드 스마트폰이 필요합니다.

적외선 수신센서와 블루투스가 모두 필요하지 않습니다. 1가지 방법만으로도 문제 없으며 2가지 모두 사용하는 것도 전혀 문제되지 않습니다.

② 블루투스

블루투스(Bluetooth)는 가까운 거리의 기기를 연결하기 위해 만들어진 통신방식입니다. 인터넷 연결에 사용하는 Wi-Fi보다는 거리가 짧지만 가까운 거리의 기기들끼리 연결하기에 편리하게 만들어졌습니다. 우리가 자동차를 타면 스마트폰과 자동차의 오디오가 블루투스로 연결된 것을 쉽게 확인할 수 있습니다.

블루투스를 사용하려면 프로그램이 다소 복잡합니다. 다양한 기능을 사용하여 연결해 주어야 하는데 초보자가 하기에는 다소 무리가 됩니다. 다행히도 아두이노에서는 시리얼(Serial：RS-232C) 방식이라는 것으로 편리하게 사용할 수 있도록 되어 있습니다. 아두이노 입장에서는 PC의 시리얼 모니터로 데이터를 보내듯이 아무렇지 않게 사용이 가능합니다. 시중에는 다양한 블루투스 모듈이 판매되고 있습니다. 모양이나 기능이 약간씩 다르지만 대부분 중앙의 4개 핀을 연결해서 사용합니다. 뒷면을 보면 VCC, GND, TX, RX로 표시되어 있는 것을 볼 수 있습니다. VCC와 GND는 전원을 의미하며 대부분 5V에 연결합니다. TX와 RX는 신호를 보내고 받는 것으로 TX는 데이터를 내보내는 곳을 의미하고 RX는 데이터가 들어가는 곳을 의미합니다. 시리얼 통신을 하는 기기끼리 연결할 때는 RX와 TX를 서로 교차해서 연결해야 서로 데이터를 주고받을 수 있습니다.

02 방향타 만들기

공기로 움직이기 때문에 진행하는 방향은 DC모터의 바람과 서보모터의 방향으로 가능합니다. 2가지 모터를 이용해 진행 방향을 바꾸는 방향타를 만들어 보겠습니다.

1 모터연결하기

시중에 파는 매우 작은 소형 DC모터를 이용해 만들어 봅니다. DC모터는 아두이노의 디지털 11번에 연결합니다. 서보모터는 아두이노의 디지털 5번에 연결합니다.

주의 서보모터에 관한 것은 본 책의 13장을 참고해 주세요.

아두이노와 연결하기 위해 다음과 같이 3가지 경우가 가능합니다. 여러분이 가진 아두이노에 맞게 이 중 1가지 방법으로 연결하도록 합니다. 어느 방법으로 연결하던 결과는 동일합니다.

❶ 아두이노 + 브레드보드
아두이노와 브레드보드를 연결하여 사용하는 경우에는 다음과 같이 연결합니다.

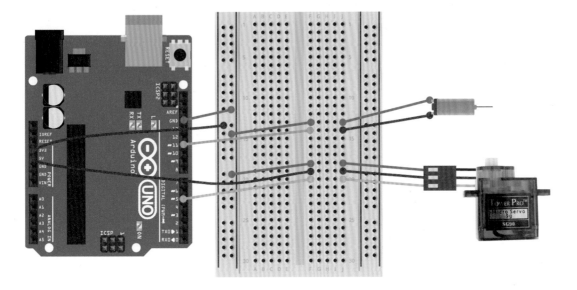

❷ 아두이노 + 브레드쉴드

아두이노 위에 얹어서 브레드쉴드를
사용하는 경우에는 다음과 같이 연
결합니다.

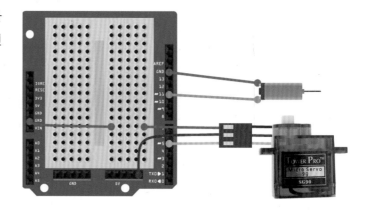

❸ 아두이노 나노 + 브레드보드

소형 아두이노인 아두이노 나노를
이용할 경우 브레드보드에 끼운
후 다음과 같이 연결하여 사용합
니다.

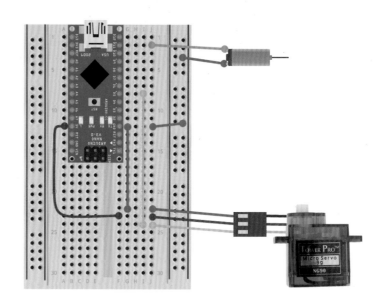

3 모터제어하기

코드를 작성합니다

컴퓨터의 ⊞ 버튼을 눌러 ∞를 선택합니다. 메뉴의 [파일]-[새 파일]을 선택합니다. 자동 생성된 코드를
다음과 같이 수정합니다.

📁 예제 폴더 Exam1601

```
#include "Servo.h"          ← 서보모터 사용을 위해 추가합니다.


Servo servo;                ← servo라는 이름으로 서보모터를 사용합니다.
```

```
int a = 90;
```
중앙의 각도를 90도로 합니다. 모터가 삐뚤어졌다면 이 값을 고쳐서 맞출 수 있습니다.

```
void Go()
{
  digitalWrite(11, HIGH);
}
```
DC모터를 작동시킵니다.

```
void Stop()
{
  digitalWrite(11, LOW);
}
```
DC모터를 끕니다.

```
void Left()
{
  servo.write(a+25);
  delay(1000);
  servo.write(a);
}
```
서보모터를 왼쪽으로 움직입니다.
1초간 왼쪽으로 고정합니다.
서보모터를 중앙으로 이동시킵니다.

```
void Right()
{
  servo.write(a-25);
  delay(1000);
  servo.write(a);
}
```
서보모터를 오른쪽으로 움직입니다.
1초간 오른쪽으로 고정합니다.
서보모터를 중앙으로 이동시킵니다.

```
void Turn()
{
  digitalWrite(11, HIGH);
  servo.write(0);
  delay(2000);
  servo.write(a);
  digitalWrite(11, LOW);
}
```
DC모터를 작동시킵니다.
서보모터를 오른쪽으로 완전히 꺾습니다. 중앙을 기준으로 직각으로 움직입니다.
2초간 오른쪽으로 고정합니다.
서보모터를 중앙으로 이동시킵니다.
DC모터를 끕니다.

```
void setup()
{
  servo.attach(5);
  pinMode(11, OUTPUT);

  Stop();
}
```
서보모터를 디지털 5번에 연결합니다.
DC모터를 11번에 연결합니다.
DC모터를 꺼둡니다.

```
void loop()
{
  Go();
  delay(1000);
  Left();
  delay(1000);
  Right();
  delay(1000);
  Stop();
  delay(1000);
  Turn();
  delay(1000);
}
```

> DC모터가 정면을 보고 작동합니다. 배가 앞으로 갑니다.

> DC모터가 잠시 왼쪽으로 작동되다가 정면을 봅니다. 배가 왼쪽으로 갑니다.

> DC모터가 잠시 오른쪽으로 작동되다가 정면을 봅니다. 배가 오른쪽으로 갑니다.

> DC모터가 작동을 중지합니다. 배가 정지합니다.

> DC모터가 꺾인 상태에서 2초동안 작동합니다. 배가 돌아섭니다.

Go( ), Stop( ), Left( ), Right( ), Turn( )을 통해 배가 작동하게 됩니다. DC모터는 소형으로 디지털 11번의 출력만으로도 작동됩니다.

작동시켜 봅니다

코드를 작성한 스케치로 프로그램을 실행시켜 봅니다. 아두이노에 프로그램을 업로드해야 합 니다. 그림과 같은 업로드 아이콘을 클릭해서 아두이노로 전송합니다.

연결된 아두이노에 서보모터가 작동하는 것을 확인할 수 있습니다. 처음에는 전진, 왼쪽 이동, 오른쪽 이동한 후 정지하고 제자리에서 돌기 시작합니다. 그러다 다시 전진을 시작하는 식으로 반복됩니다.

03 리모컨 연결하기

작동되는 배를 원격으로 조정해야 합니다. 무선으로 하는 방법은 여러 가지가 있지만 적외선 리모컨을 이용한 방법으로 해보도록 합니다.

1 적외선 센서 연결

앞서 모터가 연결된 아두이노에 추가로 연결합니다. 다음과 같이 3가지 경우로 추가가 가능합니다. 여러분이 가진 아두이노에 맞게 이 중 1가지 방법으로 연결하도록 합니다. 앞에 어느 방법으로 연결하던 결과는 동일합니다. 적외선 수신센서를 2개로 연결했는데 1개만 연결해도 괜찮으니 1개만 있다면 그것만 연결합니다. 적외선 수신센서는 3.3V를 쓰는 경우가 많으니 반드시 확인한 후, 디지털 4번에 연결합니다.

주의 적외선 수신센서에 관한 것은 본 책의 Chapter 10을 먼저 해보세요.

❶ 아두이노 + 브레드보드
아두이노와 브레드보드를 연결하여 사용하는 경우에는 다음과 같이 연결합니다.

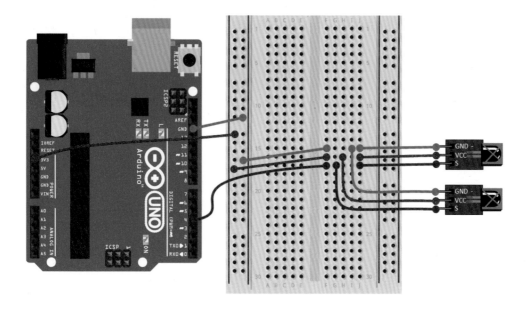

❷ 아두이노 + 브레드쉴드

아두이노 위에 얹어서 브레드쉴드를 사용하는 경우에는 다음과 같이 연결합니다.

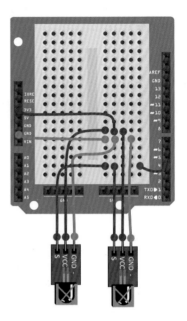

❸ 아두이노 나노 + 브레드보드

소형 아두이노인 아두이노 나노를 이용할 경우 브레드보드에 끼운 후 다음과 같이 연결하여 사용합니다.

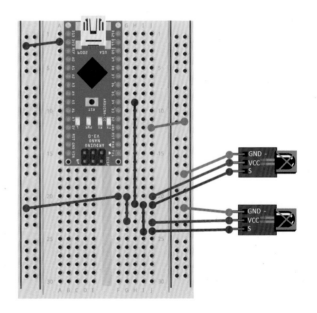

1 리모컨으로 조종하기

코드를 작성합니다

컴퓨터의 ⊞ 버튼을 눌러 ∞를 선택합니다. 메뉴의 [파일]–[새 파일]을 선택합니다. 자동 생성된 코드를 다음과 같이 수정합니다.

```
#include "Servo.h"
#include <IRremote.h>

IRrecv    irrecv(4);
Servo     servo;
int a = 90;

void Go()
{
  digitalWrite(11, HIGH);
}

void Stop()
{
  digitalWrite(11, LOW);
}

void Left()
{
  servo.write(a+25);
  delay(1000);
  servo.write(a);
}

void Right()
{
  servo.write(a-25);
  delay(1000);
  servo.write(a);
}

void Turn()
{
  digitalWrite(11, HIGH);
  servo.write(0);
  delay(2000);
  servo.write(a);
  digitalWrite(11, LOW);
}
```

> 적외선 수신 기능을 사용하기 위해 추가합니다.

> 적외선 수신센서를 디지털 4번에 연결합니다.

```
void setup()
{
  servo.attach(5);
  pinMode(11, OUTPUT);

  Stop();

  irrecv.enableIRIn();
}

void loop()
{
  decode_results res;

  if (irrecv.decode(&res))                              적외선 수신을 처리합니다.
  {
    if (res.value != -1)                                적외선 수신센서가 리모컨을 인식했는지 확인합니다.
    {
      if(res.value == 16623703) Turn();                 리모컨의 OK 버튼을 누른 경우
      if(res.value == 16591063) Left();                 리모컨의 왼쪽 방향 버튼을 누른 경우
      if(res.value == 16607383) Right();                리모컨의 오른쪽 방향 버튼을 누른 경우
      if(res.value == 16615543) Go();                   리모컨의 윗쪽 방향 버튼을 누른 경우
      if(res.value == 16619623) Stop();                 리모컨의 아래쪽 방향 버튼을 누른 경우
    }
    irrecv.resume();                                    적외선 수신을 준비합니다.
  }
}
```

res.value == 16623703는 리모컨 중앙의 OK를 누른 값을 의미합니다. 사용하는 리모컨마다 중앙의 OK
버튼의 값이 다릅니다. 16623703는 여러분이 사용하는 리모컨에 따라 그 값이 달라집니다. 여러분이 사
용하는 리모컨의 값을 알고 싶다면 본 책 10장의 '리모컨 인식하기'를 참고해서 알아낼 수 있습니다.

작동시켜 봅니다

코드를 작성한 스케치로 프로그램을 실행시켜 봅니다. 아두이노에 프로그램을 업로드해야 합
니다. 그림과 같은 업로드 아이콘을 클릭해서 아두이노로 전송합니다.

이 상태에서 여러분이 만든 프로그램이 동작하는 것을 확인해 봅니다. 리모컨을 누르면 작동되는 것을
확인할 수 있습니다. 너무 가까이서 리모컨을 누르지 말고 적외선 수신센서에서 50센티미터 떨어진 곳에
서 누르면 인식을 잘 합니다.

04 블루투스 연결하기

블루투스를 이용하여 작동되는 배를 원격으로 조정할 수 있습니다. 스마트폰 화면을 손으로 눌러 조정할 수도 있습니다.

1 블루투스 연결하기

앞서 모터가 연결된 '방향타 만들기'에서 구성한 아두이노에 추가로 연결합니다. 적외선 수신센서가 연결된 구성을 그대로 사용해도 전혀 상관없으니 아무구성에나 추가해서 구성하면 됩니다. 다음과 같이 3가지 경우로 추가가 가능합니다. 여러분이 가진 아두이노에 맞게 이 중 1가지 방법으로 연결하도록 합니다. 앞에 어느 방법으로 연결하던 결과는 동일합니다. 블루투스는 반드시 5V 전원을 사용한다는 점을 확인해주세요. 블루투스의 VCC는 아두이노의 5V에 연결하고 GND는 아두이노의 GND에 연결합니다. TX(또는 TXD)는 아두이노의 2번에 연결하고 RX(또는 RXD)는 아두이노의 3번에 연결합니다. 다른 핀은 연결하지 않습니다.

❶ 아두이노 + 브레드보드
아두이노와 브레드보드를 연결하여 사용하는 경우에는 다음과 같이 연결합니다.

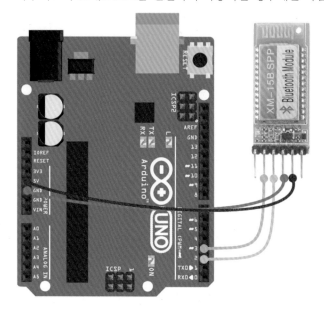

❷ 아두이노 + 브레드쉴드
아두이노 위에 얹어서 브레드쉴드를 사용하는 경우
에는 다음과 같이 연결합니다.

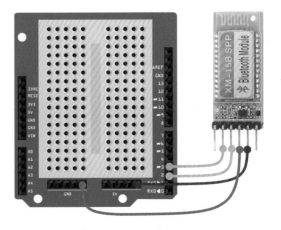

❸ 아두이노 나노 + 브레드보드
소형 아두이노인 아두이노 나노
를 이용할 경우 브레드보드에 끼
운 후 다음과 같이 연결하여 사용
합니다.

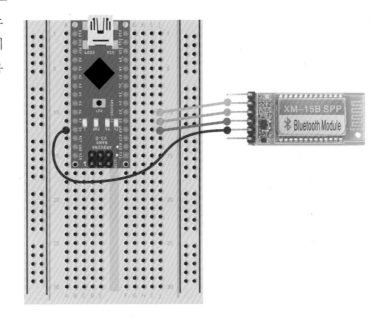

2 블루투스 연결 코드 작성

코드를 작성합니다

컴퓨터의 ⊞ 버튼을 눌러 ∞를 선택합니다. 메뉴의 [파일]-[새 파일]을 선택합니다. 자동 생성된 코드를
다음과 같이 수정합니다.

앞에서 작성한 '방향타 만들기'의 예제를 참고하여 다음과 같이 코드를 수정 작성합니다. 적외선 수신센
서가 추가된 예제를 사용해도 전혀 상관없습니다.

```
#include "Servo.h"
#include <SoftwareSerial.h>          소프트웨어 시리얼을 이용합니다.

SoftwareSerial bluetooth(2,3);       블루투스와 연결된 곳을 지정합니다. 2번이 RX, 3번이 TX입니다.
Servo          servo;                2번 RX는 블루투스의 TX에 연결하고 아두이노의 3번 TX는 블루투스의 RX에 연결합니다.

int a = 90;

void Go()
{
  digitalWrite(11, HIGH);
}

void Stop()
{
  digitalWrite(11, LOW);
}

void Left()
{
  servo.write(a+25);
  delay(1000);
  servo.write(a);
}

void Right()
{
  servo.write(a-25);
  delay(1000);
  servo.write(a);
}

void Turn()
{
  digitalWrite(11, HIGH);
  servo.write(0);
  delay(2000);
  servo.write(a);
  digitalWrite(11, LOW);
}

void setup()
{
```

```
    servo.attach(5);
    pinMode(11, OUTPUT);

    Stop();

    bluetooth.begin(9600);                  블루투스와 9600이라는 속도로 통신을 합니다.
}

void loop()
{
    if(bluetooth.available())               블루투스가 사용가능한 상태인지 확인합니다.
    {
        byte b = bluetooth.read();          블루투스에서 데이터를 가져옵니다.

        bluetooth.println(b);               확인차 읽어들인 내용을 다시 보냅니다.

        if(b == '0') Turn();                블루투스에서 0이라는 문자를 보낸 경우입니다.
        if(b == '1') Left();                블루투스에서 1이라는 문자를 보낸 경우입니다.
        if(b == '2') Right();               블루투스에서 2이라는 문자를 보낸 경우입니다.
        if(b == '3') Go();                  블루투스에서 3이라는 문자를 보낸 경우입니다.
        if(b == '4') Stop();                블루투스에서 4이라는 문자를 보낸 경우입니다.

        bluetooth.println(a);               확인차 현재의 서보모터 각도를 보냅니다.
    }
}
```

SoftwareSerial을 통해 2번과 3번에 연결된 블루투스와 시리얼 통신을 합니다. bluetooth(2,3)의 2번이 RX, 3번이 TX입니다. 아두이노의 2번인 RX는 블루투스의 TX에 연결합니다. 아두이노의 RX는 받는 것이기 때문에 상대는 데이터를 보내는 TX로 보내야 합니다. 블루투스로 연결된 곳에서 문자로 숫자를 보내면 작동하게 됩니다.

작동시켜 봅니다

코드를 작성한 스케치로 프로그램을 실행시켜 봅니다. 아두이노에 프로그램을 업로드해야 합 니다. 그림과 같은 업로드 아이콘을 클릭해서 아두이노로 전송합니다.

3 스마트폰 블루투스 연결하기

아두이노의 블루투스에 데이터를 보내려면 스마트폰의 블루투스를 이용해 데이터를 보내야 합니다.

앱 다운로드하기

우리가 주로 사용하는 안드로이드 스마트폰을 이용해 블루투스 연결을 합니다. 스마트폰의 '설정'에서 '네트워크 연결'로 이동한 후, '블루투스'를 선택합니다.

블루투스에 전원이 들어가 있다면 다음의 그림과 같이 검색이 되는 것을 확인할 수 있습니다. 눌러서 페어링을 합니다. 블루투스와 연결하는 작업을 한번은 해 두어야 하기 때문입니다. 일반적으로 암호를 물어보면 1234나 0000입니다.

이제 연결이 되었습니다. 한번 저장해 두면 다음부터는 다시 설정하지 않아도 됩니다.

안드로이드 스마트폰에서 사용할 블루투스 연결프로그램을 다운받습니다. 여러분이 직접 만들어서 사용 가능하지만 간단히 하기 위해 기존에 만들어서 올려둔 프로그램을 사용합니다. Google play에서 검색을 하면 "Bluetooth Controller" 또는 "BTduino2"라는 프로그램이 있습니다. 이 프로그램 중 하나를 다운로드합니다. 다른 스마트폰에도 비슷한 프로그램이 있고, 심지어는 PC에서 사용가능한 프로그램도 있으니 'Bluetooth Serial'이라는 기능의 앱을 찾아보기 바랍니다.

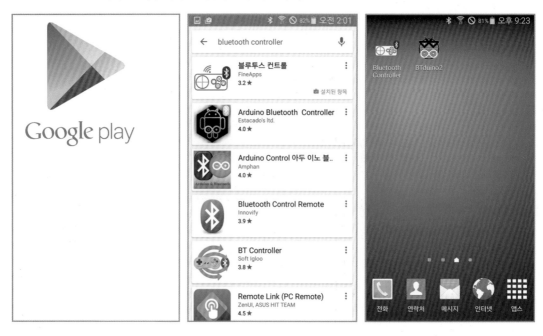

BTduino2는 다음과 같이 사용합니다. 'Connect'를 눌러 아두이노에 연결된 블루투스를 연결합니다. 'Number & Slider'를 눌러 화면에 나타난 0, 1, 2, 3, 4를 누르면 작동되는 것을 확인합니다.

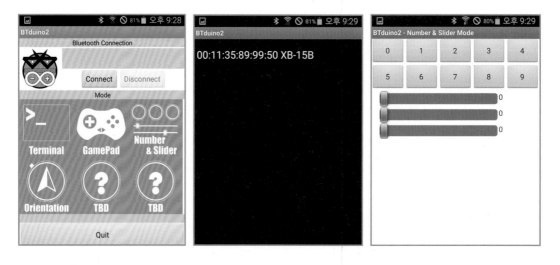

Bluetooth Controller는 다음과 같이 사용합니다. '장치검색'을 눌러 아두이노에 연결된 블루투스를 연결합니다. 그런 다음 '키 설정'을 누르면 화면에 있는 9개 칸에 값을 정의하는 화면이 나옵니다. 여기에 직접 입력을 해서 보낼 데이터를 정할 수 있습니다.

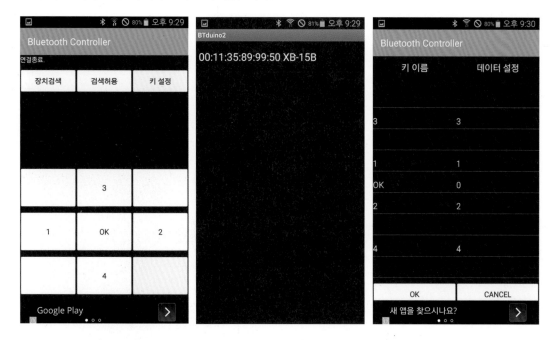

작동시켜 봅니다

코드를 작성한 스케치로 프로그램을 실행시켜 봅니다. 아두이노에 프로그램을 업로드해야 합니다. 그림과 같은 업로드 아이콘을 클릭해서 아두이노로 전송합니다.

05 마무리

지금까지 만들어본 기능을 정리해 봅니다.

1 전체 구성

완성을 하면 다음과 같은 형태가 됩니다. 물에 떠야 하므로 평평한 플라스틱 케이스를 활용하고 물에 젖지 않을 정도로만 모터를 꺼내서 듀폰 케이블로 연결했습니다.

아두이노와 브레드보드를 연결하여 사용하는 경우에는 다음과 같이 연결이 됩니다.

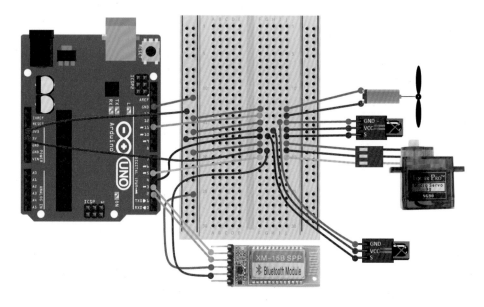

아두이노 위에 얹어서 브레드쉴드를 사용하는 경우에는 다음과 같이 연결이 됩니다.

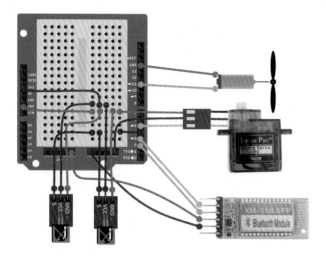

소형 아두이노인 아두이노 나노를 이용할 경우 브레드보드에 끼운 후 다음과 같이 연결이 됩니다.

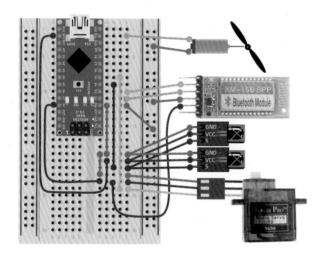

이제까지 사용한 적외선 수신센서와 블루투스를 합친 코드는 다음과 같습니다.

📁 예제 폴더 Exam1604

```
#include "Servo.h"
#include <IRremote.h>
#include <SoftwareSerial.h>


IRrecv          irrecv(4);
SoftwareSerial bluetooth(2,3);
Servo           servo;
```

```
int a = 90;

void Go()
{
  digitalWrite(11, HIGH);
}

void Stop()
{
  digitalWrite(11, LOW);
}

void Left()
{
  servo.write(a+25);
  delay(1000);
  servo.write(a);
}

void Right()
{
  servo.write(a-25);
  delay(1000);
  servo.write(a);
}

void Turn()
{
  digitalWrite(11, HIGH);
  servo.write(0);
  delay(2000);
  servo.write(a);
  digitalWrite(11, LOW);
}

void setup()
{
  servo.attach(5);
  pinMode(11, OUTPUT);

  Stop();

  irrecv.enableIRIn();
```

```
  bluetooth.begin(9600);
}

void loop()
{
  decode_results res;

  if (irrecv.decode(&res))
  {
    if (res.value != -1)
    {
      if(res.value == 16623703) Turn();    // OK
      if(res.value == 16591063) Left();    // LEFT
      if(res.value == 16607383) Right();   // RIGHT
      if(res.value == 16615543) Go();      // UP
      if(res.value == 16619623) Stop();    // DOWN
    }
    irrecv.resume();
  }

  if(bluetooth.available())
  {
    byte b = bluetooth.read();

    bluetooth.println(b);

    if(b == '0') Turn();    // OK
    if(b == '1') Left();    // LEFT
    if(b == '2') Right();   // RIGHT
    if(b == '3') Go();      // UP
    if(b == '4') Stop();    // DOWN

    bluetooth.println(a);
  }
}
```

적외선 수신센서나 블루투스 중 1가지 센서만으로도 충분히 작동합니다. 2가지가 모두 되어 있어도 역시
작동합니다.

작동시켜 봅니다

코드를 작성한 스케치로 프로그램을 실행시켜 봅니다. 아두이노에 프로그램을 업로드해야 합니다. 그림과 같은 업로드 아이콘을 클릭해서 아두이노로 전송합니다.

이 상태에서 여러분이 만든 프로그램이 동작하는 것을 확인해 볼 수 있습니다.

만들어보기

❶ 이제 플라스틱 상자를 이용해 진짜 배처럼 만들어 보도록 합니다. 부품을 브레드보드에 직접 연결하지 않고 듀폰 케이블을 이용해 길게 연결합니다. 특히 외부에 나오는 DC모터와 서보모터는 연결이 쉽지 않으니 듀폰 케이블을 사용합니다.

❷ 시중에서 판매하는 소형 DC모터를 준비합니다. 보통은 길게 선이 미리 붙여져 있습니다. 선을 직접 연결하면 저렴하지만 인두가 있어야 하므로 선이 붙여진 모터를 구입합니다. 이 모터에 맞는 프로펠러도 구입합니다. 프로펠러의 모양에 따라 앞으로 가지 않고 뒤로 가는 경우도 있습니다. 그럴 경우 모터의 선을 바꾸어 연결해서 회전을 반대로 하도록 하면 문제없습니다.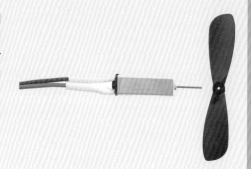

❸ 서보모터에 플라스틱 핀을 연결해 둡니다.

❹ 소형 DC모터를 서보모터 위에 얹습니다. 양면테이프나 투명테이프를 이용합니다.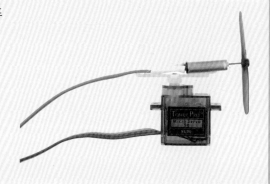

❺ 만들고자 하는 플라스틱 상자 위에 서보모터를 붙입니다. 양면테이프나 글루건을 이용합니다. 선이 너저분하니 구멍을 뚫어 선을 넣어주면 편리합니다. 구멍이 없어도 작동에는 문제가 없으니 안심하세요.

❻ 적외선 리모컨을 사용하는 경우 서보모터 옆에 적외선 수신센서도 같이 붙여 줍니다. 플라스틱 상자 안에 아두 이노로 구성한 브레드보드와 외부전원을 연결합니다.

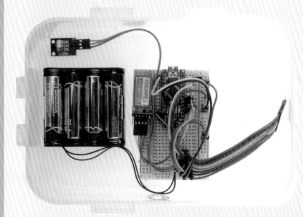

❼ 추가로 연결한 적외선 수신센서는 뒤쪽 방향을 향하게 해주세요. 그러면 리모컨으로 작동하는데 문제가 없습니다. 모두 완성하면 다음과 같습니다. 이제 물 위에 띄워서 적외선 리모컨이나 스마트폰의 블루투스를 이용해 조정해 봅니다.

❶ 앞의 과정만으로도 무선조정이 가능한 배를 완성
할 수 있습니다. 다만 속도가 나지 않는데 그것은
디지털 11번의 힘만으로는 모터가 강력하게 작
동하지 않기 때문입니다. 이것을 극복하기 위해
릴레이를 사용하겠습니다.

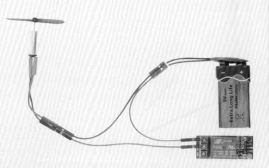

❷ 릴레이는 자신보다 더 높은 전력을 연결하기 위해 사용하는 일종의 스위치입니다. 우리가 가정용 220V를 손으
로 연결하지 못하고 스위치를 누르듯 아두이노에서 그런 일을 해주는 스위치입니다. 만약 아두이노에서 9V의
전력을 모터에 연결하고자 한다면 모터드라이브를 사용하던가 어려운 과정을 거쳐야 합니다. 하지만 릴레이를
이용하면 모터드라이브 없이도 간단히 모터에 강력한 전원을 연결할 수 있습니다.

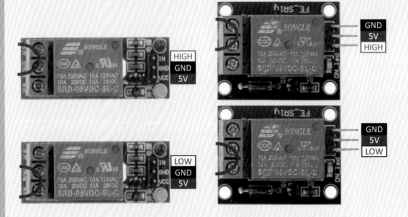

❸ 케이블로 연결한다면 다음과 같이 연결하면 됩니다.

❹ 그러면 보다 강력한 모터와 프로펠러로 교체할 수 있습니다. (다음 그림의 모터와 프로펠러는 '과학상자'라는 기계과학 조립상자에 있는 모터와 프로펠러입니다.)

❺ 다음과 같이 장착하여 강력한 속도를 내는 배로 업그레이드 할 수 있습니다.

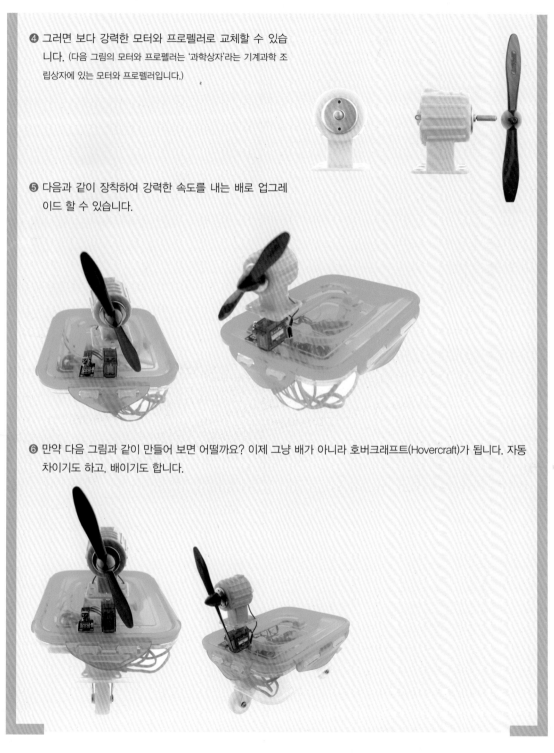

❻ 만약 다음 그림과 같이 만들어 보면 어떨까요? 이제 그냥 배가 아니라 호버크래프트(Hovercraft)가 됩니다. 자동차이기도 하고, 배이기도 합니다.

앞의 15장과 본 16장은 기술적으로 하나로 연결되어 있습니다. 여기서 다룬 적외선 리모컨과 블루투스를 15장의 자동차에 적용해 볼 수 있습니다. 잘 됩니다. 또 15장의 모터드라이브를 이용해 여기에서 멋진 배를 만들 수도 있습니다. 여러분에게 방법은 알려 드렸습니다. 만드는 것은 여러분의 몫입니다.

에필로그

예전에 어느 맛집 블로거가 자신이 생각하는 맛집의 정의를 들려 주었습니다. 맛있는 집이 맛집이 아니라고 합니다. 맛있는 집은 많다는 것입니다. 돈만 싸들고 가면 맛있는 집은 너무도 많다는 것입니다. 그래서 자신이 정의하는 맛집은 저렴하면서 맛있는 집, 또는 맛있는 음식을 많이 주는 집이라고 합니다. 저도 생각해보니 호텔식당에 가서 김찌찌개를 먹는데 정말 맛있었지만 다시 먹으러 오기 부담스러웠습니다. 시중 김치찌개의 10배 가격이었기 때문이죠. 전 그 블로거의 말에 반박할 수 없었습니다.

아두이노를 이용해 코딩교육을 하면 다양한 기능을 만들어 볼 수 있습니다. 프로그래밍이라는 것을 이해하는 것이 쉽고, 흥미도 있고, 다뤄보면서 집중도도 높아집니다. 아두이노 말고도 많은 코딩관련 학습교구가 존재합니다. 그 교구들은 정말 편리하고 다양한 기능을 제공해 주고 연결된 상품도 많이 있습니다. 그렇지만 개발비용이 많이 들어가서 그런지 정말 가격이 부담스럽고 옵션 몇 개만 추가하면 금방 금액 뒤에 0이 하나 붙을 만큼 비쌉니다.

아두이노는 맛집이라고 생각합니다. 비싼 교구의 효과를 내면서 가격도 저렴합니다. 저렴한 가격에 약간의 불편함은 있지만 진정한 맛집은 여기에 있다고 생각합니다. 여러분도 맛집에 가서 호텔수준의 서비스를 생각하지 않을테니까요.

이 책을 쓰면서 가능한 저렴하게 구성해서 아두이노를 배우고 이를 통해 IoT까지 확장하는 개념을 심어주는 과정을 만들려고 노력했습니다. 비싼 아두이노 교구나 아두이노가 아닌 다른 비싼 교구보다 부족한 부분이 있을지는 모릅니다. 다만 그 간격을 좁히면서 대중적으로 아두이노를 쉽게 배우도록 하는데 모든 역량을 집중해서 이 책을 썼습니다.

소프트웨어 교육의 본질은 무엇일까요? 무엇을 위해 우리는 코딩교육을 해야 한다고 생각하나요? 생각하는 것을 만들고 그것으로 그 다음을 생각하게 해주는 것이 중요하다고 생각합니다. 그것은 학생의 가벼운 주머니도 생각해야 한다고 생각합니다. 우리가 일본 라면식당에 가서 즐겨먹는 나가사끼짬뽕이 일본에 있던 중국요리사가 배고픈 중국유학생들을 위해 버려지는 저렴한 재료로 만들어 팔아서 유명해진 것이라고 합니다. 그 안에는 음식의 맛도 있지만 요리사의 마음도 들어가 있지 않을까 합니다.

여기까지 와주셔서 감사합니다.